퍼스의 기호학과 미술사

신미술사의 철학을 위하여
# 퍼스의 기호학과 미술사

지은이 / 강미정
펴낸이 / 강동권
펴낸곳 / (주)이학사

1판 1쇄 발행 / 2011년 9월 10일
1판 3쇄 발행 / 2022년 10월 20일

등록 / 1996년 2월 2일 (신고번호 제1996-000015호)
주소 / 서울시 종로구 율곡로13가길 19-5(연건동 304) 우 03081
전화 / 02-720-4572 · 팩스 / 02-720-4573
홈페이지 / ehaksa.kr
이메일 / ehaksa1996@gmail.com
페이스북 / facebook.com/ehaksa · 트위터 / twitter.com/ehaksa

ⓒ 강미정, 2011, Printed in Seoul, Korea.

ISBN 978-89-6147-149-7 94100
      978-89-6147-148-0(세트)

이 책의 저작권은 저자가 가지고 있습니다.
저작권법에 의해 보호를 받는 저작물이므로 이 책 내용의 일부 또는 전부를 재사용하려면
저작권자와 (주)이학사 양측의 동의를 얻어야 합니다.

* 책값은 뒤표지에 표시되어 있습니다.

룩스문디03

신미술사의 철학을 위하여
# 퍼스의 기호학과 미술사

강미정 지음

이학사

## 일러두기

1. 인용문의 고딕체는 따로 표시가 없는 한 이 책 지은이의 강조이다.
2. 부호의 쓰임은 다음과 같다.
   『 』: 도서 제목
   「 」: 논문, 장 제목
   〈 〉: 표, 그림 제목
   [ ]: 인용문에서 인용자의 부연 설명
3. 본문에 나오는 약어는 다음과 같다.
   CP: *The Collected Papers of Charles S. Peirce*의 약어. (CP n.xyz)로 표기하며, n은 권수, xyz는 편집자가 구분한 단락 번호.
   EP: *The Essential Peirce*의 약어. (EP n: xyz)로 표기하며, n은 권수, xyz는 쪽수.
   MS: 퍼스의 출판되지 않은 초고들Manuscripts. (MS: xyz)로 표기하며, xyz는 리처드 로빈Richard Robin이 원고를 정리한 순서에 따라 붙인 번호.
   NEM: *New Elements of Mathematics*의 약어. (NEM n: xyz)로 표기하며, n은 권수, xyz는 쪽수.
   SS: *Semiotic and Significs*의 약어. (SS: xyz)로 표기하며, xyz는 쪽수.
   W: *Writings of Charles S. Peirce: a chronological edition*의 약어. (W n: xyz)로 표기하며, n은 권수, xyz는 쪽수.

## 책머리에

> 무지와 실수는 순수 통각, 즉 절대적 에고로부터
> 우리의 사적인 자아를 구별시켜준다.
> ― 찰스 샌더스 퍼스

　이 책의 내용은 전반적으로 찰스 샌더스 퍼스Charles Sanders Peirce(1839~1914)의 기호학에 관한 것이다. 이 책의 바탕이 된 박사 논문을 쓴 지도 어언 4년의 세월이 흘렀다. 박사 논문을 보완하여 출판하면서 나는 좀 더 근사한 제목이 없을까 하고 많이 고심했다. 나의 빈약한 문학적 상상력 때문에 멋진 제목을 떠올리지도 못했지만, 어떤 근사한 제목을 이 아카데믹한 저서에 붙여 포장한들 딱딱하기 짝이 없는 책의 내용이 말랑말랑해질 것 같지도 않았다. 내 박사 논문의 원제는 'C. S. 퍼스의 기호학 연구: 신미술사의 철학을 위하여'였다. 이것을 '퍼스의 기호학과 미술사: 신미술사의 철학을 위하여'로 바꾼 것이 내가 퍼스 기호학을 연구해야만 했던 필연성을 강조하기 위해서다. 이 책의 주요 내용이 퍼스 기호학 이론이지만, 이러한 연구를 촉발시킨 것은 신미술사라는, 논쟁이 분분한 현상의 출현이었다. 시각문화연구라는 최근의 동향과도 무관하지 않은 신미술사는 미술사학계에 적잖은 파장을 일으켰다. 신미술사가 초래한 변화는 어떻게 보면 매우 근본적인 것이어서, 미술사 개념의 재정의를 요구하는 것처럼 보이기도 했다. 신미술사를 위한 철학의 제안은 이 지점에서 시작되었다.

한편 나에게 퍼스 기호학 연구는 포스트모던을 넘어서려는 노력의 일환이기도 했다. 결국 동어반복일 수밖에 없지만, 여기엔 어쩔 수 없는 애매성이 함축되어 있다. 신미술사를 미술사의 포스트모더니즘으로 규정할 때 나는 신미술사에 대해 양가적인 태도를 취하고 있다. 한편으로는 포스트모던 다원주의의 해방적 기획을 긍정적으로 평가하면서도, 그것을 초래한 탁월한 관점이 자칫 판단 기준을 모호하게 만들 상대주의로 귀결하는 것을 경계하는 것이다. 그리하여 신미술사를 '위하면서' 동시에 '넘어서는' 이론으로 퍼스 기호학에 접근한 것이다. 내가 보기에 근대 철학이 설정한 이항 대립적 구도를 벗어나는 하나의 설득력 있는 방식은 후기구조주의가 아니라 퍼스의 프래그머티즘적 기호학이 제공하기 때문이다. 퍼스는 흔한 중도주의의 한 판본을 제공한 것이 아니라, 제3의 길을 제시했다.

퍼스는 미국 프래그머티즘 철학의 창시자로 널리 알려져 있다. 그런데 정작 프래그머티즘을 대중화시킨 저자는 퍼스의 동료, 윌리엄 제임스나 그 뒤를 이었던 존 듀이였다. 그들 역시 근대 철학의 이분법적 인식론을 탈피하고 있으나 그들이 취한 방식은 퍼스와는 다소 상이한 것이었다. 퍼스의 프래그머티즘이 다른 프래그머티스트들의 판본과 확연하게 구별되는 지점은 그가 스콜라철학에서 영향을 받은 실재론적 입장을 취한다는 것이다. 고전적 프래그머티스트들 중 유일하게 실재론적 판본을 제시한 퍼스의 독창적인 사상은 처음부터 기호학적 인식론과 함께 발전되었다. 퍼스의 프래그머티즘은, 사유를 궁극적 진리를 향해 가는 무한한 기호 해석 과정으로 보았던 초기 인식론으로부터 발아했고 부단한 수정과 보완을 거쳐 말년에는 기호학과 동일한 것이 되었다. 중세 철학자들처럼 실재를 보편자와 동일시했던 퍼스는 우리가 개별적으로 진리를 탐구할 수 없다고 보았고, 그래서 궁극적 진리는 오로지 공동체적으로만 성취할 수 있다고 생각했다. 이러한 퍼스의 사상 체계에서는 정신과 물질, 자아와 타자, 절대주의와 상대주의의 전통적인 구분이 무의미하다.

퍼스 철학의 독창성은 어떤 사상가들을 매혹하기도 하지만, 많은 이들을 당혹스럽게도 한다. 물론 나는 전자에 속한다. 퍼스 연구자가 되기까지 나는 몇 가지 단계를 거쳤다. 퍼스를 접하게 된 것은 미술사 방법론 중 하나로 기호학을 연구하면서부터다. 특히 퍼스의 용어를 빌려 뒤샹과 현대미술을 분석한 로절린드 크라우스의 「지표에 대한 생각」을 읽고 감탄한 후, 나는 퍼스 기호학을 주저 없이 연구 주제로 선택했다. 연구를 수행하면서 나는 퍼스의 자아에 관한 유명한 문구를 절감하게 되었다. "무지와 실수는 절대적 에고로부터 우리의 사적인 자아를 구별시켜준다."(CP 5.235) 미국의 시골 도시에 틀어박혀서 생각했다. "내가 뭔가를 알고 있었다면 이 무지막지하게 어려운 철학자의 이론을 선뜻 택하지 않았을 텐데……" 후회도 깨달음도 너무 늦었고, 실수 덕분에 나는 퍼스 연구자가 되었다.

퍼스는 인간이 기호라고 생각했고 기호로서의 인간은 개별적으로가 아니라 공동체적으로 존재한다고 보았다. 공동체로서의 자아가 아닌 사적인 자아가 인식되는 순간이 무지와 실수를 저지를 때다. 바꿔 말해 그런 특수한 순간들이 아니라면 우리는 공동체적으로 사유하고 존재하고 변화한다. 이 책에서 퍼스 철학 전반을 개괄적으로나마 다루었지만, 빠진 부분이 있다면 주체의 문제다. 후기 구조주의가 의식 있는 존재sentient being로서 주체를 배제하고 있다는 점에서도 퍼스 기호학은 대안적이다. 우리가 공동체 내의 존재라는 건 정말 맞는 말인 것 같다. 타인들과 유기적으로 연관되어 있는 존재, 끊임없이 소통하는 존재, 공동체적으로 진화하는 존재, 그래서 확정적이지 않은 존재.

현재 나는 한국연구재단의 지원을 받아 박사 논문을 쓸 당시 미뤄두었던 공동체적 주체성 개념에 대해 퍼스와 V. N. 볼로쉬노프의 기호학 이론을 중심으로 연구하고 있다. 모든 순간 우리는 연속적으로 존재하지만, 상호주체성의 경험이 극대화되는 순간 중 하나가 인터랙티브 미디어를 사용할 때가 아닌가 싶다. 그래서 난 인터랙션 디자인에 있어서 생산자와 사용자의 분리할 수 없는 상호주관적 경험에 대해 연구하고 있다.

책을 쓰면서 가장 고심했던 것 중 하나는 퍼스의 기호학을 어느 정도까지 깊이 다룰 것인가 하는 것이었다. 박사 논문을 쓸 때는 당시 수준에서 최대한 충분하게 퍼스 기호학에 대해 해설하고자 하였다. 책을 펴내기로 하고 나서, 나는 후속 연구를 통해 좀 더 분명하게 알게 된 것들과 새롭게 알게 된 것들을 이 책에서 보완해야겠다고 생각했다. 그러나 집필을 하면서 다시 든 생각은, 개론서에 가까운 책에 퍼스 철학에 관한 모든 세부 사항을 포함시킬 필요는 없겠다는 것이었다. 대신 '퍼스의 프래그머티즘'이 아닌 '퍼스의 기호학'이라는 제목에 걸맞도록 퍼스의 기호 이론을 가능한 한 명확하게 전달하는 데 더 주력했다. 물론 이 책은 박사 논문을 상당 부분 수정하고 보완한 결과물이다. 여기서 가장 많이 보완된 부분은 신미술사와 시각문화연구에 관한 내용이다. 그새 시각문화연구에 관한 새로운 저술이 적잖이 발표되었고, 그 결과 이 학제적 분야의 정체성이 좀 더 명확해졌다. 이는 부분적으로 눈부시게 진화하고 있는 미디어 환경 덕분이기도 하다. 퍼스 기호학 개설서에 가까운 이 책이 퍼스 철학 자체의 연구에 기여한 바는 별로 없다 하더라도, 퍼스 기호학이 동시대 미술사학에 대해 어떤 시사점을 던질 수 있는가에 관해서는 독자적인 시각을 제공한다고 생각된다.

짧지 않은 시간 동안 책 쓰기에 매달려 있었지만 퍼스 철학의 독창성과 방대함을 소화하는 일은 내게 여전히 고충으로 남아 있다. 좀 더 솔직해지자면, 나의 알량한 지적 능력으로 퍼스 철학을 개관한다는 것 자체가 주제넘은 일이라고 생각했던 순간이 많았다. 나의 시도는 거의 만용에 가깝지만, 그런 용기나마 낼 수 있었던 것은 순전히 이학사 강동권 대표님 덕분이다. 이 책이 나오기까지 일일이 나열하기 어려울 만큼 많은 분들의 도움을 받았다. 같은 연구실에서 동고동락했던 서울대 미학과 선·후배 동학들, 그리고 사랑하는 가족과 친구들의 애정 어린 격려가 없었다면 지금의 내가 미학자로, 퍼스 연구자로 설 수 없었을 것이다. 퍼스의 말대로 나는 그들과 분리될 수 없는 하나의 연속체 안에 존재한다. 연구자의 길을 걸으면서 나는 운 좋게도 세 분의 스승님을 갖게 되었다. 석사과정 때부터 지도해주셨던 오병남 교수님과 박사과정을 지도해주신 김진엽 교수님, 그리고 펜실베이니아주립대학교 철학과의 빈센트 콜라피에트로Vincent Colapietro 교수님은 연구자로서 인생 선배로서 내게 가르침을 아끼지 않으셨던 고마운 스승님들이다. 이 책의 출판을 눈앞에 두고 있는 지금, 특히 감사드리고 싶은 분은 빈센트 교수님이다. 내가 논문 연구를 위해 그곳에 방문하고 있을 때, 교수님은 자상하고 친절하게 미국 체류를 도와주셨고 성가신 질문에도 늘 성심으로 답변해주셨다. 그뿐만 아니라 빈센트 교수님은 나에게 미국 퍼스학회의 여러 연구자도 소개시켜주셨는데, 지금 돌이켜보면 그분을 만나지 않았더라면 퍼스 연구를 제대로 할 수 있었을까 하는 의구심마저 든다. 여하튼 교수님 덕분에 퍼스 기호학 탐구자 공동체의 일환으로 입문하게 된 것을 마음속 깊이 감사드리면서 이 책을 그분께 바치고 싶다.

2011년 7월, 어느 비오는 밤에
지은이

차례

책머리에 5

들어가면서: 미술사와 시각문화연구 15

1장 미술사에서의 포스트모던 전환 41

1. 신미술사란 무엇인가? 42
   1) 리스와 보르젤로의 견해 43
   2) 해리스의 견해 45
   3) 신미술사의 유형화 49
2. 신미술사의 여러 동향 53
   1) 새로운 미술사회사 53
   2) 미술사와 이론들 62
   3) 미술사의 철학 69
3. 키스 먹시의 신미술사 82
   1) 문화정치로서의 미술사 82
   2) 먹시의 미술사론의 의의와 한계 92
   3) 하나의 대안: 퍼스의 기호학 102

## 2장 퍼스의 기호학과 표상 109

1. 범주 이론 111
   1) 퍼스의 현상학 112
   2) 범주의 도출 116
   3) 세 가지 범주: 일차성, 이차성, 삼차성 124
2. 기호 이론 130
   1) 세미오시스와 사고기호 독트린 130
   2) 기호의 매개 작용 143
   3) 기호의 종류 149

## 3장 퍼스의 기호학과 실재 171

1. 프래그머티시즘 172
   1) 프래그머티즘 준칙 173
   2) 퍼스의 실재 정의 176
   3) 최종적 견해와 수렴 논제 186
2. 진화적 실재론 194
   1) 역동적 대상으로서의 실재 195
   2) 시네키즘: 무한성과 연속성 206

### 4장 퍼스의 기호학과 역사 219

1. 의미 이론 220
   1) 해석체의 종류 221
   2) 습관으로서의 의미 233
2. 탐구 이론 240
   1) "역사는 가설적이다" 240
   2) 가추법: 탐구의 방법 244
   3) 퍼스의 역사 이론 254
3. 미술사의 의미와 진리 265

### 나가면서: 퍼스의 기호학과 미술사 279

참고 문헌 297

찾아보기 311

참고 도판 321

# 들어가면서: 미술사와 시각문화연구

**1**

최근 미술사학계의 주요 화두 중 하나는 시각문화연구Visual Culture Studies에 관한 것이다. 오늘날 인문학 분야의 괄목할만한 변화로 학제적 연구 경향을 꼽는다면, 학제적으로 변모 중인 미술사학계의 현 상황은 시각문화연구의 발흥 및 대두로 요약할 수 있을 것이다. 변화의 발단은 신미술사New Art History의 등장에서 촉발되었다. 신미술사와 시각문화연구를 쉽사리 동일시할 순 없지만, 미술사학계 안팎에서 발생한 변화의 결과로서 신미술사와 시각문화연구 양자가 상호 긴밀한 관계를 맺으며 발전해왔다는 것은 의문의 여지가 없다.[1] 우선 주목해야 할 것은 신미술사나 시각문화연구가

---

1  '신미술사'는 미술사회사의 부활과 함께 1970년대에 출현한 미술사학계의 변화를 일컫는 말로 흔히 통용되어왔다. 하지만 1980~90년대 이후 '신미술사'는 비단 미술사회사에 국한되지 않고 연구 주제와 방법론에 있어서 전통 미술사의 아

공통적으로 전통적인 미술사 개념에 도전하고 그것의 붕괴에 적극적이라는 점이다.

그렇다면 전통적인 의미의 미술사란 무엇인가? 통상 미술사는 위대한 미술 작품들에 대한 객관적인 기술로 간주되어왔다. 이제까지 많은 미술사학자는 미술사의 주제는 위대한 천재 예술가의 작품이어야 하고, 그것에 대한 미술사학자들의 서술은 공정하고 객관적이어야 한다는 암묵적인 가정을 공유해왔다. 지금도 대부분의 미술사학자는 지식의 객관성을 확보하기 위해 미술가와 미술 작품에 관해 실증적이고 경험적인 탐구를 지속하고 있다.

1970년대 이후 등장한 신미술사학자들은 이와 같은 당연한 전제들에 대해 다음과 같은 의문을 제기하였다. 기존의 미술사학자들의 진술들은 과연 공평무사한 객관적인 사실의 보고였는가? 그들이 사용하는 미적 규준은 초역사적 보편성을 가지고 있는가? 신미술사학자들은 그 누구도 자신이 속한 사회의 문화적·정치적 가치로부터 자유로울 수 없다고 본다. 그들에 의하면 과거의 사실에 대한 정치적으로 공정하고 중립적인 서술은 원천적으로 불가능하다. 따

성에 도전하는 다수의 저술로 확대, 적용되었다. 전통 미술사를 비판하면서 학제적 연구를 지지하는 신미술사는 많은 부분 시각문화연구와 닮았고, 때로는 적극적으로 시각문화연구로의 변모를 도모하기도 한다. 그렇다 하더라도 신미술사를 시각문화연구와 쉽사리 동일시할 수 없다. 왜냐하면 시각문화연구에선 무엇보다도 동시대의 매체연구가 중심을 이루고, 단지 미술사학의 쟁점으로 국한시킬 수 없는 폭넓은 주제 영역이 다뤄지기 때문이다. 다시 말해 시각문화연구가 신미술사와 아무리 유사해 보인다 하더라도 양자는 구별되는 것으로 파악해야 한다. 이 책에선 시각문화연구를 신미술사로부터 파생되었으나 미술사와는 상이한 연구 대상을 가진 학제적 연구로 파악할 것이다. 시각문화연구의 대상과 방법론에 관해서는 Smith(2008; 2009), Dikovitskaya(2005), 워커·채플린(2004), Mirzoeff(1999), Sturken and Cartwright(2009), Davis(2011)를 참고하라.

라서 미적 규범이 시대를 초월해 보편적이라는 생각도 종래의 미술사학자들이 견지해온 미학적 허상에 불과하다.

신미술사학자들은 1960년대 이후 인문학과 사회과학에서 '포스트모던 전환Postmodern Turn'을 초래했던 후기구조주의 철학을 바탕으로 그들의 입장을 발전시켰다. 특히 데리다의 해체론은 신미술사학자들의 언어와 역사에 대한 시각에 결정적인 영향을 끼쳤다. 가령 신미술사학자 키스 먹시Keith Moxey와 동료들은 해체론에 의지하여 "미술사가 인문학의 다른 분야들과 마찬가지로 탈인식론post-epistemological 시대에 진입했다."고 언명한다(Cheetham et al., 1998: 2).[2] 해체론은 전통 철학이 견지해온 로고스 중심주의를 공격함으로써 역사학의 인식론적 토대를 허물어뜨린다. 전통적인 현전의 형이상학은 진리의 토대로 작용하는 어떤 것을 투명하고 직접적으로 인식할 수 있다는 가정 위에서 성립해왔다. 이에 대해 데리다

---

[2] 신미술사학자들과 시각문화연구자들은 대부분 푸코, 데리다, 라캉 등의 후기구조주의 사상을 수용하였다. 가령 그리젤다 폴록Griselda Pollock, 존 택John Tagg은 푸코에, 노먼 브라이슨Norman Bryson과 미크 발Mieke Bal은 데리다와 라캉에, 키스 먹시는 데리다, 푸코, 라캉에, 로절린드 크라우스Rosalind Krauss, 핼 포스터Hal Foster, 카자 실버맨Kaja Silverman은 라캉에 주로 의지한다. 푸코, 데리다, 라캉은 소쉬르의 언어학적 관점에서 출발하고 언어기호의 의미를 기호 체계 안에 한정시킨다는 점에서 공통적이다. 그들이 각각 언어적 의미작용에 대해 설명하는 방식은 상이하지만, 언술이 언어 외적인 실재에 대한 투명한 표상이 아니라고 본다는 점에서는 모두 일치한다. 여기서 데리다의 해체론을 중심으로 후기구조주의를 고찰하는 이유는 다음의 두 가지다. 첫째, 데리다의 이론이 역사적 지식과 관련된 인식론적 관점의 변화를 고찰하기에 보다 적합하다고 판단되며, 둘째, 이 책에서 주목하고 있는 신미술사학자 키스 먹시가 자신의 미술사론을 정립하는 데 있어서 주로 해체론에 의지하기 때문이다. 먹시가 주목의 대상이 되는 이유는 여러 신미술사 저자들 중에서도 그가 신미술사의 미학적, 역사철학적 관점에 대해 비교적 체계적인 설명을 제시하는 저자이기 때문이다(Moxey, 1994 참고).

는 우리가 언어의 매개 없이는 그 어떤 것도 인식할 수 없다고 맞선다. 그는 '주체'나 '실재'가 언어 외부에 독립적으로 존재하는 어떤 것이 아니라 언어적으로 구성되는 것이라고 본다. 게다가 그에 따르면 의미작용은 기표와 기의의 안정적인 체계 안에서 성립하지 않는다. 끊임없는 기표의 미끄러짐으로 인해 의미는 언제나 비결정적으로 남아 있고, 의미의 체계는 불안정할 수밖에 없다. 간단히 말해 데리다에 의하면 언어가 본성상 의미 전달에 실패할 수밖에 없기 때문에, 우리는 진리의 토대가 되는 어떤 것이 존재하는지 확신할 수도 없을뿐더러 우리가 인식하는 것이 불변의 진리라고 단정할 수도 없다. 그러므로 미술사의 진술이 보편적인 미적 가치와 객관적인 역사적 사실을 전달한다고 말하는 것도 불가능하다. 미술사학자가 전달할 수 있는 것은 그가 처한 상황에서 나온 역사적·사회적 가치일 뿐이다.

신미술사의 출현과 함께 미술사의 주제와 방법론의 영역이 과거에 비해 폭발적으로 확대될 수 있었던 것은 이와 같은 언어와 역사에 대한 새로운 인식이 있었기 때문이다. 신미술사학자들은 전통적 정전正典에 속하는 위대한 예술가의 걸작만을 다루지 않는다. 그들은 과거의 미술사학자들이 보편사를 천명하면서 교묘하게 소수 그룹의 미술을 배제하고 주류 계급의 미술을 지지해왔다고 본다. 이러한 사실을 폭로하는 동시에 신미술사학자들은 그동안 미술사학자들에게 외면당하던 페미니즘 미술사, 민중미술의 역사, 소수 인종의 미술사, 공예와 디자인의 역사로 연구 영역을 넓혀나갔다.

신미술사학자들에 의하면 우리는 과거 미술사학자들이 객관적이고 중립적인 사실을 기술하였다고 볼 수 없을뿐더러, 현재의 미술사학자들도 정치적 입장이 투사된 미술사 서술을 할 수밖에 없다. 데리다가 지적한 언어의 능력과 한계를 되새겨본다면 오히려 미술 작품이 해석되는 현재의 맥락이 더 중요하다고 할 수 있다. 이런 자각을 바탕으로 먹시와 같은 신미술사학자들은 "정치적 입장이 천명된 형식의 미술사 해석 기획"을 추구한다(Moxey, 1994: 18). 그들은 각자의 고유한 문화적 상황에서 비롯된 정치적 입장을 표명하기 위해 인문·사회과학의 여러 분야에서 그들에게 적절한 이론적 대안들을 취해 온다. 그리하여 오늘날의 미술사 저작들은 철학, 인류학, 심리학, 사회학을 넘나드는 학제적 연구의 형식을 띠게 되었다. 요컨대 오늘날 많은 미술사학자는 반드시 T. J. 클락Clark처럼 미술의 사회사를 추구하거나 먹시처럼 '문화정치cultural politics로서의 미술사'를 표방하지 않는다 하더라도, 유일하고 보편적인 미술사 서술이 불가능하다는 데 일치한다.

이처럼 변모한 오늘날의 미술사는 시각문화연구와 유사하거나 경우에 따라서는 동일해 보이기도 한다. 하지만 시각문화연구를 신미술사의 연장선상에서 파악한다 하더라도 양자를 동일시할 수는 없다. 시각문화연구는 미술사학 이외에 문화연구Cultural Studies를 그 원천으로 삼고 있다. 동시대 문화연구는 인문학과 사회과학의 가로지르기라 할 수 있는 학제적 연구의 형식을 취하고 있다. 1960년대 이후 영국의 신좌파 지식인들은 오늘날 문화연구를 촉발하는 데 있어서 중추적인 역할을 해왔다. 1964년 버밍엄대학 영문학과 교수 리처드 호거트Richard Hoggart가 개설한 현대문화연구소Center for Contemporary Cultural Study는 영국의 초창기 문화연구에서 거점 역할을 했다. 개설 당시 이 연구소에서 역점을 두었던 주제는 민중문화로서의 하위문화였으나, 1970년대 이후 스튜어트 홀이 주도하기 시작하면서 이곳의 연구는 민중문화에서 대중문화로 초점을 옮겼다. 리처드 호거트, 레이먼드 윌리엄스Ramond Williams, E. P. 톰슨Thompson 등 홀의 선대 학자들은 과거 고급문화에 집중되어 있던 문화연구를 노동계급의 하위문화로 확대시킴으로써 문화의 개념을 확장시키고 현대적 문화연구의 초석을 다졌다. 이를테면 홀은 선배들의 노선을 취하되, 당대 영국의 경제사회적 변화에 발맞추어 문화연구의 향방을 대중문화, 특히 대중매체로 전환시킨 것이다(최종렬, 2003: 203~205; 김용규, 2007: 4~13).

전후 자본주의 시대 서구 사회의 주요 변화 중 하나는 과거의 노동계급이 소비력 향상에 힘입어 대거 중산층에 편입하게 되었다는 것이다. 1960년대는 서구 자본주의 환경이 생산보다 소비를 중시하게 되는 한편, 복지국가가 계급 간 합의를 가능하게 한다는 풍요 사회 이데올로기가 부상하던 때였다(최종렬, 2003: 204). 당시 보급되기 시작한 TV 등 기타 다양한 대중매체는 점증하는 대중의 문화적 욕구에 부응하는 동시에, 풍요 이데올로기를 유지시키는 수단으로 작용했다. 홀이 이끌던 현대문화연구소의 연구자들은 이처럼 새로운 환경에 처한 당대의 문화를 분석할 도구로, 계급의식에 기초한 정통 맑스주의보다는 알튀세르Althusser 식의 신맑스주의가 더 적절하다고 생각했다. 알튀세르의 구조주의적 맑스주의는 1970년대 좌파 지식인들 사이에서 크게 유행했고, 이런 지적 트렌드에 문화연구자들도 동참하고 있었던 것이다. 특히 알튀세르의 "이데올로기적 국가 장치"나 "중층 결정" 같은 테제는 토대와 상부구조의 기계적 해석을 넘어설 계기를 제공했다.[3]

요약하자면 현대문화연구소를 중심으로 한 영국의 문화연구에선 폭발적으로 급증한 대중매체의 영향력에 대한 정치·사회학적 접근이 주를 이루었다. 홀과 동료 연구자들은 대중매체와 대중문화를 주요 분석 대상으로 삼되, 전대의 연구자들과 달리 계급 이외에 인종, 젠더의 심급도 함께 취함으로써 논의의 지평을 확장시켰다. 딕 헵디지Dick Hebdige, 안젤라 맥로비Angela McRobbie 등은 이곳을 중심으로 활동한 연구자 중 특히 시각문화에 초점을 맞췄던 학자들이다(워커·채플린, 2004: 93~95; 커런 외, 1999 참고).

1960~70년대 문화연구와 함께 혹은 그것의 일환으로 부상한 매체연구, 영화연구, 커뮤니케이션연구가, 시각적인 것을 전면에 내세우는 시각문화연구의 발흥과 특히 밀접한 관련이 있음은 두말할 나위가 없다. 문화연구가 시각예술 외에 문학, 음악, 공연 예술을 모두 포괄한다 할 때, 문화연구의 분석 대상 범위는 시각문화연구의 그것보다 넓다. 하지만 1960년대 이후 시각매체 테크놀로지가 가속적으로 발전함에 따라 문화연구에서 매체 이미지의 분석이 차지하는 비중이 날로 커지고 있다. 시각문화연구는 문화연구의 한 영역이라고 단정할 수 없으나, 그것이 오늘날의 모습을 갖추기까지 문화연구의 영향이 결정적이었음을 부인하긴 어렵다.

한편 시각문화연구는 전통적으로 시각적인 것에 대한 분과 학문

---

3 1960~70년대 속류 맑스주의를 극복할 이론적 대안으로 부상한 것은 단지 알튀세르의 구조주의적 맑스주의뿐 아니라, 푸코의 담론 이론, 그람시의 헤게모니론, 부르디외의 문화사회학 등이 있다. 스튜어트 홀은 맑스의 대안으로 알튀세르를 취하는 한편, 알튀세르의 구조주의가 가진 한계를 그람시의 헤게모니론으로 극복하고자 했다(최종렬, 2003: 207; 정정호, 2006: 318~319).

으로 성립해왔던 미술사와의 긴밀한 관계 속에서 출현했다. 전통적으로 미술은 시각문화의 핵심부를 차지해왔으며, 오늘날 시각문화연구의 주요 주제로 간주되는 시각성visuality 문제는 이제까지 미술사의 쟁점이었다. 미술사학계에서 시각문화가 쟁점이 되기 시작한 것은 1980년대부터이다. 일부 신미술사학자들은 미술의 울타리를 넘어 보다 폭넓은 문화적 지평에서 시각성의 문제를 다루는 시각문화연구에 주목하기 시작했다. 그들에게 '시각문화'는 전통적인 '미술fine-arts' 개념을 대체할 적절한 대안으로 간주되었다. 마이클 박산달은 미술사를 시각문화연구와 결부시킨 최초의 저자로 흔히 거론된다. 그는 『15세기 이탈리아의 회화와 경험Painting and Experience in Fifteenth Century Italy』(1972)에서 '시각문화'라는 말을 명시적으로 사용하지는 않았으나, 그 대신 한 시대의 시각문화를 바라보는 집단적 인지 양식을 지칭하는 '시대의 눈period eye'이란 용어를 채택하여 작가가 아닌 관람자 중심의 미학으로 옮겨 가고자 했다. 박산달이 '시대의 눈'을 통해 역설했던 것은 이러하다. 즉 독창적인 회화 양식은 단지 작가의 노력에서 생겨나는 것이 아니라, 관람자와 후원자의 일상적 경험과 인지 체계에서 비롯된다는 것이며, 그러한 양식의 독창성을 인지하기 위해서는 미술의 내적 원리보다는 당대의 사회·경제적인 요소들을 고려해야 한다는 것이다(Baxandall, 1974[1972]: 서문과 II장 참고). 박산달의 영향을 받은 스베틀라나 앨퍼스Svetlana Alpers는 『묘사의 예술: 17세기 네덜란드 미술The Art of Describing: Dutch Art in the Seventeenth Century』(1983)에서 17세기 네덜란드 미술을 '묘사의 예술'이라 지칭하면서, 자신의 주요 연구 주제는 네덜란드 회화가 아닌 네덜란드 시각문화라고 밝힌다. '묘사적인' 네덜란드 회화는 '서술적인' 이탈리아 미술과 동일한 발전 단계를 보여주지 않기 때문에 고전주의적인 의미에서 미술이라 하기에 적절하지 않다. 이런 이유에서 앨퍼스는 연구 범위를 당시의 미술 현상에 국한시키지 않고 당대의 사회·문화적인 상황을 포함하는 폭넓은 시각문화로 확장시키고 있다(Alpers, 1983 참고).

노먼 브라이슨은 그의 동료들과 함께 편저한 『시각문화: 이미지와 해석Visual Culture: Images and Interpretations』에서 미술 작품의 의미를 내재적이고 보편적인 미적 가치의 관점에서가 아니라, 각각의 미술 작품이 생산된 역사적 상황이라는 보다 폭넓은 문화적 관점에서 탐구하기 위해서는 '미술사'보다는 '이미지 연구'라는 용어가 더 적절하다고 말한다(Bryson et al., 1994: xvi). 미술의 역사가 아니라 시각문화연구를 추구한다는 것은, 일차적으로 공예 및 디자인 생산품처럼 과거 정전의 목록에서 배제되었던 작품, 혹은 '고급예술'의 범주에 속하지 않는 대중매체 이미지를 연구 대상으로 삼는 것을 의미한다(Barber, 1998 참고). 또한 그것은 이른바 정전적 작품에 대해 새로운 시각으로 접근하는 것을 의미하기도 한다(Moxey, 1994: 65~78 참고). 그런가 하면 미술사학자들은 시각문화연구를 통해 기존에 확립된 미술사 담론의 해체 및 재조직을 시도하기도 한다(Potts, 1994 참고). 요컨대 신미술사학자들은 전통 미학의 아우라를 포기하고 시각문화의 다양성을 취함으로써 주제 영역과 방법론에 있어서 폭발적인 확장을 성취했다. 그리하여 오늘날 확장된 영역으로 진입한 미술사는 앞서 설명한 문화연구와 매우 유사한, 때로는 구별하기 힘든 학문 영역으로 변모한 것처럼 보인다. 그러나 신미술사가 아무리 문화연구와 유사해 보인다 할지라도, 그리고 미술사학자들이 미술의 역사가 아닌 시각문화연구를 추구한다 할지라도, 미술사학자의 작업과 문화연구자의 그것을 구분할 필요가 있다. 그 이유는 이 책의 1장과 결론부에서 더 설명할 것이다.

## 2

시각문화연구와 맞닿아 있는 신미술사는 미술사의 지형도를 크게 바꾸어놓았다. 다변화된 학문적 지평 위에서 미술사는 연구자 개인의 관심 영역과 방법론에 따라 대단히 파편화되고 전문화된 경향이 있다(Nelson, 1997 참고). 이와 같은 미술사의 변모는 여러 층위의 의의를 지닌다. 첫째로 미술사가 단일한 목소리가 아닌 다양한 그룹의 여러 목소리를 재현함으로써 보다 풍부하고 자유로운 인문학적 기획이 되었다는 실천적 차원의 의의가 있다. 둘째로 보다 이론적인 차원에서 신미술사는 과거 미술사의 미학적, 역사적 가정들의 허구성을 폭로한다는 의의를 지닌다. 미술 작품이 초시대적으로 보편적인 미적 가치를 지닌다는 것도, 미술사학자가 자신의 역사적 상황과 무관한 객관적이고 중립적인 기술을 한다는 것도 허구적인 가정에 불과하다.

오늘날 많은 미술사학자가 신미술사가 일깨워준 이러한 교훈들을 수용하고 있으며, 이와 같은 새로운 도전이 종래의 미술사를 혁신시킬 것이라고 기대하고 있다. 그런 한편 학계에서는 다음과 같은 의문을 제기하기도 한다. 정치학의 일환으로 변모한 미술사는 어떤 판단의 기준을 가지고 있는가? 그리고 과거의 민속 미술뿐만 아니라 TV와 영화, 그리고 인터넷의 대중적 이미지마저도 미술사 탐구의 대상이 된다면 미술사학자들은 어떤 기준으로 대상들을 선별할 것인가? 노먼 브라이슨과 동료 신미술사학자들은 "널리 통용되는prevailing 문화적 조건에 의존하여 작품의 미적 가치"를 판단해야 한다고 말한다(Bryosn et al., 1994: xvi). 그러한 미적 가치는 무엇인가?[4] 그것은 전통 미술사가 상정했던 내재적이고 보편적인 가치와 전혀 무관한가?[5] 디지털 매체의 가속적인 발전과 함께 미술이 날로 상업화되어가는 동시대를 살고 있는 미술사학자들은 더욱 혼란스럽다. 현재 "널리 통용되는" 미적 가치가 상업적인 것이라면 우리는 미술 작품의 가치를 판단하는 기준을 그것의 가격에서 찾아야 하

---

4 존 A. 워커는 시각문화연구자가 자료를 선택하는 방법을 다음의 세 가지로 제시한다. "첫째, 특정한 형식이나 유형의 시각문화에 한정된 방법(예를 들어 건축의 경우 영화관이라는 빌딩 유형에 한정), 둘째, 특정한 예술 형태나 매체의 최고급 예들만 취사 선별하는 방법(조각의 '걸작' 등), 셋째, 전형적이고 대표적으로 보이는 예를 선택하는 방법이다." 그가 제시하는 방법은 어떤 면에서 설득력이 떨어지고(가령 첫 번째 방법), 과거의 미적 규준을 그대로 답습하며(가령 두 번째 방법), 대단히 모호하다(가령 세 번째 방법). 워커는 이런 모호한 기준들을 제시하면서 광고 연구의 사례를 선별하는 학생들을 위해 다음과 같은 조언을 한다. "주의 깊게 사례를 선택하고 선택의 합리적 근거를 밝혀야 한다." 도대체 '주의 깊게' 선택한다는 것은 무엇인가? 마찬가지로 모호하다. 시각문화연구가 여전히 형성 단계에 있기 때문에 워커는 이 정도의 별반 도움이 되지 않는 지침들을 제시할 수밖에 없었을 것이다. 그렇다 하더라도 워커의 부실한 지침들은 사회과학적으로 경도되어 있는 시각문화연구 내에서 미학적 혹은 미술사적 문제들이 부차적이거나 별로 중요하지 않은 것으로 취급되는 경향을 방증하는 것이다(워커·채플린, 2004 : 71~73).

5 제임스 엘킨스는 고급/저급 예술의 구분이 붕괴된 오늘날 상업광고도 고급 예술의 이상을 충족시키기 때문에 관심의 대상이 되곤 한다는 사실을 지적한다. 예를 들어 베네통 광고가 자주 여러 학자의 연구 주제가 되어온 이유 중 하나는 모호성, 혁신성, 복잡성이라는 고급 예술의 이상을 충족시키기 때문이라는 것이다 (Elkins, 2003: 52~53).

는가?

이러한 미학적 문제 제기와 더불어 한편에선 역사와 관련된 문제를 제기한다. 예를 들어 A. L. 리스와 프랜시스 보르젤로는 후기구조주의를 수용한 신미술사가 "서구의 미학뿐만 아니라 사회사의 토대마저 위협하는 일종의 허무주의로 향한다."고 지적한다(Rees and Borzello, 1988: 8~9). 데리다와 후기구조주의자들은 우리가 언어 외부에 존재하는 어떤 실재를 상정할 수도 없고, 만약 그런 것이 존재한다 하더라도 언어의 불안정한 의미 작용으로 인해 그 의미가 전달될 수도 없다고 말한다. 사정이 그러하다면 우리는 미술의 역사가 과거에 실제로 일어난 사건에 관한 것임을 어떻게 알 수 있는가? 과거의 실재와 어떤 식으로든 관련되지 않은 진술을 우리는 역사적이라 할 수 있는가? 브라이슨은 보편성을 천명하는 '미술의 역사'가 그러한 보편성이 허구임을 알려주는 '이미지의 역사'로 바뀌었다는 의미에서 시각문화란 용어를 사용한다. 그러나 브라이슨과 달리 많은 사람은 "더 중요한 것은 '역사'를 '스터디스'로 바꿈으로써 생긴 차이"라고 본다(임산, 2004: 4).

이 두 번째 문제의식은 미술사학자들이 역사학자들과 공유하는 것이다. 1970~80년대 역사학계에서 신문화사와 포스트모던 역사학이 학문적 위기를 초래한다, 그렇지 않다는 등 의견이 분분했던 것과 유사한 양상이 1980년대 이후 미술사학계에도 발생했다. 신미술사의 주요 공헌은 단일하고 보편적인 진리를 강요하는 거대한 내러티브로부터 국지적이고 작은 진실들을 구제했다는 것이다. 그런데 일부 신미술사학자의 바람대로 미술사가 시각문화연구로 변모한다면 그것은 더 이상 미술에 관한 것도 역사에 관한 것도 아닌 것이 되고 말 것이다. 우리는 신미술사의 해방적 기획을 만끽하되, 미술사의 미학적·역사적 기획을 지속시킬 수 없는가? 미술사와 관련하여 퍼스 기호학을 고찰하고자 하는 이 책의 문제의식은 이 지점에서 출발한다.

## 3

먹시와 브라이슨 같은 신미술사학자들의 철학적 가정은 후기구조주의에서 나왔다. 전통 철학의 가정을 공격하는 데리다를 비롯한 후기구조주의자들의 입장은 반토대론적이다.[6] 데리다는 이데아, 신, 이성, 본질 혹은 다른 어떤 것이든 언어 이외의 근원적인 실재가 언어 이전에 존재하면서 진리의 보증자로 기능한다는 '현전의 형이상학'을 공격한다. 그는 진술의 진리가 언어와 독립적인 실재와의 대응에 의해 결정된다는 생각을 거부한다. 이러한 데리다의 반토대론은 반표상론이기도 하다. 의식과 독립적인 실재에 대해 언명할 수 없고 언어가 세계에 대한 표상이 아니라면, 의미 작용은 텍스트 외부에 근거를 둘 필요가 없다. 그리하여 데리다의 반토대론은 실재에 대한 회의론으로 귀결한다. "텍스트 외부에는 아무것도 없다."

---

[6] 나는 칼 하우스만을 따라 반토대론적 입장을 "이론과 해석을 근거 짓는 어떤 독립적인 세계나 실재가 존재한다는 생각을 거부하는 입장"으로 간주한다. 이러한 반토대론의 "인식론적 형식은 진리가 문장 혹은 개념과 독립적인 실재와의 대응에 의해 결정될 수 있다는 것을 부인하는" 반표상론의 형식을 취한다(Hausman, 1993: 196).

는 데리다의 구조주의적 신념은 언어와 개념을 넘어선 실재를 괄호 안에 넣어버린다.

해체론은 전통적인 형이상학이 함축하고 있는 폭력적인 위계를 노출시키고 더 나아가 그러한 위계의 타도를 독려한다는 점에서 미술사의 실천에 시사하는 바가 적지 않다. 그러나 이론적인 차원에서 후기구조주의의 반실재론적 귀결은 우리의 상식적인 역사관에 부합하지 않는다. 우리는 상식적으로 역사는 '과거에 실제로 일어난 사건에 관한 진술'이라는 견해를 가지고 있다. 다시 말해 우리는 역사적 진술과 과거의 사태 간에는 모종의 표상적 관계가 성립한다고 생각한다. 반면 이러한 표상적 구조를 부정하는 후기구조주의의 언어 이론은 이러한 역사적 지식의 가능성을 회의적으로 만드는 경향이 있다. 포스트모더니즘이 '역사학의 위기'인가 아니면 '새로운 기회의 모색'인가 하는 논쟁이 분분하던 지난 1980~90년대에 역사학계가 보였던 반응은 대략 다음의 세 가지로 나뉜다.

첫째는 조지 이거스George Iggers처럼 신문화사[7]와 기타 포스트모던 역사학의 의의를 십분 인정하되, 새로운 역사학이 역사학의 기본 가정을 뒤흔들지 않는다고 보는 시각이다. 그러므로 역사학의 위기는 없으며 과거와 다름없이 진리 대응론적 관점을 가지고 역사를 연구할 수 있다(이거스, 1999 참고).

---

[7] 1970년대 역사학에서의 포스트모던 전환을 각국의 저자들마다 신문화사, 신사학, 심성사, 미시사, 역사인류학, 일상사, 신역사주의로 상이하게 표현하고 있다. 여기서는 이러한 포스트모던 전환 이후의 역사 기술 형식들이 문화사로의 전환이기도 하다는 점에서 1960년대 이후 등장한 역사 서술의 새로운 경향들을 '신문화사'로 총칭하고자 한다(김기봉, 1997; 조한욱, 2000; 차용구, 2005; 안병갑, 2005; 포스터, 2006 등 참고).

둘째는 마크 포스터Mark Poster와 같은 포스트모던 역사학자들의 입장이다. 그들은 데리다와 푸코의 해석학적 전략에 방점을 두고 '진리'의 지형을 전복시키려 한다. 포스터에 의하면 신문화사가는 "푸코의 담론 분석과 데리다의 해체가 그러하듯 무조건적 객관성을 주장할 수 없지만 조건적이고 제한적일망정 진리를 주장할 수 있다. 하지만 진리 그 자체가 아니라 진리에 대한 주장을 할 수 있다." 그러나 '진리'라는 용어의 관습적 함의를 의식한 탓인지 포스터는 이어서 다음과 같이 언급한다. "나는 과거와 동일한 용어—객관성, 과학, 진리—를 계속 지지하되, 약간의 회의를 곁들이는 것도 괜찮다고 생각한다. 이는 인식론적 쟁점들에 대해 '지각 있는 중도적' 입장을 취하는 것이다."(포스터, 2006: 89)

세 번째로 린 헌트와 동료들의 입장이 있다. 이들도 후기구조주의의 영향을 수용한 신문화사가들이다. 그러나 그들은 반실재론적인 후기구조주의가 역사학을 위해 적절하다고 보지 않는다. 그들은 절대적 객관성을 표방하는 진리 대응설과는 구별되는 새로운 종류의 실재론을 요구한다(Appleby et al., 1994: 250, 283~285). 반실재론적 회의론과 토대론적 실재론의 양 극단을 넘어설 대안으로 그들이 제시하는 것은 일련의 프래그머티즘적 실재론이다. 찰스 퍼스, 힐러리 퍼트넘, 리처드 번스타인 등은 그들이 대안적인 이론가들로 제시하는 실천적 실재론자들이다. 실천적 실재론자들은 역사가의 해석이 잠정적이고 불완전하다는 사실을 수용한다. 하지만 그들은 역사 서술을 그들에게 남겨진 과거의 파편들을 재구성함으로써 역사적 진리에 접근하는 작업이라 간주하고, 역사학자들의 공동체가 탐구를 계속해나간다면 언젠가는 궁극적이고 완전한 진리에 도달할 것이라는 희망을 갖고 있다. 애플비 등은 이러한 희망을 갖고 있느냐 아니냐가 역사가의 작업을 규정하는 중요한 척도가 된다고 보고 있다.

나는 포스터가 제안하는 '지각 있는 중도론'은 데리다와 푸코의 후기구조주의가 아니라 애플비 등의 프래그머티즘적 실재론에서 발견할 수 있다고 본다. 그리고 만약 애플비 등이 역사학의 맥락에서 제시한 대안이 설득력이 있다면 그것은 미술사에서도 설득력을 갖는다고 본다. 이러한 입장에서 나는 퍼스의 기호학을 후기구조주의를 대신하는 신미술사의 철학으로 제안하고자 한다.

퍼스의 기호학은 미술사가들의 작업을 해석적 기획인 동시에 진리 탐구의 기획으로 설명하는 이론이 될 수 있다. 그 이유는 무엇보다도 퍼스 기호학이 토대론적 체계를 부정한다는 데 있다.[8] 퍼스는 데카르트 식 직관intuition의 토대를 부정하면서 모든 사유는 끊임없는 기호화 과정 안에서 발생한다고 주장한다. 기호학은 퍼스에게 전통 철학의 토대론적 체계를 비판할 사유의 틀을 제공한다. 퍼스에게 있어서 의미 작용은 끊임없이 새로운 기호를 생산하는 과정이며, 의미는 무한하게 미래를 향해 있다. 퍼스는 모든 탐구의 과정을 탐구 공동체의 무한한 기호 해석 과정으로 간주하기 때문에 해석의

---

[8] 퍼스가 스스로 '반토대주의'를 천명한 것은 아니다. 하지만 그의 프래그머티즘 사상의 구성 요소들—오류 가능주의, 탐구자 공동체라는 규제적 이상, 견해의 수렴에 의한 진리와 실재의 규정, 우발성과 우연에 대한 인식 등—은 데카르트주의로 대표되는 전통적 토대주의에 대한 전면적 재검토를 요구한다는 점에서 반토대론적이다(Bernstein, 1991: 326 참고). 퍼스의 프래그머티즘 기호학적 체계는 그의 반토대론적 실재론을 구축하는 준거 틀이 되고 있다(Hausman, 1993: 194~201 참고).

다양성과 오류 가능성을 인정한다. 우리는 단 한 명의 미술사학자의 해석이 진리라고 받아들이지 않는다. 개별적인 해석들이 아무리 그럴듯하더라도 그것들은 언제나 잠정적이고 불완전한 의미에서만 참이다. 그렇다고 해서 미술사학자의 연구가 진리나 실재와 무관하지는 않다. 왜냐하면 퍼스에 의하면 미술사학자 공동체의 탐구는 언젠가 도달할 진리를 향해 있기 때문이다. 퍼스는 탐구를 추진시키는 원동력으로서 실재를 상정하고 있다. 그러므로 퍼스를 따라 우리는 미술사학자들이 과거에 실제로 일어난 사건에 대해 탐구하고 있으며 견해의 수렴 과정을 통해 미술사적 실재를 발견할 수 있다는 희망과 확신을 갖고 있다고 말할 수 있다.

## 4

이 책의 구성은 다음과 같다. 1장 「미술사에서의 포스트모던 전환」에서는 신미술사가 무엇이며 어떤 유형의 미술사 서술 방식을 의미하는가에 대한 지도그리기가 시도된다. 신미술사의 첫 번째 유형은 새로운 미술사회사이다. 신미술사학자들은 문화적·정치적 맥락의 중요성을 더욱 강조하게 되었고, 그리하여 일종의 사회사로서의 미술사를 추구하게 되었다.[9] 에른스트 피셔Ernst Fischer, 아르놀

---

[9] 신미술사의 첫 번째 유형을 일종의 미술사회사라고 말한 것은 그것이 전통적인 의미의 사회사적 미술사가 아니기 때문이다. 일반적으로 미술사회사는 포스트모던 전환 이전 단계에 혹은 포스트모더니즘으로 이행하는 중간 단계에 위치하는 것으로 간주되는 경향이 있다. 실제로 신미술사의 첫 번째 유형과 다른 두 유

트 하우저Arnold Hauser, 마이어 샤피로Meyer Schapiro 등 미술의 사회사를 개척한 선례는 있다. 그러나 '새로운' 미술사회사는 단지 역사적 맥락이 미술 작품 생산에 미친 영향만 문제 삼지 않고, 미술가와 미술 작품이 역사 속에서 수행한 능동적 역할에도 주목한다. 더욱이 미술과 문화 현상의 원인을 경제적 토대로 환원시키는 고전적 맑스주의를 지양한다는 점에서 신미술사는 과거의 미술사회사와 구별된다. 새로운 미술의 사회사학자들은 "분석적이고 자기비판의 과정을 거친" 맑스주의적 시각을 공유하고 있다(Harris, 2001: 267).

두 번째 유형의 신미술사는 이론과 실천이 불가분하게 결합된 미술사이다. 그것은 미술사의 이론화라고도 할 수 있는데, 왜냐하면 과거 미술사의 관점에서 볼 때 타 학문의 난해한 이론들이 미술사 서술에 개입되고 있다고 판단되기 때문이다. 미술사의 이론화는 포스트모던한 '기호학적 전환Semiotic Turn'의 귀결이다. 신미술사학자들은 모든 문화 현상을 기호 내지는 텍스트로 간주하는 경향이 있다. 그들은 기성의 미술사 방법론을 답습하는 대신 미술사학계 바깥에서 발생한 각종 이론을 수용한다. 미술사학계에선 1970년대부터 유행하기 시작한 맑스주의와 페미니즘 이외에 구조주의와 후기구조주의, 그리고 정신분석학의 방법론이 1980년대 이후 대거 통용되기 시작했다. 이러한 학제적 경향으로 인해 미술사 저술들은 과거와 달리 이론적 담론의 성격을 띠게 되었다. 각각의 이론들을 수용

형 간에는 후기구조주의에 대한 시각차로 인해 일정한 긴장이 존재한다. 그러나 신미술사학자들에게 경제적 결정주의라는 비판을 받는 전통적인 사회사와 달리, 수정된 맑스주의의 세례를 받은 '새로운' 미술사회사는 신미술사의 한 유형으로 간주되어도 무방하다.

한 신미술사학자들이 문제의식과 분석 틀을 달리하더라도 미술가의 자율적인 주체를 부인하고 미술사 텍스트의 해석에 집중한다는 점에서 공통적이다.

신미술사의 세 번째 유형은 미술사의 철학이라 명명할만한 것이다. 앞서 언급한 먹시와 브라이슨은 이러한 유형의 대표적인 신미술사 저자들이다. 그들은 미술사의 주요 이론적 가정들에 대한 철학적·미학적인 고찰을 시도하는 미술사학자들이다. 신미술사의 철학이 주요 관심사인 이 책에서는 특히 키스 먹시의 철학적 저술들에 주목하고 그가 논의하는 쟁점들을 이론적 층위에서 논의한다. 나는 먹시의 신미술사의 철학에 대해 고찰한 결과, 먹시가 의지하고 있는 데리다의 해체론을 넘어설 이론적 대안을 추구하게 되었다. 나는 퍼스의 기호학이 하나의 대안이 될 수 있다고 판단하고, 그 근거를 설명하기 위해 이후의 장들에서 퍼스의 기호학과 프래그머티즘에 관해 고찰한다.

2장 「퍼스의 기호학과 표상」의 소기의 목적은 퍼스 기호학의 얼개 잡기이다. 여기서는 의미작용signification에 대한 설명을 중심으로 전체 퍼스 기호학의 구도를 고찰한다. 퍼스는 기호학을 그의 범주 이론과 함께 발전시켰다. 현상학과 동일시되는 그의 범주 이론에서 기호는 세 번째 범주, 즉 표상의 전형적 사례로 간주된다. 퍼스의 기호학은 초기부터 인식론적 탐구였고, 종국에는 그의 프래그머티즘과 동일한 것이 된다. 퍼스에 의하면 의미 작용은 기호sign(혹은 표상체representamen), 대상object, 해석체interpretant의 삼항으로 구성된다. 기호는 대상과의 관계에서 해석체를 생산함으로써 의미를 갖게 되는데, 생산된 해석체는 다시 하나의 기호가 되어 그 자신의 해석체를 생산하며, 이러한 과정은 원칙상 무한하게 지속된다. 이와 같은 무한한 해석 과정을 퍼스는 '세미오시스semiosis'라 부른다. 무한한 세미오시스에 대한 이론은 그의 초기 인식론의 사고기호thought-sign 독트린에서 발전되었다. 퍼스는 데카르트 식의 직관 개념을 거부하면서 모든 인식은 선행 인식을 해석하고 후속 인식에서 해석된다는 사고기호의 무한한 과정을 상정한다. 무한하게 지속되는 기호화 과정에 관한 퍼스의 설명이 알려주는 주요한 사실은 기호의 의미가 확정적이지 않고 끊임없이 변경될 수 있다는 것이다. 요컨대 퍼스의 삼항적 의미 체계는 기호와 그 의미 간의 고정적인 일대일 관계로 구성되어 있지 않으며, 미래의 지속적인 해석 가능성을 향해 열려 있는 구조를 취하고 있다.

3장 「퍼스의 기호학과 실재」는 퍼스의 프래그머티즘적 실재론에 대한 고찰이다. 논의를 진행하면서 밝히겠지만 퍼스의 실재 이론은 탐구 이론(진리 이론)이기도 하다. 퍼스는 실재를 다음과 같이 정의한다. "모든 탐구자에 의해 궁극적으로 동의될 운명에 있는 것이 우리가 진리라는 말로 의미하는 것이고 그 견해가 표상하는 대상은 실재적인 것이다."(CP 5.407) 그에 의하면 개인적이고 사적인 연구를 통해서는 진리에 도달할 수 없다. 진리는 공동체적 탐구 과정을 거쳐 접근할 수 있다. 진리의 대상인 실재는 "당신 혹은 내가 [혹은 유한한 정신이나 정신들의 집합이] 어떻게 생각하는가와 독립적으로 존재하는" 것이다(CP 5.405). 탐구자 공동체가 결국 도달할 최종적 견해가 진리이고 그것의 대상이 실재라면, 실재는 퍼스 기호학의 용어로 '역동적 대상dynamical object'이라 할 수 있다. 퍼스는 대상을 즉각적인 것과 역동적인 것의 두 종류로 구분한다. 전자는 기호에 표상된 대상이고, 후자는 기호의 표상과는 무관한 실재적인 것이다. 역동적 대상은 해석하는 정신과 독립적으로 존재하며, 해석의 과정을 추동하는 동력 장치와도 같은 것이다.

퍼스의 역동적 대상은 기호학의 맥락에서 그의 실재론의 제 면모를 조명하기에 적절한 개념이다. 역동적 대상 개념이 퍼스의 실재론에 대해 알려주는 것은 다음과 같다. 첫째, 실재는 기호화 과정을 이끄는 정신 외부적 조건으로 기능하며, 그것을 가지적이게 하는 해석체들에 의해 소진되지exhausted 않는다는 점에서 역동적이다. 둘째, 퍼스의 프래그머티즘적 실재론은 사고와 그 대상의 이분법을 부정하며, 양자 간의 기호학적 관계를 근거로 하는 고유한 관념론적 색채를 띤다. 셋째, 실재적인 것은 무한하게 연속적인 과정으로, 즉 역동적인 것으로 파악된다. 실재의 이러한 면모는 퍼스의 우주론에서 시네키즘Synechism이란 신조어로 묘사되고 있다. 2장과 3장의 고찰을 통해 우리는 퍼스의 기호학적 체계 내에서 의미의 문제와 진리의 문제가 별개로 취급될 수 없다는 점을 알 수 있을 것이다. 다시 말해 퍼스의 기호학은 미술사 해석을 위한 이론인 동시에 미술사의 진리의 탐구를 위한 이론이기도 한 것이다.

4장 「퍼스의 기호학과 역사」에서는 퍼스의 의미 이론과 탐구 이론을 고찰한다. 앞서의 고찰을 바탕으로 4장에서는 미술사의 의미와 진리의 문제에 접근할 이론적 틀로서 퍼스 기호학의 설득력을 살펴볼 것이다. 퍼스의 프래그머티즘적 인식론에서 한 개념의 의미는 그 개념이 산출하리라고 예상되는 실천적 효과에 대한 믿음으로 규정된다. 그러한 믿음은 일종의 '습관'이다. 그런가 하면 기호학의 맥락에서 의미는 기호가 해석자의 정신 안에서 생산한 의미 효과 혹은 개념이다. 만약 의미가 습관이라면 해석체는 일회적이거나 현실적이어서는 안 된다. 왜냐하면 습관은 단 한 번의 행동이 아니라 반복적인 행동 패턴이기 때문이다. 퍼스는 말년에 해석체의 종류를 세분하면서 습관으로서의 해석체, 즉 '궁극적인 논리적 해석체ultimate logical interpretant' 개념을 확립한다. 일회적 행동도, 사고나 개념도 아닌 습관으로서의 의미는 의미 해석 과정이 우리의 실천적 삶의 맥락과 맞닿아 있음을 시사한다. 다시 말해 습관은 미술사가들이 역사적·정치적 상황에서 완전히 자유로울 수 없다는 사실을 알려준다.

퍼스에게 있어서 좋은 습관은 합리적이고 논리적인 추론을 의미한다. 한 개념이 어떤 의미 효과를 산출할 것인지에 대한 사고 과정은 하나의 추론이요 논증이다. 퍼스는 그의 탐구이론의 맥락에서 추론의 방법론들을 정교하게 발전시킨다. 그는 기존의 연역법과 귀납법 이외에 가추법abduction이라는 새로운 논증 형식을 제안한다. 가추법은 주어진 문제를 해결하기 위해 가설을 선택하는 추론 형식이다. 퍼스에 의하면 가추법은 "그것의 대전제가 알려져 있고 결론이 사실인 삼단논법을 위한 가설적 해결로서 소전제를 수용 혹은 창조하는 것"이다(CP 7.249). 그러므로 가추법은 어떤 일반적 법칙에 의거하여 관찰된 (예기치 않은) 사실을 설명하는 가설을 세우는 논리이다. 퍼스는 가설적 추론의 논리를 '짐작guessing의 논리'라 말한다. 왜냐하면 그러한 가설은 모든 사실을 검증한 이후에 도출되는 어떤 원리가 아니라, 섬광처럼 떠오르는 통찰이자 상상과도 같은 것이기 때문이다. 가설이 설립되면 다음에 할 일은 그 가설로부터 도출될 필연적이고 개연적인 결과에 대해 추적하는 연역적 논증이다. 그리고 최종적으로 실제 관찰과 실험을 통해 가설을 시험하는 귀납적 단계가 이어진다.

퍼스의 역사 탐구 이론에도 가추법적 방법론이 등장한다. 역사를 가설적 추론으로 간주하는 퍼스의 시각은 엄격한 의미의 객관주의도 아니요, 주관주의도 아니다. 철학의 다른 주제들과 마찬가지로 역사의 문제에 대해서도 퍼스는 중도적 입장을 취한다. 사고와 탐구 대상의 구조 간의 연속성을 상정하는 한편 일반적 법칙의 검증 가능성을 주장하는 퍼스의 입장은 객관주의와 주관주의의 양가적 요구에 부응한다 하겠다. 퍼스는 역사 탐구가 결코 종결되지 않을 것이라 말한다. 왜냐하면 퍼스에게 있어서 역사적 진리의 토대는 무한한 미래에 있기 때문이다. 역사적 실재는 유한한 수의 탐구자가 도달할 수 있는 것이 아니다. 역사는 "무한하게 세대에서 세대로 이어지는 작업"이다(CP 5.589). 그러한 실재가 존재한다는 그리고 그것에 도달할 수 있다는 희망은 역사 탐구를 포함한 모든 탐구를 이끄는 추진력이다.

본격적인 논의에 진입하기에 앞서 다음의 사항들을 짚어두자. 첫째, 퍼스 기호학에 대한 이 책의 고찰은 그의 논점을 수용하는 입장에서 전 철학 체계를 일람하는 작업이다. 나의 직접적인 관심사는 신미술사를 위한 이론적 대안을 제시하는 것이지만, 나의 부차적인 목적 중 하나는 퍼스의 기호학을 국내 학계에 소개하는 것이다. 퍼스의 기호학은 미술비평 및 미술사 연구와 관련하여 국내 연구자들의 지속적인 관심의 대상이 되어왔다. 하지만 퍼스에 대한 관심은 적지 않은 반면 그의 철학 체계에 대한 이해도는 대단히 낮은 편이다. 그간 국내에서 출판된 퍼스 철학에 대한 연구가 미비하다는 것이 그 이유가 될 것이다. 따라서 퍼스의 기호학을 소개하는 이 책의 논의는 퍼스의 논점들을 비판하기보다는 그의 관점을 수용하는 입장을 바탕으로 한다. 퍼스의 프래그머티즘 체계 내에서 자연과학과 철학, 그리고 인식론과 형이상학이 상호 유기적으로 연관되어 있기 때문에, 어느 한 요소를 설명하기 위해서는 다른 모든 요소에 대한 설명이 불가피하다. 이 책에서는 이러한 퍼스의 철학이 일관적인 하나의 체계를 이룬다고 판단하고, 퍼스 기호학의 고찰을 통해 그의 전 철학 체계를 살펴볼 것이다.[10]

두 번째로 이 책의 고찰은 철학적이고 이론적인 층위에 초점을 맞추고 있다는 사실이 지적되어야 할 것이다. 퍼스의 기호학은 미술사의 이론과 실천 양 층위 모두에서 유용하다고 판단된다. 예를 들어 도상, 지표, 상징 같은 퍼스의 기호학 용어들은 미술 작품의 분석에서 대단히 유용한 실천적 도구가 되어왔다.[11] 그런가 하면 퍼스의 프래그머티즘적 기호학은 미술사란 무엇인가에 대한 그럴듯한 이론적 설명을 제공한다. 4장에서 마네의 〈올랭피아Olympia〉에 대

---

10 퍼스 철학의 방대한 체계로 인해 논평자들의 판단은 다음과 같이 두 가지로 나뉜다. 하나는 퍼스가 경험과학과 형이상학이라는 상이한 두 관점에서 비일관적인 체계를 추구했다는 논평들이고, 다른 하나는 퍼스 철학이 비일관적으로 보이는 이유는 그의 진화적 관점 때문이라는 논평들이다. 후자의 시각을 제시하는 논평자들은 퍼스가 초기의 문제의식들을 말년에 가서 해결함으로써 결국 정합적인 체계를 이룬다고 본다. 전자의 대표적인 저자는 토머스 굿지이고, 후자는 칼 하우스만이다(Goudge, 1950; Hausman, 1993 참고). 나는 퍼스의 체계가 일관적이라고 판단하는 후자의 관점을 취할 것이다.
11 이 책 1장에서 소개하는 것처럼 로절린드 크라우스는 퍼스의 지표 개념에 의지하여 1970년대 미국 미술의 특성을 고찰하였다(Krauss, 1987 참고).

한 해석을 중심으로 미술사 공동체의 탐구 과정을 분석한 것은 퍼스 기호학의 이론적 설득력을 증명해줄 것이다. 미술사학자나 문화이론가들이 퍼스 기호학에 관심을 가져온 것은 주로 그것의 실천적 층위에서의 유용성 때문이었다. 말하자면 그들은 대체로 미술사 실천을 위한 방법론 차원에서 퍼스의 이론에 주목해온 것이다. 이에 반해 나의 문제의식은 미술사가 무엇인지 동시대적으로 재규정함에 있어서 전통적인 토대론과 현대의 회의론의 이항 대립을 넘어서려는 메타이론적인 관심에서 비롯되었다. 따라서 나는 퍼스 기호학의 적용보다는 그것의 이론적 구조를 파악하고 왜 혹은 어떻게 퍼스 기호학이 미술사를 위한 철학이 될 수 있는가를 해명하는 데 역점을 둘 것이다.

## 1장
## 미술사에서의 포스트모던 전환

지난 40여 년간 미술사학계는 커다란 지각변동을 겪어왔다. 1970년대 이후 미술사학자들은 미술사에서 지식의 내용과 가치 그리고 목적에 대해 과거와는 판이하게 다른 태도를 갖기 시작했다. 전통적으로 미술사학자들은 초시대적인 미적 규준을 상정하고, 단일하고 보편적인 역사 개념을 전제해왔다. 그들은 동일한 미적 원리가 상이한 시대와 민족의 예술 작품에 공통적으로 적용될 수 있고, 역사 서술은 과거에 실제로 일어났던 사실에 대한 기술이라고 믿어왔다. 하지만 오늘날 다수의 미술사학자는 예술 작품에 내재한 고유한 미적 가치에 대해 회의하고, 역사 서술이 중립적이고 객관적이라는 믿음을 의문에 붙인다. 이러한 반성 및 자각과 함께 그들은 미술사 외부에서 다양한 방법론을 취하기 시작했고 주제 영역을 넓혀 나가기 시작했다.

## 1. 신미술사란 무엇인가?

1970년대 이후 미술사학계에서 발생한 변화는 일반적으로 '신미술사의 출현'으로 설명된다. 국내에서도 지난 1990년대부터 신미술사를 소개하는 저술들이 등장하여[1] 신미술사라는 용어가 전공자들에게 낯설지 않은 것이 되었다. 그러나 신미술사가 정확히 어떤 종류의 미술사를 지시하는가에 대해서는 여전히 명확하지가 않다. 이는 일차적으로 '신미술사'가 의미하는 바가 대단히 넓은 영역에 걸쳐 있다는 데 그 원인이 있다. 다르게 말하면 현재 미술사학계에서는 서로 대단히 이질적으로 보이는 글쓰기를 동일한 명칭, 즉 신미술사로 호명하고 있다는 것이다. 사정이 이러하기 때문에 '신미술사'에 대해 논의하려면 우선 신미술사가 무엇인지 규명하는 작업이 필요하다. 이에 착수하면서 나는 다음의 두 질문에 초점을 맞추고자 한다. 첫째, 어떤 종류의 글쓰기가 신미술사로 통칭되는가? 둘째, 만약 서로 다른 종류의 글쓰기임에도 불구하고 신미술사로 통칭될 수 있는 근거가 그것들 가운데 있다면, 그것은 무엇인가? 신미술사에 대해 저술한 대표적 저자들은 다음과 같이 그들 나름의 답변을 제시한다.

---

1 2011년 현재 신미술사에 관한 두 권의 개설서가 번역, 소개되어 있고(리스·보르젤로, 1998; 해리스, 2004), 몇 편의 논문이 출판되어 있다(김영나, 1997; 이영철, 2001 등 참고).

## 1) 리스와 보르젤로의 견해

우선 A. L. 리스와 프랜시스 보르젤로의 견해를 보자. 그들은 신미술사가 크게 사회사적 경향과, 이론을 강조하는 경향으로 나뉜다고 본다(Rees and Borzello, 1988: 8).

여기서 사회사적 경향이란 T. J. 클락이 부활시킨 미술에 대한 맑스주의적 접근법을 지칭한다.[2] 클락의 영향력하에 1970년대 영국 미술사학계에선 사회사 연구가 활발하게 일어났다. 미술사회사 연구자들은 미술 작품이 사회질서를 어떻게 재현하고 있는지, 더 나아가 아카데믹한 미술사를 포함한 미술 관련 제도—가령 미술관과 갤러리, 미술 서적의 출판 등—가 사회와 어떻게 관계 맺고 있는지에 대해 중점적으로 탐구한다.

한편 이론을 강조하는 학자들은 맑스주의뿐만 아니라 유럽 문학비평에서 발전된 이론들과 정신분석학, 페미니즘 이론들을 미술사에 도입한다. '이론'의 도입은 리스와 보르젤로뿐만 아니라 조너선 해리스, 키스 먹시 등 다수의 저자가 신미술사의 주요 경향으로 지적하는 사항이다(Harris, 2001: 17; Moxey, 1994: 23~25 참고). 전통 미술사학자들은 양식 분석과 문헌 고증 위주의 '실천'만을 진정하게 혹은 순수하게 미술사적이라고 간주해왔다. 이와 달리 신미술사학자

---

2 정확히 말해 미술의 사회사는 맑스주의 미술사와 동의어는 아니다. 가령 린다 노클린Linda Nochlin, 마이클 박산달, 스베틀라나 앨퍼스처럼 맑스주의자는 아니지만 사회사의 범주로 분류할 수 있는 미술사학자들이 있다(Bryson et al., 1991: 1~2; Clunas, 2003: 468~469; Harris, 2001: 42~43 참고). 이런 점을 염두하고 이 책에서는 미술사회사를 주로 맑스주의 미술사로 간주하되, 그보다는 넓은 범주로 취급할 것이다.

들은 그들 자신의 해석적 관점을 지지하기 위해 후기구조주의나 기호학 같은 미술사 외부에서 들여온 이론을 적극적으로 사용한다. 각각의 이론의 관점에서 그들은 이데올로기적으로 중립적인 미술사 서술은 불가능하다고 믿고, 친숙한 미술사의 개념들을 해체하려는 전략을 구사한다. 천재로서의 예술가, 독창성, 예술의 자율성, 초시대적인 미적 가치 등 근대 미학의 기초 개념이 주요 비판의 대상이다. 더 나아가 서구 형이상학의 전통을 하나의 거대한 허구로 간주하는 해체론 및 후기구조주의의 도입은 미술사 쓰기를 지지해주는 인식론적 토대를 허물어뜨린다(Rees and Borzello, 1988: 8~9).

리스와 보르젤로는 마치 사회사를 추구하는 경향과 이론을 강조하는 경향이라는 서로 다른 별개의 두 가지 신미술사가 존재하는 것처럼 설명한다. 과연 그러한가? 그렇지 않다. 양자는 그렇게 확연히 구별되지 않는다. 클락을 포함한 동시대의 미술의 사회사학자들은 데리다의 해체론을 인용하지 않더라도 단일하고 보편적인 '역사History'나 '진리Truth' 개념을 인정하지 않는다(Harris, 2001: 2). 그리고 그들은 "작품의 '창조자'로서의 예술가 개념, 작품이 표현한다고 간주되는 선재하는 감정 개념" 같은 미술사에서 당연시되어온 전제들에 회의를 던진다(Clark, 1995[1974]: 251). 그런가 하면 이론적인 미술사학자들도 맑스주의를 천명하진 않더라도 미술 작품이 그것이 생산된 사회의 문화적, 정치적 맥락과 분리될 수 없다는 사실에 대부분 동의한다. 어떤 종류의 서술 방식을 취하든지 간에 신미술사학자로 일컬어지는 모든 저자는 예술의 자율성에 대한 근대적인 신념을 지지하지 않으며, 보편적이고 객관적인 '역사' 혹은 '진리' 개념에 동의하지 않는다. 그렇다면 신미술사 저술을 단일한 개념으로 포섭하고자 하는 다른 저자의 견해를 살펴보도록 하자.

2) 해리스의 견해

조너선 해리스는 『신미술사? 비판적 미술사!The New Art History: A Critical Introduction』(2001)에서 신미술사를 미술사회사와 동일시하는 시각을 제시한다. 해리스는 동시대 미술사회사가들이 공통적으로 '광의의 역사유물론'을 견지하고 있다고 본다. 그는 맑스주의자들뿐만 아니라 보다 최근에 등장한 행동주의의 양상인 정체성 정치의 참여자들 또한 그가 말하는 광의의 역사유물론을 공유한다고 보고 있다. 그에 의하면 페미니스트들, 흑인 인권 운동가들, 게이·레즈비언 행동주의자들도 모두 "미술 작품, 미술가, 미술사를, 사회생활에 물질적으로 뿌리를 내리고 있으며 생산과 해석의 상황 안에서만 의미를 띨 수 있는 인공물, 수행자, 구조 그리고 실천으로 이해하고" 있다(Harris, 2001: 264). T. J. 클락이 촉발시킨 최근의 미술사회사는 "1968년 5월의 정치사회적 소요의 순간에" 출현했고, 미술의 사회사학자들은 1960~70년대 저항적 지식인들의 사회에 대한 인식을 공유하고 있다(Harris, 2001: 3, 262~267). 해리스는 그의 저서에서 다음의 네 종류의 저술에 대해 고찰하고 있다. 즉 맑스주의 미술사, 페미니즘 미술사, 시각적 재현에 대한 정신분석학적 설명, 미술 현상에 대한 기호학적, 구조주의적 접근이 그것이다. 해리스에 따르면 방법론과 연구 대상이 다소 상이할지라도 미술의 사회사학자들은 그가 언급한 넓은 의미의 역사유물론을 공유한다. 그들은 공히

"모든 미술과 미술사 관념 및 가치가 물질적인 사회생활에 뿌리를 두고 있다."는 시각을 갖고 있으며(Harris, 2001: 12), 상아탑에 갇혀 있지 않고 정치적 행동에 직·간접적으로 참여한다.

해리스는 동시대의 미술사회사를 촉발시킨 클락을 신미술사의 선구자이자 모델로 간주한다. 클락이 "새로운 것을 허겁지겁 추구하는" 경박한 다양성을 경계했던 것처럼(Clark, 1995[1974]: 250) 해리스는 '신미술사'라는 명칭을 경계하고, 그 대신 '급진적radical 미술사'를 선호한다. 그는 자신이 추구하는 급진적 미술사가 사회적, 정치적 행동주의에 뿌리를 두고 있음을 그의 저서에서 반복적으로 강조하고 있다. 해리스에 의하면 급진적 미술사는 전통 미술사가 아니라 '제도적으로 지배적인 미술사'와 대립한다(Harris, 2001: 8). 급진적 미술사는 맑스주의 미술사의 명맥을 유지하고 있으므로 신미술사처럼 전통 미술사와 대립적이지 않다는 것이다. 요컨대 해리스가 신미술사란 명칭을 꺼리는 이유는 이 용어가 "급진주의의 진정으로 비판적이고 정치적인 잠재력을 '이데올로기적으로 무장해제시키는' 것으로" 여겨지기 때문이다(Harris, 2001: 9).

하지만 해리스가 지적하듯이 신미술사란 용어는 "1980년대 중반 이후 학문적 방법과 접근법, 이론, 연구 대상과 관련하여 미술사학계에서 진행되어온 일련의 발전을 명명하는 가장 일반적인 용어가 되었다."(Harris, 2001: 6~7) 더구나 오늘날 급진적 미술사는—적어도 그것의 일부는—이미 "제도적으로 지배적인 미술사"에 편입되어 있는 것처럼 보인다(Harris, 2001: 421~422). 오늘날 영미권 대학의 거의 모든 미술사학과에선 기존의 커리큘럼에 미술사 연구를 위해 필요한 이론 과목을 추가시켜 동시대의 다양한 미술사 방법론과 비판적 담론의 경향을 가르치고 있다.[3] 이러한 실정은 한국의 대학에서도 다르지 않다. 신미술사 관련 과목들은 학교에 따라 미술비평과 이론, 미술사 방법론, 미술사학사, 혹은 시각문화연구 등 다양한 제목으로 개설되곤 한다. 현시점에서 판단할 때 이처럼 제도권에 안착한 미술사가 얼마나 급진적이고 행동주의적인지 단정적으로 말하기 어렵다. 그렇기 때문에 해리스 자신도 "급진적 미술사의 제도화"와 더 나아가 "종결"에 대해 언급하고 있는 것이다(Harris, 2001: 285~286).

급진주의가 새로운 미술사의 성격과 태동의 순간을 설명하기에 적합한 개념이라고 하더라도, '급진적 미술사'를 1970~80년대 이후 미술사의 새로운 동향에 대한 총칭으로 간주하긴 어려워 보인다. 더구나 최근 아카데믹한 미술사에서 발생했던 의미심장한 발전 국면들을 '신미술사'라고 명명하는 것이 일반화되어 있는 실정이라면, '급진적 미술사'란 호칭을 채택하는 것에 대해 신중해야 할 것이다. 이미 '신미술사'란 용어로 통용되고 있는 학문 영역을 그의 제안대로 '급진적 미술사'로 부를 사람은 별로 많지 않은 것 같다. 해리스가 '급진적' 혹은 '비판적'이란 용어를 선호하는 것은 그가 클락을 따라 맑스주의를 지지하기 때문이다. 그러나 그가 분석하는 총 37명의 저자들이 취하는 입장은 맑스주의뿐 아니라, 페미니즘, 정신분석학, 기호학 등 다양하다. 이 모든 저자가 급진적 미술

---

3 김영나에 의하면 "[미국] 각 대학의 미술사학과에서 고대, 중세, 르네상스, 근대 등의 전공 교수를 뽑듯 미술 이론 전공 교수들을 하나의 독립된 분과로 채용하고 있는 것은 이러한 예의 하나이며, 미술 이론 교수들이 영문학과 같은 타 분야 출신인 것은 그리 드문 일이 아니다."(김영나, 1997: 13)

사학자인 이유는 이론보다는 실천의 영역에서 찾을 수 있다. 즉 그들은 서로 다른 이론적 입장을 취하더라도, 사회적 현실을 좌시하지 않는 비판적 행동주의자들이라는 것이다. 그런데 이들 중에는 해리스가 의미하는 급진적 미술사 개념에 부합하지 않는 저자들도 눈에 띈다.[4] 이에 대한 해리스의 변을 말하자면 이러하다. 즉 해리스는 맑스주의라는 자신의 특수한 관점에서 범례적이라고 판단되는 텍스트들을 이 책에서 분석하고 있다는 것이다. 그가 서로 상충하는 입장을 가진 저자들을 급진적 미술사라는 미명하에 고찰하고 서로의 입장을 비교하는 것은, 상이할뿐더러 모순적인 의도와 가치를 가진 학자들이 마치 현실 정치에서 그랬던 것처럼 서로 분쟁하거나 때로는 전략적으로 제휴하는 양상을 보여주기 위한 것이다(Harris, 2001: 89~90). 이러한 해리스의 설명 방식은 '신미술사'를 미술사회사의 확장 개념으로 제시함으로써 이 용어의 규정력을 높여주는 장점이 있다. 반면 이러한 설명은 역사유물론의 범주에 포함시키기 곤란한 텍스트들을 배제하는 측면이 있다. 말하자면 해리스

---

4 이 책에는 해리스가 부여한 '광의의 역사유물론'이란 제명에 걸맞지 않은 저자들이 포함되는 반면 마땅히 들어갈만한 저자는 배제되어 있다. 가령 로절린드 크라우스 같은 저자가 과연 해리스가 의미하는 방식으로 급진적인가 하는 것은 의문의 여지가 있다. 크라우스가 미국의 급진주의적 성향의 학술지, 『옥토버 October』의 편집인이라 하더라도 주로 기호학과 정신분석학에 의존하는 그녀가—아무리 그 외연을 넓힌다 해도—역사유물론에 기초하고 있다는 것은 다수의 동의를 구하기 어려울 것이다. 반면 해리스는 명시적으로 문화정치로서의 미술사를 천명하는 먹시를 목록에서 제외하고 있는데, 이는 아마도 먹시의 이론적 관점이 급진적 미술사의 네 가지 범주—맑스주의, 페미니즘, 정신분석학, 기호학—중 어디에 포함되는지 판단하기가 애매하기 때문일 것이다. 이와 더불어 먹시가 그의 저서에서 클락류의 미술사회사를 공식적으로 비판한다는 사실도 하나의 이유가 되었으리라고 추측된다(Moxey, 1994: 17 참고).

도 인정하고 있듯이 동시대 미술사는 메타담론적인 경향이 있으며 추상적인 관념과 전문적인 이론의 탐구도 그 일부로 포함하고 있기 때문이다(Harris, 2001: 17).

신미술사가 무엇인지 규명하는 일은 결코 용이하지 않다. 그럼에도 불구하고 1970년대 이후 미술사학계에서 발생한 의미심장한 변화에 대해 이해하기 위해서는 신미술사의 출현과 이에 따른 미술사의 변모에 대한 고찰이 불가피할 것이다. 이 장의 나머지 부분에서는 신미술사에 대한 단일한 개념적 정의를 추구하는 대신, 다양한 신미술사 저술의 유형을 분류함으로써 동시대 미술사의 현황을 파악하고자 한다.

### 3) 신미술사의 유형화

스티븐 멜빌은 '신미술사'의 다양한 함의에 대해 언급함으로써 동시대 미술사학자들이 이 용어를 얼마나 다양하고 상이하게 이해하고 있는지 설명한다.

> 어떤 이들에게 있어서 '신미술사'는 새로운 혹은 새로워진 미술사회사이고, 다른 이들에게는 미술사 분과의 새로운 기호학적 토대이며, 또 다른 이들에게는 후기구조주의 미술사 혹은 자의식적으로 '포스트모던한' 미술사 혹은 미술사의 역사적 근원을 갱신하거나 변형시키면서 그 근원으로 되돌아가는 미술사에 대한 요청으로 들릴 것이다(Melville, 1995: 31).

멜빌이 나열한 신미술사의 정의들은 다음의 세 부류의 저자들과 연관되어 있다. 첫 번째 정의는 새로운 미술사회사 혹은 맑스주의 미술사를 추구하는 마이클 박산달, T. J. 클락, 핼 포스터 같은 저자와 관련이 있고(Baxandall, 1974[1972]; Clark, 1973; 1981[1973]; 1995[1974]; 포스터, 2004 등 참고) 두 번째 정의는 미술사를 서술하는데 있어서 기호학적 관점을 취하는 노먼 브라이슨과 미크 발 등의 저자와 관련이 있다(Bal and Bryson, 1991; Bryson, 1983; Bal, 2001 등 참고). 후기구조주의 미술사나 포스트모던 미술사를 표방하는 저자, 혹은 미술사의 이론적 근원으로 회귀하는 저자를 한데 묶는다면, 미술사에 대한 이론적 반성을 모색하는 학자들로 통칭할 수 있을 것이다. 멜빌은 미술사의 이론적 근원을 추적하는 이 세 번째 부류의 저자로 마이클 포드로를 꼽고 있다(Podro, 1982). 하지만 멜빌이 두 번째와 세 번째 부류의 저자들을 정확히 어떤 기준으로 구분했는지는 확실치 않다. 더 나아가 과연 이 두 부류의 저자들을 명확하게 구분할 수 있는지도 의문스럽다. 브라이슨과 발은 멜빌이 두 번째 부류에 속한다고 보는 저자들이다. 하지만 그들 역시 미술사에 대한 이론적 반성에 적잖은 관심을 가지고 있기 때문에 세 번째 부류에 속한다고 해도 무방한 저자들이다.

그럼에도 불구하고 멜빌은 신미술사를 유형화하기에 유용한 단초를 제공한다고 판단된다. 앞서 살펴본 저자들의 견해를 참고하여 멜빌의 구분을 재구성하면 두 번째와 세 번째 부류의 저자들을 다음과 같이 구별할 수 있다. 즉 두 번째 부류는 미술 작품을 기호 혹은 텍스트로 간주하면서 기호의 해석에, 다시 말해 미술사의 실천에 더 주안점을 두고 있는 미술사학자들이라 할 수 있겠고,[5] 세 번째 부류는 미술사학사art-historiography와 미술사의 철학을 심도 있게 고찰해온 보다 이론적인 미술사학자들이라 할 수 있겠다. 물론 두 번째 부류의 저자들도 '이론'을 요구하고 사용한다. 가령 노먼 브라이슨은 자크 라캉의 정신분석학에 의존하여 라파엘로의 원근법적 회화 〈성처녀의 결혼〉(1501)을 분석한다(Bryson, 1983: 87~131). 이 작품에 사용된 고전주의적 원근법은 보편적인 시각 행위를 제시하는 것이 아니라 르네상스 인문주의라는 사회적 상징 질서에 의해 형성된 주체의 '응시gaze'를 함축하고 있다. 분명 브라이슨의 작업은 고도로 이론적이다. 그런데 브라이슨이 여기서 사용하는 이론, 즉 라캉의 정신분석학은 미술사 실천의 방법론에 가깝다. 세 번째 부류에 속하는 저자들이 이론적인 이유는 그들이 '미술사란 무엇인가'라는 보다 근본적인 질문을 다룬다는 데 있다. 그들은 '미술'과 '역사'와 관련된 추상적 관념들을 미술사학사적으로 추적하고 그것들에 대해 철학적으로 반성하는 작업을 한다는 점에서 두 번째 부류보다 심층적인 층위에서 이론적이다. 그들은 물론 미술사학자들이지만 그들의 작업은 미술사보다는 철학에 더 가깝다. 세 번째 부

5 나는 멜빌이 "신미술사를 미술사의 새로운 기호학적 토대로 간주하는 저자들"을 '미술사 해석을 위해 전문적 이론을 사용하는 실천적 미술사가들'로 확대시키면서 '기호학'을 대단히 광범위한 의미로 사용하고 있다고 생각한다. 프랑스의 후기구조주의와 기타 기호학 이론의 영향을 받아 일체의 문화 현상을 기호로 혹은 텍스트로 간주하는 관점의 글쓰기는 모두 광의의 '기호학적' 글쓰기에 속한다. 이런 시각을 취할 때 일반적으로 기호학의 계보에 들어가는 저자들―벤베니스트Émile Benvenist, 야콥슨Roman Jakobson, 바흐친Mihail Bahktin 등―의 이론뿐만 아니라 라캉의 정신분석학, 알튀세르의 구조주의적 맑스주의, 푸코의 담론 이론도 '기호학'의 범주에 속하게 된다. 노먼 브라이슨, 미크 발, 키스 먹시 같은 미술사가들뿐만 아니라 시각문화에 대해 저술한 다수의 저자는 '기호학'을 이처럼 넓은 의미로 사용하고 있다(Bal and Bryson, 1991: 174~208; Moxey, 1994 등 참고).

류의 신미술사 저자들의 집합에는 포드로뿐만 아니라, M. A. 홀리, 마크 치섬, 키스 먹시, 도널드 프레지오시, 한스 벨팅도 속할 것이다(Holly, 1984; 1995; Cheetham, 2001; Moxey, 1994; 2001; Preziosi, 1991; 1998; Belting, 1987 등).

멜빌의 구분을 발전시켜 신미술사 저작들의 세 경향을 다음과 같이 열거할 수 있다. ⓐ 그 첫 번째 경향은 미술 작품의 생산과 수용의 사회, 정치적 맥락이 부각되는 '새로운' 미술사회사이다. ⓑ 두 번째로 미술사가 이론화되고 학제적으로 되는 경향이 있다. 다시 말해 미술사학자가 자신의 해석을 지지하기 위해 특정한 이론(들)을 선택한다는 것이다. ⓒ 세 번째로 미술사의 철학이라 부를만한 경향이 있다. 이는 이제껏 당연하게 전제해오던 미학적, 역사적 개념들을 의문에 붙이는 신미술사의 메타담론적 차원을 말한다. 신미술사학적 저술들은 이상의 세 가지 사항과 관련되어 있다. 우리가 '신미술사'라 부르는 종류의 저술들은 위의 세 요소를 두루 갖추고 있으나 많은 경우 ⓐ, ⓑ, ⓒ 세 요소 중 한 가지를 두드러지게 나타내기 때문에 유형화가 가능하다. 다시 말해 우리가 신미술사 저술들을 세 가지 유형 ⓐ, ⓑ, ⓒ로 구분할 수 있다면, 그런 구분은 각 저술에서 어떤 요소가 두드러지느냐에 따를 것이다. 부연하자면 이어지는 2절에서 고찰되는 T. J. 클락은 특히 ⓐ의 요소가, 로절린드 크라우스는 ⓑ가, 키스 먹시는 ⓒ가 두드러지는 저자라는 것이다. 더불어 신미술사 저자들이 항상 동일한 유형의 저술만을 하지 않는다는 사실이 지적되어야 할 것이다. 가령 노먼 브라이슨은 미크 발과 함께 쓴 「기호학과 미술사 Semiotics and Art History」(1991)에서는 ⓒ 유형의 저술을 했지만, 『간과한 것 바라보기 Looking at the

Overlooked』(1990)에서는 ⓑ 유형의 저술을 했다. 정확히 말해 이 절의 신미술사의 유형화는 신미술사 저자들의 유형화가 아니라 저술들의 유형화이다.

　이상의 고찰을 토대로 이어지는 2절에서는 신미술사 저술들의 세 경향에 대해 보다 상세히 살펴볼 것이다. 하지만 나의 목적은 신미술사를 이론적으로 규명하고 더 나아가 신미술사를 위한 철학적인 설명을 제시하는 것이므로, 무엇보다 세 번째 유형, 즉 미술사에 대한 메타담론적 저술에 초점이 맞춰질 것이다.

## 2. 신미술사의 여러 동향

### 1) 새로운 미술사회사

　1절에서 거론한 저자들뿐만 아니라 다른 여러 저자도 미술사학계에 새로이 등장한 사회사적 경향을 '신미술사'로 지칭하곤 한다 (이영철, 2001: 559~562; Clunas, 2003: 466~467). 하지만 이 책에서는 '신미술사'를 미술사회사 혹은 미술사 실천의 급진주의로 한정시키지 않고 1970년대 이후 미술사학계에 출현한 새로운 서술 형식들을 포괄적으로 지시하는 것으로 간주하는, 오늘날 보편적으로 통용되는 시각을 취할 것이다.

　신미술사를 무엇보다도 미술사회사로 인식하는 이들이 적지 않다면 그 이유는 이 용어가 T. J. 클락이 촉발시킨 맑스주의 미술사를 가리키기 위해 처음으로 사용되기 시작했다는 데 있을 것이다.[6]

1970년대 초 영국의 미술사학은 일종의 고착 상태에 빠져 있었다. 당대의 미술사학자들은 감식안과 실증주의적 방법론에 기초하는 아카데믹 미술사를 사수하고 있었다. 미술사학계의 변화는 제2차 세계대전 이후 신흥 공업전문대학교Polytechnic가 대거 설립되어 교육의 저변 확대가 이뤄지던 시기에 발생했다(이영철, 2001: 563~564). 기존의 명문 대학교에서 전통적인 미술사 방법론을 고수했던 것과 달리 신흥 대학교는 각 지역의 환경에 적응하면서 사회과학의 방법론을 채택한 '신미술사'를 육성해나갔다. 이러한 변화의 흐름에서 클락이 1970년대 전반에 출판했던 일련의 저술은 주도적인 역할을 했다(Clark, 1973; 1981[1973]; 1995[1974] 참고). 특히 그의 「미술 창조의 조건The Condition of Artistic Creation」(1974)은 당대의 사회변동에 따라 타 학문 분야에서 진행 중이던 변화에 무심했던 미술사학계에 일침을 가하는 발언이 되었다. 이 글에서 클락은 미술사의 주제들에 대한 진지한 문제의식을 상실한 채 도상학과 양식 분석의 방법을 답습하기에 급급한 학계의 현실을 질타하고 있다. 이와 동시에 그는 미술사에 대한 비판 의식을 고취시키는 현대적 방식으로 자신

6 리스와 보르젤로에 따르면 이 용어가 공식적으로 최초로 사용된 것은 『블록Block』지와 이 잡지를 출판하는 미들섹스 공과대학교가 1982년에 '신미술사?'라는 학회를 개최했을 때였다. 하지만 1982년 이전에도 비공식적으로 '신미술사'란 용어가 학자들 사이에서 사용되었고, 그것은 클락이 재직하던 리스대학교와 미들섹스 공과대학교 같은 신흥 대학교의 미술사회사학과에서 실천되던 연구 동향을 지시하였다(Rees and Borzello, 1988: 3). 그러던 것이 이후 1980~90년대에 이르러 맑스주의뿐만 아니라 기호학과 정신분석학 등 후기구조주의의 다양한 방법론을 수용한 미술사 저술에 대해 '신미술사'가 폭넓게 적용되었지만, 이 용어는 주로 영미권 저자들을 중심으로 통용되었고 여전히 T. J. 클락의 미술사회사의 연장선상에서 논의되는 경향이 있다.

의 사회사적 접근을 제안한다(Clark, 1995[1974]: 248~253).

그런데 사회사와 역사유물론이 클락에게 전적으로 새로운 관점을 제공하는가? 20세기 전반에 프레드릭 안탈Fredric Antal, 아르놀트 하우저, 마이어 샤피로, 프랜시스 클링엔더Francis D. Klingender처럼 맑스주의 미술사를 선구적으로 실천한 선례가 있었다는 점을 생각하면 클락의 견해가 그다지 새로워 보이지는 않는다. 그럼에도 불구하고 이 절의 제목에 '새로운'이란 형용사가 붙은 것은 클락류의 미술사회사가 지닌 혁신성을 시사한다. 클락은 포스트모던 사상가들이 '거대 담론'으로 치부하는 전통적 맑스주의에 대한 분석과 비판을 거친, 신맑스주의적 입장을 취하고 있다. 말하자면 과거의 미술사회사가 경제적 토대를 일체의 문화 현상의 원인으로 간주하고 미술 현상에 대해 경험적이고 계량적인 방법으로 접근하였다면, 클락의 새로운 미술사회사는 이러한 환원론적 관점을 지양하고 있다는 것이다. 클락은 미술 양식이 사회구성체에 의해 단순하게 결정된다고 보는 안탈 식의 환원주의만 거부한 것이 아니다.[7] 그는 미술 작품이 이데올로기, 사회적 관계 또는 역사를 반영한다는 관념이나 역사를 미술 작품의 배경으로 간주하는 사유 방식도 거부했고, 이 지점에서 그의 주요 공격 대상이 된 것은 하우저의 미술사회사였다.[8] 클락은 『민중의 이미지』(1973) 1장, 「미술사회사에 관하여」에서 반영론적 해석 방식을 거부한 후, 사회적 존재로서의 미술

---

[7] 안탈은 당대에 이미 지나친 사회결정론으로 비판받았다(Meiss, 1949 참고).

[8] 클락은 『민중의 이미지』 1981년도 판 서문에서 하우저 식 시대사에 대해 비판하고 있다(Clark, 1981[1973]: 6).

가의 준거점으로 선험적인 미술가 공동체를 상정하거나, 형식과 이데올로기적 내용 간의 직관적인 유비에 의존하는 것을 미술사회사의 금기 사항으로 제시한다(Clark, 1981[1973]: 10~11). 말하자면 클락은 미술가 쿠르베의 정체를 그의 개별적이고 구체적인 역사성 속에서 규명하지 않고 '사실주의'라는 선험적으로 규정된 아방가르드 공동체의 일원으로 파악하는 하우저 식의 기술은 도식적인 보편사로 귀결된다고 보고 있다. 가령 쿠르베는 사실주의의 영향을 받았고, 사실주의는 다시 자본주의적 물질주의의 산물인 당대의 실증주의의 영향을 받았다는 식의 기술은 공식주의적이고 조잡하다는 것이다. 유사한 문맥에서 클락은 형식과 내용의 유비에 의존하는 사회사 기술을 거부한다. 사회사적 관점에서 작품의 형식과 내용은 상호 유기적인 관계 속에서 이해되어야 한다. 그렇다 하더라도, 가령 "확고한 시점이 결여되어 있는 쿠르베의 〈오르낭의 매장〉이 화가의 평등주의의 표현"(Clark, 1981[1973]: 10~11)이라고 하는 것은 지나친 비약이요, 모호한 추상화라는 것이다.

도식적이고 공식적인 하우저의 보편사와 대조적으로, 클락의 미술사회사는 예술 작품과 예술가의 특수성과 그 복잡한 생산 조건 및 환경에 주목하는 국면 분석conjunctural analysis에 주력한다. 미술 양식의 역사적 발전을 함축하는 하우저의 시대사가 정통 맑스주의에 기초하고 있다면, 클락의 국면 분석은 알튀세르의 구조주의적 맑스주의에서 유래한 것이다.[9] 알튀세르는 토대와 상부구조

---

9 클락은 프랑스의 알튀세르주의 문학비평가, 피에르 마슈레Pierre Macherey를 통해 알튀세르의 맑스주의를 수용했다(Moxey, 1991: 985, n. 2).

의 전통적인 구분을 부정했고, 그럼으로써 맑스주의 문화비평의 중심 기조 중 하나인 토대 결정론, 즉 물질적 기반이 되는 토대의 변화가 필연적으로 상부구조—종교, 철학, 법률, 문학, 예술 같은 이데올로기의 체계—에서 반영된다는 주장을 폐기했다. 알튀세르에 따르면 경제뿐 아니라 정치, 과학, 이데올로기는 각각 나름의 독자성을 갖는 실천 영역이다. 이러한 관점에서 볼 때 사회는 경제, 정치, 이데올로기의 여러 심급이 서로 얽혀 있는 복합적인 구조를 취하고 있으며, 어떤 심급도 다른 심급으로 환원될 수 없다. 수정된 맑스주의의 영향을 받은 클락은 "'반영'의 기계적인 이미지 뒤에서 구체적으로 거래되고 있는 것이 무엇인지 발견하고, 어떻게 '배경'이 '전경'이 되는지 알게 되길" 원했고, "형식과 내용의 유비가 아니라 그 둘 사이에 실재하는 복잡한 네트워크를 발견하고자" 했다(Clark, 1981[1973]: 12). 그 결과 클락은 쿠르베 미술의 정치적 함의를 도출해냈을 뿐 아니라, 쿠르베와 그의 회화가 당대의 정치적, 역사적 맥락에서 수행했던 능동적 역할 또한 부각시킬 수 있었다. 그는 "어떤 미술사도 다른 종류의 역사와 따로 떨어져 있지 않다."는(Clark, 1981[1973]: 18) 신념을 가지고, 특정 시기의 미술가 및 미술 작품과 정치적, 역사적 상황 사이의 관계를 자세하게 검토할 수 있는 구체적인 역사적 순간을 면밀하게 분석하고 있다. 『민중의 이미지』에서 분석되고 있는 쿠르베 미술과 1848~1851년의 프랑스의 정치적·문화적 상황이나, 『현대적 삶의 회화 The Painting of Modern Life』(1984)에서 분석되는 마네 미술과 1860~70년대 파리라는 공간은 모더니즘 이데올로기가 정립되던 의미심장한 국면을 탐색하기 위해 클락이 주도면밀하게 선택한 주제들이다.

클락의 맑스주의는 알튀세르의 구조주의를 부분적으로 수용하고 있으나, 무엇보다도 그가 1966~1967년 사이 참여했던 국제상황주의situationist international와 그 대변자 기 드보르Guy Debord의 영향을 받아 형성되었다(Clark, 1997 참고). 『스펙터클의 사회Society of the Spectacle』에서 드보르는 동시대의 자본주의가 인간과 상품의 분리를 넘어 상품과 이미지의 분리를 초래했고, 이렇게 추상화된 이미지가 일상의 모든 영역을 지배하는 사회가 도래했다고 진단한다. 드보르는 이미지가 상품을 지배하고 더 나아가 삶과 문화의 모든 영역에 침투하는 상황을 스펙터클 개념으로 접근한다. 하지만 그는 대중매체에 대한 맑스주의적 분석에 그친 것이 아니라, 상품화에 의한 소외와 물화 현상에 주목한 루카치의 견해를 급진화시킨 것이라 할 수 있다(시레, 2002: 375). 국제상황주의의 영향하에 전개된 클락의 맑스주의 미술사에서 분석의 주요 개념축이 된 것은 계급, 이데올로기, 스펙터클 그리고 모더니즘이었다(Clark, 1984: 서론 참고). 클락을 비롯한 여러 미술의 사회사학자들은 현대 자본주의 사회에서 우위를 점하게 된 시각성visuality이 소외를 초래하는 주요 기제가 되었다는 사실에 주목하고, 이에 관해 모더니즘과의 관계 속에서 면밀히 고찰하고 있다.[10]

기호학을 수용함으로써 클락의 맑스주의 미술사는 보다 풍부한 해석의 지평을 열게 된다. 클락은 『현대적 삶의 회화』에서 모든 문화 현상에 편재한 재현과 기호 작용의 중요성에 대해 언급하고 있

---

[10] 모더니즘과 시각성의 문제에 천착하는 미술의 사회사학자들로는 T. J. 클락 외에도 토머스 크로우, 그리젤다 폴록, 핼 포스터, 서지 길보, 이브 알랭 부아 외 다수가 있다.

다. 언어와 미술 현상뿐만 아니라 사회구성체와 경제적 영역 또한 재현의 영역이다. 기호화 작용이 없다면 우리는 어떠한 문화적 현상도 인식할 수 없을 것이다. "경제생활, 즉 '경제' 그 자체와 경제적인 영역, 범위, 수준, 사례 등은 모두 재현의 영역이다. 그렇지 않다면 어떻게 우리가 상품 형태나 임금 계약 같은 것의 특성을 알겠는가?"(Clark, 1984: 6) 또한 클락은 잭슨 폴락의 추상표현주의에 관한 논문에서 미하일 바흐친의 기호학 이론을 수용하여, 폴락에 대한 기존의 형식주의적 해석의 교정을 시도한다. 모든 발화, 즉 기호는 대화적인 성격을 갖고 있으며 타자성을 향해 열려 있다는 바흐친의 이론은 예술적 재현의 의미를 사회적, 역사적 맥락 속에서 파악할 수 있는 시각을 제공한다. 그러므로 "콘텍스트가 텍스트고, 그 콘텍스트가 곧 매체다. 따라서 폴락의 예술관에 기본적인 관념이었던 '자신만의 말'을 소유하고 유지할 수 있다는 생각은 취약하고 역설적이다."(Clark, 1990: 177) 바흐친을 인용하면서 클락은, 폴락이 생산한 추상적인 형식조차도 타자성과 역사성을 함축하고 있기 때문에 그것이 생산된 맥락에서 간단하게 분리될 수 없다고 주장하고 있다.

알튀세르, 드보르, 바흐친 등의 이론을 흡수하여 새로운 형태의 맑스주의 미술사를 제시한 클락은 1970년대 이후 미술사학계의 지형도를 변화시키는 데 선도적인 역할을 해왔다. 클락의 미술사회사는 혁신적인 미술사의 대명사가 되어, 신미술사는 클락류의 맑스주의 미술사의 통칭처럼 사용되기도 한다. 이하에서는 미술사회사의 대변자 격인 클락의 미술사 실천에 관해 그의 『현대적 삶의 회화』를 통해 일별해볼 것이다.

클락은 이 책에서 마네와 인상주의 화가들에 대해 사회사적으로 조명하고 있다. 클락은 1860~70년대 모더니즘 회화에 대해 탐구하면서 당시에 재정비된 파리 시가지와 이에 따른 부르주아계급의 삶의 변화에 주목한다. 잘 알려져 있다시피 〈올랭피아〉(1863)는 티치아노의 〈우르비노의 비너스〉(1538)(이 책 321쪽의 도판 참고)를 재해석한 현대판 비너스상이다. 하지만 마네는 신화적 인물 비너스를 묘사하는 대신 눈앞의 모델, 즉 매춘부를 그렸다.

> 마네는 매춘부를 묘사하면서 가장 자극적이고 친숙하지만 난해한 모더니티의 면모를 다룬 것이다. 그것이 난해한 이유는 예전엔 사회의 주변부에 속했던 이런 종류의 여인들이 점점 더 중심부를 차지해가고 파리란 도시를 그들의 이미지를 통해 개조하고 있었다는 사실이 1860년대에는 이미 진부한 일상이 되었다는 데 있다(Clark, 1984: 79).

마네의 〈올랭피아〉는 19세기 중반 대도시에서 하나의 사회적 현상이 되어버린 매춘부를 다루고 있다. 역사적으로 매춘부가 존재하지 않았던 시대는 없었지만 이렇게 일상적 삶의 풍경으로 침투하게 된 것은 현대 산업사회에 진입한 이후이다. 현대사회를 구성하는 멤버들의 계층구조는 과거보다 한층 복잡해져서 단순히 직업군별로 계급의 서열을 매길 수 없게 되었다. 가령 매춘부라는 직업군에는 싸구려 술집 작부들뿐만 아니라 성공한 부르주아들의 정부 역할을 하는 비교적 부유하고 고급한 여성들도 속하게 되었고, 단순히 경제적인 기준으로 한 여성의 계층을 판단하기 어렵게 되었다. 고급 매춘부의 이미지를 재현한 〈올랭피아〉는 현대 도시인들의 전반적인 삶의 변화를 나타낸 매우 복잡한 기호이다. 이와 같이 클락에게 있어서 마네와 인상주의 화가들의 회화는 일차적으로 모더니티의 재현이요, 현대적 삶의 표상이다.

하지만 클락이 사회·경제적 맥락에 주로 초점을 맞추고 있다고 해서 모더니즘의 양식적 혁신을 간과하고 있는 것은 아니다. 모더니즘 미술의 선봉장인 마네는 보다 평평한 화면을 선보임으로써 재현의 본성에 대해 회의적인 시각을 드러내었다(Clark, 1984: 10). 클레멘트 그린버그 같은 형식주의자는 '평면성'을 회화 예술의 고유하고 독자적인 효과 혹은 본질로 간주하였다(Greenberg, 1982 참고). 그린버그는 여타 분야와 마찬가지로 회화도 그 자체의 독자적인 가치를 극대화시키는 방향으로 진화해왔고 앞으로도 그러할 것이라는 전망을 제시하였다. 클락도 평면성이 모더니즘 미술을 설명하는 하나의 핵심어가 된다는 사실에 동의한다. 그러나 그는 단지 평면성의 가치에 주목하는 데 그치지 않고 '왜 평면성이 중요해졌는가?'라는 질문을 던진다. 평면성이 중요하다면 그것은 평면성이 회화 외적인 "세계에 있는 어떤 특수하고 실체적인 특질들을 대신하기 때문이다"(Clark, 1984: 13). 클락은 우선 '평면적인 것'이 '민중적인 것the popular'과 동일시되던 당대의 인식을 지적하면서, 평면성을 화가가 다룰 수 있는 실체적인 것으로 간주한다. 가령 말라르메 같은 비평가는 화가를 붓이나 빗 같은 도구를 가지고 성실하게 수작업을 하는 노동자라 기술한 바 있다. 또한 평면성은 포스터, 상표, 인쇄물, 사진과 같은 이차원적 화면들로 대변되는 모더니티를 의미하기도 했다. 그런가 하면 모더니즘 회화의 평면성은 부르주아

관객들에게 일종의 공격으로 느껴지기도 했다. 이와 같이 클락은 평면성이 형식주의 비평에서 설명하는 것과는 달리 복잡하고 다양한 의미의 층위를 갖는다고 지적한다(Clark, 1984: 13). 형식주의 비평에서 평면성이 실재의 세계와 독립적인 회화의 고유한 성질로 한정되었던 것과 달리, 클락의 미술사회사 실천에서는 모더니즘 회화의 평면성을 둘러싼 미술 생산과 수용의 문제가 다각적으로 고찰되고 있다.

클락의 저술을 중심으로 고찰한 새로운 미술사회사는 종래의 감식주의적 미술사의 대안이라는 의의를 갖는다. 그러나 대안적인 새로운 미술사는 미술사회사에 국한되지 않는다. 말하자면 미술사회사는 새로운 미술사학자가 취할 수 있는 여러 방법론 중 하나인 맑스주의 미술사라 할 수 있다. 그러므로 신미술사의 첫 번째 유형은 두 번째 유형의 한 종류인 것이다. 오늘날 다수의 미술사학자는 맑스주의뿐 아니라 페미니즘, 기호학, 정신분석학 등의 이론적 도구를 자신의 고유한 미술사 실천을 위해 선택한다.

### 2) 미술사와 이론들

이제 신미술사의 두 번째 유형에 대해 고찰해보자. 두 번째 유형은 미술사의 이론화와 학제적 경향으로 요약할 수 있다. 이러한 경향은 앞서 살펴본 리스와 보르젤로뿐만 아니라 다수의 미술사학자가 인정하는 바이다.[11] 신미술사학자들은 기호학과 정신분석학의

---

11 『아트 뷸러틴Art Bulletin』 1996년 5월호는 「미술사와 이론들Art History and Its

전문 이론을 수용하여 미술사를 고도로 난해하게 만든 경향이 있다. 단지 그 난해함 때문이 아니라 미술사의 이론화는 미술사의 학문적 경계를 모호하게 한다는 이유로 비판을 받아왔다. 전통 미술사학자들은 양식 분석과 문헌 고증 위주의 '실천'만을 진정하게 혹은 순수하게 미술사학적이라고 간주해왔다. 그들은 인문학과 사회과학의 새로운 이론들을 도입한 신미술사학자들이 미술사의 순수성을 침해한다고 비판한다. 그들이 보기에 '이론'의 침투는 마땅히 지켜져야 할 미술사 분과의 경계를 허물어뜨리는 불법적인 가로지르기이다. 이와 반대로 신미술사학자들은 미술사를 다른 학문 분야에 개방하고자 한다. 그들이 보기에 순수한 실천으로서의 미술사는 성립하지 않는다. 전통 미술사의 이론적 가정들은 실천의 순수성을 가장한 채 가려져 있었을 뿐이다. 전통 미술사가 암묵적으로 전제해온 예술철학적·역사철학적 가정들이 파헤쳐진 오늘날, 미술사의 이론과 실천을 구분할 명분이 없어졌다. 왜냐하면 "이론적이건 역사적이건 모든 형태의 담론에는 시·공간의 특수한 위치가 각인되기" 때문이다(Moxey, 1994: 23). 전통 미술사에 대한 반성과 더불어 신미술사학자들은 자신의 특수한 역사적 해석을 지지할 이론적 대안을 추구하기 시작했다.

두 번째 유형의 신미술사 저술은 각각 어떤 이론을 취하느냐에 따라 다시 상이한 종류의 저술로 분류될 수 있다. 신미술사학자가 취하는 이론적 근거에 따라 우리는 맑스주의 미술사, 페미니즘 미

Theories」라는 특집 기사에서 미술사에 각종 이론이 범람하고 있는 당시 학계의 상황을 진단하고 있다. 이 기사에 참여한 저자들은 미크 발, 이브 알랭 부아, 어빙 래빈Irving Lavin, 그리젤다 폴록, 크리스토퍼 우드Christopher S. Wood이다.

술사, 기호학적 미술사, 정신분석학적 미술사를 구분한다. 그러나 신미술사학자의 이론적 원천은 하나 이상일 경우가 대부분이다. 가령 벤자민 부흘로, 서지 길보, 토머스 크로우 등은 기호학과 맑스주의를, 노먼 브라이슨, 미크 발, 로절린드 크라우스 등은 기호학과 정신분석학을 이론적 근거로 취한다. 각각의 입장은 다르더라도 모든 신미술사학자는 자신의 글쓰기가 문제의 미술 현상에 대한 유일한the 해석이 아니라 하나의an 해석이라는 데 동의한다.

로절린드 크라우스는 미국의 전문 미술비평지 『옥토버』의 편집 위원으로 활동하면서 이론적 미술사 쓰기를 선도해온 미술사학자 중 한 명이다. 그녀의 「지표에 대한 생각: 70년대 미국 미술Note on the Index: Seventies Art in America」(1977)은 라캉의 정신분석학과 퍼스와 야콥슨의 기호학에 기초하여 마르셀 뒤샹의 미술 세계와 1970년대의 미국 미술을 탁월하게 해석한 논문이다. 추상표현주의 혹은 미니멀리즘과 같은 미술 운동들이 주류 미술계를 이끌어가던 1960년대까지의 양상과 달리, 1970년대 미국 미술계는 포스트모던하게 다원화된다. 당시의 미술가들은 주류 미술 운동에 편승하기보다는 자신의 성적, 인종적, 민족적 정체성을 작품을 통해 표명하는, 정체성 정치identity-politics로서의 미술 활동에 주력하였다. 그들의 작업에서 사진과 비디오 같은 매체가 주요 표현 수단으로 부상했다. 그뿐만 아니라 70년대에 유행했던 포토리얼리즘, 대지미술, 과정미술, 신체미술, 스토리아트는 사진과 비디오 같은 기록 자료에 의존하는 경향이 있다. 사진이 주요 매체로 떠오른 1970년대의 미국 미술에 대해 분석하면서 크라우스는 퍼스의 지표index 개념에 주목하고 있다.

일찍이 퍼스는 사진이 도상이나 상징이기 이전에 무엇보다도 지표로서의 기호라고 언급한 바 있다.[12]

> [지표는] 하나의 기호인 실재적 사물로서, 그것이 그 대상과 연관되어 있기 때문에 기호가 된다. …… 그것의 기능은 단지 우리가 그 대상을 식별하도록 하고, 그 대상의 존재와 현존을 확신하도록 하는 것이다. …… 예를 들어 사진은 대상과의 광학적인 연관 관계 덕분에 이미지를 환기시킬 뿐만 아니라, 그 외관이 실재와 일치한다는 사실에 대한 증거가 되기도 한다(*CP* 4.447).

퍼스를 따라 크라우스는 사진이 제작되는 메커니즘이 지표적이라 언급한다. "[모든 사진은] 민감한 화면 위에 빛이 비침으로써 전사된 물리적 흔적의 결과이다. 그러므로 사진은 그 대상과 지표적 관계에 있는 도상의 한 유형이다."(Krauss, 1987: 9) 사진은 대상과 유사해 보이기 때문에 하나의 도상기호이다. 하지만 사진이 도상이 되

---

[12] 퍼스의 기호 유형학에서 도상, 지표, 상징의 삼분법은 가장 널리 알려진 분류법이다. 퍼스는 기호의 세 구성 요소—즉 표상체, 대상, 해석체—중에서 표상체와 대상의 관계를 근거로 하여 이 세 종류의 기호를 구분한다. 이중 도상icon은 그것과 그 대상의 유사성에 의해 성립하는 기호이다. 가령 하나의 초상화가 살아 있거나 죽은 어떤 특정 개인과 시각적 유사성을 갖고 있다면, 그것은 그 특정 인물의 도상기호라 할 수 있다. 지표index가 하나의 기호가 되는 것은 기호와 그 대상과의 인접성에 근거한다. 퍼스는 풍향계를 대표적인 지표기호의 사례로 들고 있다. 상징symbol은 관습성에 의해 대상과 관련되는 기호이다. 따라서 상징과 그 대상의 관계는 전적으로 자의적이다. 언어는 대표적인 상징기호이다(퍼스의 기호 유형학에 대해서는 2장 2절을 참고하라).

는 이유는, 그것이 대상과 광학적인 연관 관계를 갖는, 다시 말해 물리적으로 대상과 인접해 있는 하나의 지표이기 때문이다.

크라우스는 이 논문에서 1970년대 미술가들의 작품에 나타나는 순수하고 단순한 지표에 대해 언급하고 있다. 그녀는 데니스 오펜하임Dennis Oppenheim, 빌 베클리Bill Beckley, 데이비드 애스키볼드 David Askevold의 작품에서 작가의 현존을 화면에 지표적으로 고정시키는 사진 작업에 주목한다(Krauss, 1987: 12~15). 그러나 크라우스는 당대의 정체성 정치의 수단이 된 '지표 미술'에 대해 논하는 데 그치지 않고 '지표 미술'의 선례로서 뒤샹의 작품들 또한 논의하고 있다. 크라우스는 뒤샹의 자아분열적 작품들을 분석하면서 지표적 미술의 본성을 심도 있게 파헤치고, 그러한 분석의 성과를 토대로 70년대 미국 미술에 접근하는 순서를 취하고 있다. 뒤샹의 자아분열적 작품 세계를 분석하면서 크라우스가 사용하는 이론적 도구는 라캉의 정신분석학이다. 그러나 폭넓은 함의를 지닌 퍼스의 지표 개념은 그녀의 분석 과정에서 시종일관 핵심적인 요소로 작용한다. 크라우스는 지표의 특수한 사례인 전환사shifter를 연결 고리로 삼아 정신분석학적 개념과 기호학적 개념을 결합시키고 있다.[13]

13 언어학자 로만 야콥슨은 전환사를 "비어 있기 때문에 의미 작용으로 채워지는 언어적 기호의 범주"로 규정한다. 인칭대명사(나/너), 지시대명사(이것/저것), 지시부사(여기/지금)는 야콥슨의 규정을 따라 전환사로 명명된다. 전환사의 의미는 맥락 의존적으로 결정되지만, 야콥슨은 각각의 전환사가 하나의 일반적인 의미를 갖는다고 보았다. 가령 '나'는 언제나 '나를 언급하고 있는 사람'을 의미한다. 그러므로 퍼스에 의하면 전환사는 일차적으로 상징이라 할 수 있다. 그런가 하면 인칭대명사 '나'는 보통명사 '나무'나 '학교'와 달리 대상―즉 화자 자신―의 현존과 불가분의 관계에 있는 하나의 지표이다. 퍼스의 영향을 받아 야콥슨은 전환사를 상징과 지표의 기능을 동시에 가진 '지표적 상징'으로

'나/너'와 같은 인칭대명사는 퍼스가 지표로 간주하는 상징들이다. 동일한 개념 '나'는 각 언어권의 관례에 따라 'I', 'ich', 'je'와 같이 상이한 상징들로 표현된다. 그런가 하면 인칭대명사 '나'의 의미가 결정되는 방식은 '나무'의 의미가 결정되는 방식과 다르다. '나무'의 의미가 전적으로 언어적 관습에 의해 결정된다면, '나'의 의미는 화자의 현존과 밀접한 관계를 갖고 있다. 인칭대명사 '나'는 사용하는 사람에 따라 다른 지시 대상을 갖게 된다. 실제 대화에서 '나'와 '너'의 지시 대상은 화자들 사이에서 끊임없이 자리바꿈을 한다.

크라우스는 아네트 마이클슨Annette Michaelson의 연구를 인용하면서 뒤샹의 자폐증적 전환사 활용 문제를 지적한다(Krauss, 1987: 6). 마이클슨에 의하면 자폐아들은 '나'와 '너'를 반대로 사용하는 전환사 활용 장애를 갖고 있다. 그들은 상대방을 '나'로, 자신을 '너'로 부른다. 크라우스는 이러한 혼란을 나르시시즘과 결부시키고, 다시 라캉의 거울 단계와 관련시키고 있다.[14] 다시 말해 자폐증적 전환사 활용 장애 혹은 '나'와 '너'의 결합은 거울 단계를 벗어나지 못한 유아기의 언어적 혼란과 관련이 있다는 것이다. 크라우스는 이와 같

규정한다(에반스, 1998: 256~257).

14 라캉의 '거울 단계'는 상징계―언어와 문화적 관습의 세계―에 들어서기 이전의 유아가 자아상을 형성하는 시기를 일컫는다. 라캉은 6~18개월 사이의 유아가 거울 이미지를 통해 이전에는 파편적으로 인식하던 자아를 통합적으로 이해하게 된다고 말한다. 그러나 그의 주체에 대한 고찰이 시사하듯 자아는 단일하고 통합적인 개념으로 인식되지 않는다. 거울 단계는 자아가 오해의 산물이며, 주체가 자신으로부터 소외되는 장소임을 알려준다. 크라우스는 이 논문에서 라캉의 거울 단계가 함축하고 있는 나르시시즘적 구조를 사진과 비디오의 의미 작용과 결부시키고 있다(라캉, 1994: 38~49 참고).

은 정신분석학적 견지에서 뒤샹이 자아를 '나'와 '너'로 분열시키는 방식에 주목하고 있다. 상징계로의 진입에 실패한 정체성 혼란의 단계, 즉 상상계의 의미 작용은 지표적이다. 지표에서처럼 상상계에서는 의미가 대상과 기호의 관계만으로 결정되기 때문이다. 기호와 대상의 이항 관계에서 성립하는 의미 작용은 관습과 코드의 학습이 전제되는 상징 혹은 상징계와는 이질적이다.

크라우스의 분석에 의하면 뒤샹의 〈너는 나를……Tu m'……〉(1918), 〈광학 기계Machine Optique〉(1920), 〈큰 유리: 그녀의 총각들에 의해 발가벗겨진 신부, 조차도Large Glass: La mariée mise à nu par ses célibataires même〉(1915~1923)는 모두 그의 분열된 자아를 표현하는 자화상들이다. 뒤샹의 타아alter-ego이자 여성적 분신인 로즈 셀라비Rrose Sélavy의 존재와 그녀의 사진은 뒤샹의 분열된 자아 개념을 보여주는 단적인 사례가 되고 있다.[15] 이 작품들은 하나의 사진이자 레디메이드로서 지표적인 역할을 수행한다. 다시 말해 마치 지표처럼 대상에 대한 직접적인 지시 작용에 기반하고 있다. 이와 같이 크라우스는 이 논문에서 퍼스의 지표 개념을 축으로 삼아 뒤샹의 미술 세계와 1970년대 초기 포스트모던 미술에 대한 하나의 설득력 있는 해석을 제시하였다. 초상 사진의 자기 반영성과 전환사 '나/너'의 특수한 의미 작용에서 나타나는 지표적 특성은 포스트모던한 '재현의 정치'의 기원을 뒤샹의 미술에서 찾게 해주는 연결 고리가 되고 있다.

15 뒤샹은 가령 〈광학 기계〉에 "로즈 셀라비와 나"란 문구를 써넣는다. 그는 여장한 자신을 타자화함으로써 스스로를 남성적 자아와 여성적 타아로 분열시켜 이해하고 있다(Krauss, 1987: 4~12).

이 짧지만 영향력 있는 논문을 이해하기 위해서 독자들은 적어도 퍼스의 지표 개념과 라캉의 상상계 개념을 숙지해야 한다. 혹은 달리 말해 크라우스의 논문은 퍼스의 기호학과 라캉의 정신분석학에 대한—단편적이지만—훌륭한 해설이기도 해서, 독자들은 그녀의 글을 읽음으로써 전문 이론에 대한 지식을 얻게 된다. 이런 점에서 크라우스의 글쓰기는 전통적 미술사 서술과 차별화된다. 그런데 신미술사의 두 번째 유형인 미술사의 이론화와 학제적 경향은 앞으로 고찰할 미술사에 대한 이론적 반성, 즉 세 번째 유형의 신미술사를 전제로 성립한다. 미술사가 무엇이었으며, 현재 무엇인가에 대한 근본적 반성으로 인해 미술사 실천의 '순수성'을 주장하며 학문적 경계를 고수하고자 했던 전통 미술사의 아성이 무너지고 미술사의 이론화가 확산되었기 때문이다.

### 3) 미술사의 철학

세 번째 유형의 신미술사, 즉 미술사에 대한 반성적 고찰은 신미술사가 무엇인지 규정하기 위해 특히 주목할 필요가 있다. 왜냐하면 신미술사의 핵심은 그것이 미술과 역사에 대한 전적으로 새로운 관점을 표명하는 데 있기 때문이다. 과거의 미술사에서도 미술사학사와 미술사에 대한 이론적 고찰의 선례를 발견할 수 있다. 가령 젬퍼, 리글, 뵐플린, 파노프스키 등은 그러한 이론적 탐구의 선구적 사례를 제공한 미술사학자였다. 그러나 신미술사의 메타담론적 차원은 종전의 이론적 반성과 근본적으로 차이가 있다. 신미술사학자들은 미술사학사를 기술하고 미술사의 방법론을 정립하는 데 그치지 않고, 미술과 역사의 개념에 대한 철저한 재고를 요청한다. 그들은 과거의 미술사학자들이 당연하게 받아들여오던 미학적, 역사적 개념들에 도전하고 그 허구성을 폭로한다. 이러한 태도는 본격적으로 세 번째 유형의 신미술사를 추구하는 미술사학자에게서만 발견되는 것이 아니라, 대다수의 신미술사학자가 공유하는 것이다. 차이는 그러한 태도가 글쓰기의 주요 소재가 되느냐 아니면 글쓰기를 위한 암묵적 전제가 되느냐에 있을 뿐이다. 미술사가 무엇인지에 대해 근본적으로 반성하고 미술과 역사에 대한 종전의 개념들을 거부하는 태도는 신미술사를 전통 미술사와 구분 짓는 결정적인 요건이다. 그러므로 신미술사의 세 번째 유형에 대한 고찰은 신미술사가 무엇인지 규정함에 있어서 무엇보다도 필수적이라 하겠다.

   미술사학사 및 미술사의 철학에 대한 연구를 주도하는 저자들의 저술을 고찰해 도출한 결과 중 하나는 신미술사를 '미술사에서의 포스트모던 전환'이라 할 수 있다는 것이다.[16] 미술사에서의 포스트

---

16  신미술사를 미술사의 포스트모던 전환으로 파악하고 후기구조주의 이론과 관련시키는 데 대하여 반론을 제기하는 사람도 있을 것이다. 가령 조너선 해리스 같은 저자가 그럴 것이다. T. J. 클락을 좇아 해리스는 신미술사를 역사유물론에 기반한 사회·정치적 행동주의의 일환으로 파악한다. 하지만 이러한 해리스의 관점도 반론의 여지가 없다고 볼 수 없다. 해리스는 자신이 규정한 신미술사―혹은 그가 선호하는 용어로 '급진적 미술사'― 의 범주에 맑스주의와 페미니즘 미술사뿐만 아니라 반드시 급진주의적이라 할 수 없는 정신분석학적이고 기호학적인 미술사도 포함시킴으로써 신미술사의 전체 경향을 아우르고 있다 (해리스의 관점에 대한 비판은 이 장 1절을 참고하라). 해리스 및 동시대의 미술의 사회사학자들과 후기구조주의 미술사학자들 사이에는 미학과 역사를 바라보는 시각에 있어서 상당한 간극이 존재한다. 전자는 후자가 미술사의 범위를 넘어섰다고 비판하고, 후자는 전자가 전통 미술사와 다를 바 없이 구태의연한 개념

모더니즘은 대체 어떤 것인가? 미술사는 역사학의 하위 분과로 간주될 수 있다. 그러므로 미술사에서의 포스트모더니즘이 역사학에서의 그것과 거의 동일한 행보를 걸었으리란 것은 쉽게 짐작할 수 있다. 그렇다면 역사학에서의 포스트모더니즘은 어떤 것인가? 우선 이 질문에 대한 답변을 모색하는 것은 미술사에서의 포스트모더니즘을 규명하는 데 도움이 될 것이다.[17]

포스트모더니즘은 일반적으로 모더니티 및 모더니즘이라는 사회 문화적 현상과, 후기구조주의 철학 사상과의 관련 속에서 규정되는 경향이 있다(Appleby et al., 1994: 201). 다소의 단순화를 무릅쓴다면 포스트모더니즘은 문화 현상과 철학 사상에서의 반모더니즘

---

들을 보유하고 있다고 비판한다. 이러한 불일치 때문에 나는 신미술사의 정의를 추구하는 대신 신미술사 저작들의 유형화를 통해 동시대 미술사 연구의 지형도를 그리고자 시도하는 것이다. 후기구조주의와 포스트모던 전환에 준거하여 신미술사를 파악하는 나의 관점은 신미술사를 고찰하는 여러 가능한 방식 중 하나라 하겠다.

17 '포스트모더니즘'은 지나치게 빈번하게 사용되어온 탓에 의미가 지극히 모호해진 경향이 있다. 그러나 지난 1970년대부터 시작된 짧지 않은 논쟁 과정을 거친 포스트모더니즘 담론들은 오늘날 어느 정도 일치점을 찾아가는 것으로 보인다. 포스트모더니즘postmodernism의 접두사 post는 '후기' 아니면 '탈'로 번역되곤 하였다. 전자는 포스트모더니즘을 시기적으로 모더니즘 다음에 온다는 의미에서 모더니즘의 연속으로, 후자는 모더니즘의 가치와 신념들로부터 탈피하고 있다는 의미에서 모더니즘과의 단절로 보는 시각을 상정하고 있다. 이러한 각각의 시각은 모더니티의 본성을 어떻게 파악하느냐에 따른 것이다. 역사와 미술사에서의 포스트모더니즘을 논의하면서 이 책은 포스트모더니즘의 모더니즘과의 단절적 국면에 보다 초점을 맞추고자 한다. 다시 말해 포스트모던 역사와 미술사는 모더니즘 철학 및 역사관과 단절하고 있다고 보는 것이다. 만약 신문화사의 발흥을 역사에서의 포스트모더니즘으로 간주한다면, 포스트모더니즘을 '탈모더니즘'으로 보는 것이 역사적 포스트모더니즘을 이해하는 더 적절한 시각이 될 것이다(Taylor and Winquist, 1998; Best and Kellner, 1991; 1997; Calinescu, 1987; 헌트, 1996; 이거스, 1999; 김기봉 외, 2002 등 참고).

적 경향이라 할 수 있다. 17~18세기의 계몽철학을 배경으로 성립한 모더니티는 포스트모더니즘이 부정하는 주요 가치들의 원천이다. 모더니티는 이성과 과학에 대한 믿음, 진보에 대한 확신, 인식하고 행위하는 개인의 상정 같은 신념들로 구성되어 있다. 계몽주의 시대 동안 경험과학은 진리의 보증자로 인정받게 되었고, 19세기에 이르러 근대적인 학문으로 정립된 역사학은 하나의 '과학'으로서의 입지를 다졌다(이거스, 1999: 16~18, 43~56).[18] 역사는 구체적인 사실을 다룬다는 점에서 추상적인 법칙을 다루는 자연과학과 구별된다. 하지만 역사학자들은 그들의 과학적 방법론을 통해 객관적인 지식에 도달할 수 있다는 신념을 공유하고 있었다. 다른 과학자들과 마찬가지로 역사학자들은 인식과 객관적 실재가 일치한다는 진리 대응설에 입각해왔다. 이러한 입장은 과학적 담론과 문학적 담론이 분명하게 구분된다고 보는 관점을 전제로 한다. 역사학자들은 자신의 작업이 과학적이라고 확신하면서 그들의 방법을 통해 과거의 사실을 '있는 그대로' 구성해낼 수 있다고 생각했다(김기봉 외, 2002: 48).

    1960년대에 이르자 역사의 과학적 모델에 대한 반성이 일기 시작했다. 이 시기는 현대사회와 문화에 대한 위기의식이 전면에 부상했던 때다(이거스, 1999: 22~24, 152~154). "기술이 산업국가를 변모시키고 개발도상국에 영향을 미칠 때 동반하는 위험과 무자비성"으로 인해 서구 자본주의를 지탱해오던 진보와 과학에 대한 믿음은

---

[18] 19세기 랑케와 함께 시작된 근대 역사학은 "객관적 지식을 획득하기 위해 엄격한 방법론적 지침을 설정하는 탐구 논리를 중심으로 삼고 있다."는 점에서 역사가 과학적이라는 관념 위에 성립되었다(이거스, 1999: 154).

점점 더 문제시되었다. 이러한 위기의식은 이미 오래전부터 시작된 것이었으나, 서구 제국주의에 대한 비판 의식이 무르익은 1960년대에야 비로소 가시화되었다. 미국의 시민불복종 운동, 게토의 유혈 폭동, 베트남 반전운동 그리고 68 학생운동은 시대의 변화를 알리는 증표였다. 당대의 위기의식은 많은 역사학자에게 '거대한 내러티브grand narrative'의 종말을 의미했다. 그들은 서구 문명이 여러 문명 가운데 하나에 불과하다는 사실을 깨닫기 시작했고, 종래의 과학적 역사 모델이 견지하고 있던 거시 역사적 개념에 대해 회의하기 시작했다. 하지만 그들은 단지 서구의 자본주의에만 반대한 것이 아니라 소비에트 맑스주의에도 반대하였다(이거스, 1999: 153). 근대적 계몽주의나 역사유물론이 공통적으로 과학적인 성장 모델에 대한 믿음을 견지하며, 동일한 과학적 모델, 즉 거시 역사적·거시 사회적 개념에서 출발한다는 것이 그 이유가 될 것이다. 맑스주의 역사학자들의 주요한 관심사는 권력의 주변부에 있는 프롤레타리아계급의 실제 생활이 아니라 전체적인 사회구조와 과정이었다. 서구 자본주의를 성립시킨 계몽주의적 모더니티와 소비에트 맑스주의는 모두 권력의 중심부를 차지하고 있는 사람들의 역사에 초점을 맞추었고, 그러한 역사 쓰기가 인류의 보편적인 역사를 대변한다고 보았다. 역사학에서의 포스트모던 전환은 과거의 정치·경제·사회 중심의 역사로부터 문화사로의 전환으로 나타났다. 이러한 변화는 곧 단일한 역사History를 지향하는 보편사 연구로부터 다양한 역사들histories을 인정하는 미시사 연구로의 전환이기도 했다. 신문화사new cultural history는 이처럼 근대 서구의 문명화 과정에 대한 급진적인 비판으로부터 출현하였다. 신문화사 연구자들은 지배

계급 중심의 거시사에서 탈피하여 권력으로부터 소외되어 있는 사람들의 '작은' 역사들로 눈을 돌렸다. 그들은 과거 민중의 일상생활의 조건들, 페미니즘 역사, 소수 인종의 역사로 관심을 옮겨 갔고, 이에 따라 역사 연구의 주제는 놀라울 만큼 다변화되었다.[19]

역사 연구의 주제가 파편화되고 다양해지는 한편, 방법론 또한 다양해지고 새로워졌다. 새로운 문화사학자들은 과거의 계량적이고 과학적인 방법에 천착하는 대신, 문화인류학, 언어학, 문학비평, 정신분석학의 방법론과 성과를 적극적으로 수용하였고, 그 결과 역사학은 학제적 연구의 양상을 띠게 되었다. 다수의 신문화사학자들은 문화 자본의 유통과 소비에 관심을 기울였으나, 맑스주의와는 역설적인 관계를 유지하고 있었다. 그들은 역사 서술의 해방적 기능에 대해서는 고전적 맑스주의와 동일한 견해를 갖고 있었지만, 각 개인을 속박하고 있던 사회구조에 대해서는 견해를 달리하고 있었다. 과거의 맑스주의자들이 착취와 지배의 원천을 정치와 경제 같은 제도화된 구조에서 찾았다면, 신문화사학자들은 인간이 타인에게 권력을 행사하는 수많은 관계에 함축된 구조에 주목해왔다. 가령 젠더에 따라 성 역할이 사회적으로 결정되는 구조는 법적으

---

[19] 1970~80년대에 출판된 일상사와 미시사 연구로는 카를로 진즈부르그의 『치즈와 구더기: 16세기 한 방앗간 주인의 우주관』(1975), 나탈리 데이비스의 『근대 초 프랑스의 사회와 문화』(1975), 조반니 레비의 『물려받는 능력: 어떤 무당의 이야기』(1985) 등이 있다. 1976년에 창간된 『역사작업장History Workshop』지는 페미니즘 역사학을 선도한 학술지이다(이거스, 1999: 140~143). 1982년에 창간된 인도의 『서발턴 연구Subaltern Studies: Writings on South Asian History and Society』지는 제3세계 역사에 대해 포스트식민주의적인 조망을 견지하고 있다(김기봉 외, 2002: 14장 참고).

로 제도화되어 있진 않지만 문화적으로 전수됨으로써 부지불식간에 권력관계를 창출한다. 일상적 문화에 침투해 있는 권력관계 혹은 권력과 지식의 관계가 역사학자들의 관심사로 떠오르자, 이러한 관계들에 대한 분석가로서 미셸 푸코가 주목받기 시작했다. 68혁명 이후 맑스주의자들은 정통 맑스주의의 서구 중심적, 거대 담론적 성격에 대해 반성하고, 문화를 단순히 경제·사회적 토대의 반영으로 보는 환원주의적 시각을 탈피하고 있다.

종래의 역사학자들이 역사를 과학과 동일시했다면, 신문화사학자들은 역사가 문학에 더 가깝다고 보는 경향이 있다. 그들은 역사적 담론이 과거의 사실을 '있는 그대로' 재현할 수 있다는 생각에 의문을 제기한다. 그들은 주로 후기구조주의 사상에 의존하여 언어가 실재를 지시한다는 생각을 거부한다. 언어는 자기 충족적인 체계 내에서 성립하는 일종의 기호 혹은 텍스트로서, 실재를 지시한다기보다 오히려 실재를 구성하는 것이다. 그들에게 있어 언어뿐만 아니라 모든 문화 현상은 기호 혹은 텍스트이다. 텍스트는 저자와 독립적으로 존재하므로 저자의 의도는 중요하지 않다. 텍스트의 의미는 독자들—이 경우 역사가들—의 수많은 해석 방식에 열려 있다. 그러므로 하나의 텍스트는 비지시적일 뿐만 아니라 명확한 의미를 갖고 있지도 않다. 이러한 포스트모던한 관점은 역사가들에게 역사 탐구의 객관성을 진지하게 문제시하는 계기를 마련해주었다. 더 나아가 도미니크 라카프라Dominique Lacapra와 헤이든 화이트Hayden White 같은 포스트모던 역사 이론가들은 역사가 허구와 다르지 않으며 오히려 허구의 한 형식이라고 주장함으로써 역사 서술의 가능성 자체를 회의하게 만들었다. 이러한 포스트모던 역사의 출현과 함께 역사학의 존립 위기에 대한 논의가 시작되었다(임상우, 2002: 61~63).

1970년대 역사학의 변모가 학계에 위기의식을 고조시켰던 것과 유사한 현상이 미술사학계에서도 출현했다.[20] 1970년대의 신문화사의 등장이 전통 역사학에 대한 포스트모더니즘의 도전으로 간주된다면, 신미술사의 출현은 전통 미술사학에 대한 포스트모던한 도전으로 간주될 것이다.[21] 역사 서술의 객관성을 의문시하게 된 포스트모던 전환 이후의 시대에 접어들자 역사학자들과 미술사학자들은 각각 '역사학의 위기'와 '미술사학의 위기'에 대해 운운하기 시

20 멜빌은 '신미술사'에 대한 각기 다른 정의를 소개하기에 앞서 '신미술사'의 출현과 더불어 '미술사 분과의 위기'가 동시대 미술사학자들의 주요 토론 주제가 되어온 학계의 상황에 대해 지적한다(Melville and Readings, 1995: 31). 영국에서 출판되는 『아트 저널Art Journal』지 1982년 겨울호는 "미술사학의 위기The Crisis in the Discipline"라는 제목의 특집을 다룬 바 있다. 이 특집호의 편집자 헨리 저너Henri Zerner는 동시대 미술사 저술에서 발견되는 미술사 대상의 다변화와 19세기 이래 미술사가들이 견지해오던 실증주의적 역사 개념에서 멀어져가는 현상을 미술사 분과의 위기의 징후로 꼽고 있다. 한편 한스 벨팅은 『미술사는 끝났는가?The End of the History of Art?』(1983)에서 1980년대 당시 팽배해 있던 미술사의 종말에 대한 의식에 대해 언급한다. 미술의 역사가 끝났다는 벨팅의 선언은 두 층위에서 해석될 수 있다. 그것은 한편으로 미술 실천 자체의 종말을, 그리고 다른 한편으로 미술사라는 이론적 분과 학문의 종말을 의미한다. 벨팅은 동시대 미술가와 미술사학자가 더 이상 '보편적이고 통일된 미술의 역사'라는 개념을 받아들이지 않고 심각하게 의심하는 상황을 '미술사는 끝났는가?'라는 의문문으로 표현한 것이다.
21 역사학에서의 포스트모더니즘과 신문화사의 관계에 대해서는 임상우(2002)를 참고하라. 신미술사를 포스트모더니즘의 문화적 현상으로 보는 관점은 리스와 보르젤로가 편저한 『신미술사학The New Art History』의 저자 중 하나인 톰 그레턴Tom Gretton이 명시적으로 드러낸다. 그는 옮긴이 양정무와의 인터뷰에서 신미술사가 포스트모더니즘 혹은 후기 산업사회의 다원주의를 특징으로 삼고 있다고 진술하고 있다(리스·보르젤로, 1998: 203).

작한 것이다.

신미술사는 종종 미술사학에서의 '신역사주의New Historicism'로 명명되곤 한다.[22] 앞서 보았듯이 신문화사는 근대적 세계관에 대해 강력하게 의문을 제기하는 1960년대 후기 산업사회의 상황 속에서 등장했다. 조지 이거스는 신문화사의 출현을 1960년대 말 유럽과 미국에서 발생한 급진적인 학생운동과 관련시켜 설명한다(이거스, 1999: 152~154). 서구의 근대화 이론에 대한 강력한 의문이 제기되고 식민주의에 대한 반성이 일어나던 시기에 과학적 역사 모델 또한

---

[22] 키스 먹시는 자신의 문화정치적 미술사가 "신역사주의의 기치하에 생산된 저작들과 평행 관계에 있다."고 말한다(Moxey, 1994: 18, n. 29). 이와 더불어 그가 언급하는 신역사주의 저작들은 미국의 스티븐 그린블랫Stephen Greenblatt, 루이스 몬트로즈Louis Montrose, 조너선 골드버그Jonathan Goldberg 등과 영국의 조너선 돌리모어Jonathan Dollimore, 알란 신필드Alan Sinfield 등의 작품이다. '신역사주의'란 용어는 그린블랫을 비롯한 미국의 사학자들이 주로 사용하였고, 영국 사학자들은 동일한 종류의 저작들을 '문화적 유물론'이라 불렀다. 『신미술사학』의 편집자 중 한 명인 A. L. 리스 또한 '신미술사'가 역사학의 새로운 동향으로서 '신사학' 연구가 유행하는 분위기에서 등장한 새로운 미술사 연구 형식의 명칭이라 말한다(Rees and Borozello, 1998: 196). 이 외에도 신미술사를 미술사의 신역사주의로 기술하는 저자들로는 M. A. 홀리(Holly, 1995)와 이영철(1995) 등이 있다.
나는 신역사주의를 더 포괄적인 개념인 신문화사의 하위 범주로 보고자 한다. 이거스에 따르면 신역사주의는 신문화사의 주요 가정들을 공유하고 있다. 다시 말해 신역사주의는 "문화를 의미의 상징적 그물망으로 파악하는 인류학적 개념뿐 아니라, 언어의 중심성과 불명료성을 주장하는 포스트모더니즘적 문학이론의 기본 가정들"을 포함하고 있다(이거스, 1999: 28~29). 단 신문화사 가운데에서 '신역사주의'로 명명되는 운동의 주창자들은 주로 미셸 푸코의 입장을 수용하여 텍스트에 투영되는 권력관계에 주목하고 텍스트를 역사적 맥락에서 구체적으로 분석하고자 하는 실천가들이다. 담론화된 권력을 문화적으로 유통될 수 있는 상징적 자본으로 파악했던 신역사주의자들은 알튀세르, 프레드릭 제임슨 등의 신맑스주의, 미셸 푸코의 담론 이론, 클리포드 기어츠의 문화인류학에 주로 의지하고 있다.

회의의 대상이 되었다. 이거스와 유사한 어조로 조녀선 해리스는 신미술사가 "1968년 5월의 순간에" 절정에 달한 유럽의 신좌파New Left 정치 운동에서 연원하였다고 설명한다. 신미술사는 "'비판적 맑스주의'의 '신좌파' 정치, 반제국주의 정치조직들, 여성운동의 발흥에 뿌리를 두고 있으며"(Harris, 2001: 13) 신역사주의의 한 양상으로 전개되었다.

신문화사의 등장에 따라 역사학계가 동요했던 것처럼 신미술사 출현 이후 미술사학계에서도 갖가지 변화가 나타났다. 미술사의 주제는 파편화되고 다양해졌으며, 방법론 또한 다변화되었다. 신미술사학자들은 그간의 미술의 역사가 서구 중심적으로, 그것도 주류 계급의 이데올로기를 중심으로 기술되어왔다는 사실을 드러냈다. 이러한 새로운 미술사의 선봉에는 1970년대 초부터 모습을 드러낸 페미니즘 미술사가 있다. 페미니즘 미술사는 그동안 여성 미술가들이 미술의 역사에서 얼마나 철저하게 소외되어왔는지 폭로하기 시작했다. 보편사를 천명하던 기존의 미술사가 사실은 고도로 선택적이었다는 것이 페미니스트들에 의해 밝혀지기 시작했다.[23] 여성 미술가들에게 주목하면서 미술사학자들은 과거엔 이류 미술로 인식

---

**23** 린다 노클린의 「왜 위대한 여성 미술가는 존재하지 않았는가?Why Have There Been No Great Women Artists?」는 페미니즘 미술사의 물꼬를 튼 선구적인 논문이다(Nochlin, 1971 참고). 『아트 뉴스』에 실린 이 논문이 출판되던 해에 H. W. 잰슨Janson은 『미술의 역사History of Art』를 펴낸다. 그런데 공교롭게도 잰슨의 미술사에선 여성 미술가가 단 한 명도 포함되어 있지 않았다. 노클린은 당대의 미술사 저술에서 여성 미술가가 배제되어온 것은 선천적으로 천재의 소질을 타고날 수 없는 여성성 때문이 아니라, 여성에겐 위대한 미술가가 될 교육의 기회를 부여하지 않은 남성 중심 사회의 이데올로기 때문이라고 폭로한다.

되던 여성들의 수공예와 장식미술을 새롭게 평가하게 되었다. 그들은 기존의 미술사 서술 방식에 의문을 제기하면서 이른바 정전의 지위에 대해 진지하게 회의하기 시작했다. 정전의 지위는 과연 초시대적 보편성을 갖는가?

근대 미술사학이 시대와 지역을 초월한 보편적 가치를 담보할 수 있었던 것은 형식주의 미학과 그것에 힘입은 양식사의 성립 덕분이었다. 마크 치섬과 키스 먹시는 칸트와 헤겔의 철학이 미술사학에 얼마나 지대한 영향력을 행사했는지 고찰한다(Cheetham et al., 1998: 6~73). 그들은 근대 미술사학의 정립기에 칸트 철학이 행사한 영향에 대해 언급한다. 특히 뵐플린과 파노프스키는 미술사학의 분과 경계를 정하고 학문적 기초를 다지는 데 칸트의 철학을 이용했다.[24] 칸트는 모든 시대의 미술 작품에서 확인될 수 있는 보편적인 개념으로서 '미적인 것'을 규정하면서, 작품에 따라 달라지는 소재 대신 형식적 성질의 분석을 우선시하였다. 주제의 분석은 역사 변화에 민감하기 때문에 일반론의 토대가 되기 어려웠지만, 형태와 색채 같은 형식적 특성들은 보편적으로 적용될 수 있는 미학적 개념으로 발전할 수 있었다. 이러한 칸트의 형식주의적 관점이 헤겔의 영향을 받아 탄생한 것이 '양식 style' 개념이다(Moxey, 1989: 1~2). 헤겔이 알려준 것은 비단 예술적 형식이 역사적 시기에 따라 변화한다는 것만이 아니었다. 헤겔 덕분에 미술사학자들은 미술 양식이 목적론적으로 진화한다는 생각을 갖게 되었다. 그러므로 19세기 독일의

---

24 치섬은 철학이야말로 학문의 기초를 다지기 위한 유일하게 안정적인 장치라는 생각이 바로 칸트의 유산이며, 이런 생각이 미술사학의 입지를 확고히 하는 데 기여한 바가 크다고 말한다(Cheetham et al., 1998: 8).

미술사학자들이 미술의 보편적 역사를 상정할 수 있었던 것은 독일 관념론의 두 거장에게 힘입은 바가 크다 하겠다.

그러나 오늘날 신미술사학자들은 '그들의' 보편사에 대해 회의적인 시선을 보낸다. 과거의 미술사학자들은 보편사를 천명하면서 그들의 관점을 자연화시키는 경향이 있다. 그들은 어떤 보편적인 원리에 따라 작가와 작품을 선정하고 미적 판단을 하는 것처럼 보이지만, 실상 그들의 글쓰기는 숨은 동기 혹은 이데올로기를 함축하고 있다. 예를 들어 19세기 말~20세기 초 독일 미술사학자들은 15세기 플랑드르의 자연주의 화가 후고 판 데어 후스를 영웅시하는 미술사 서술을 하였다(Cheetham et al., 1998: 25~51). 그들은 19세기 초의 낭만주의자 슐레겔이 한스 멤링을 중세적 이상주의를 구현한 화가로 높이 평가했던 것과는 대조적으로 그를 지진아로 평가한다. 미술사의 헤겔주의적 관점으로 인해 다수의 미술사학자는 르네상스 자연주의를 미술사의 목적으로 설정한다. 막스 드보르자크, 빌헬름 보링거, 에르빈 파노프스키, 막스 프리들랜더가 후고를 미술사의 영웅으로, 멤링을 지진아로 평가했던 것은 헤겔에게서 비롯된 목적론적 관점에 19세기의 민족주의와 천재에 대한 낭만주의적 개념을 결합시킨 결과이다. 그들은 자연주의를 "본질적으로 게르만적인 특성"이라 진단하고 이탈리아에서 자연주의가 완성되기 이전에 또는 이탈리아 르네상스 미술을 전혀 모른 채 자연주의 회화를 선보였던 후고를 미켈란젤로와 맞먹는 예술적 천재로 평가한다. 중세 화가 로히어르 판 데어 베이던을 추종하던 이상주의 화가 멤링과 달리 선구적인 자연주의를 구현했던 후고는 미술사의 진보를 촉진시킨 위대한 게르만계 화가였던 것이다.

물론 후고와 멤링에 대해 다른 평가를 하는 비평가들도 있다. 하지만 미술사학사에 대한 메타담론적 고찰을 시도하는 저자들이 보기에 대다수의 미술사가는 목적론적 미술사관으로부터도, 그들이 현재 처한 문화적·정치적 상황으로부터도 자유롭지 않다. 과거의 많은 미술사학자가 가치중립을 표방한 글쓰기를 했지만, 신미술사학자들은 모든 미술사 서술이 이데올로기적이며 그럴 수밖에 없다고 본다. 그들이 미술사가의 언술이 하나의 담론임을 주장하자, 역사학을 지탱해오던 역사적 실재론은 공격받기 시작했다(김영나, 1997: 14, 리스·보르젤로, 1998: 24~25).

이어지는 절에서는 신미술사학자 키스 먹시의 입장을 중심으로 미술사의 철학을 보다 심도 있게 고찰하고자 한다. 먹시는 앞서 열거한 신미술사의 세 유형을 두루 실천하는 저자이다. 말하자면 그는 새로운 미술사회사라 할 수 있는 '문화정치로서의 미술사'를 추구하고, 기호학과 정신분석학의 주요 이론들을 미술사 쓰기에 도입하고 있으며, 미술사의 이론적 토대를 철학적으로 분석하고 있다. 그러나 먹시의 미술사 연구에서 특히 돋보이는 부분은 세 번째 유형의 저술들이다. 먹시는 주로 데리다의 해체론 철학에 의지하여 과거의 미술사와 신미술사의 인식론적 관점을 비교, 검토하고 있다.

## 3. 키스 먹시의 신미술사

### 1) 문화정치로서의 미술사

우리는 신미술사를 '미술사에서의 포스트모던 전환'으로 이해하였다. 신미술사학자들은 이제껏 미술사학자들이 당연시하던 가정들을 하나하나 의문에 부쳤는데, 그것들은 크게 두 종류로 구분해볼 수 있다. 하나는 예술철학적인 것이고, 다른 하나는 역사철학적인 것이다. 예술의 자율성, 천재로서의 예술가, 초시대적인 미적 규범 같은 미학적 신념은 신미술사학자들이 공격하는 주요 표적이다. 그들은 정치·경제적 상황에서 완전히 독립적인 자율적 미술도, 선대와 동시대의 다른 미술가들의 영향력에서 완전히 자유로운 '천재' 미술가도 인정하지 않는다. 그들에 의하면 이런 개념들은 특정한 시대와 사회의 이데올로기를 지지하는 데 이용된다. 다른 한편 신미술사학자들은 과거 미술사의 진리 대응설적 가정에 도전한다. 미술사가 과거의 실재에 대한 기술이라는 것은 미술사학자들의 암묵적인 가정이었다. 신미술사학자들은 그러한 미술사의 인식론적 토대에 의문을 제기한다. 그들은 미술사 서술을 주어진 텍스트—미술 작품 혹은 선대 미술사학자의 해석 등 일체의 사료—에 대한 또 하나의 텍스트 만들기로 간주하는 경향이 있다. 그들에 의하면 동일한 미술 작품에 대한 여러 가지 해석 중에서 어느 하나의 해석만이 절대적으로 옳다고 주장할 근거는 존재하지 않는다.

앞서 2절에서 우리는 전통 미술사의 예술철학적 가정의 허구성에 대해 고찰한 바 있다. 칸트와 헤겔의 철학은 보편사를 추구하던 전통적 미술사학자들에게 이론적 가정들을 제공하였다. 그러나 신미술사학자들에 의하면 보편적인 미적 기준과 이데올로기적으로 중립적인 입장을 표방하던 미술사학자들의 저술들은 보편적이거나 중립적이라고 보기 어렵다. 이제 신미술사의 역사철학적 도전에 대해 고찰해보자. 신미술사학자들이 타 학문의 이론들을 취하여 미술사 서술의 방법론으로 삼은 것은 전통 미술사의 방법론이 더 이상 유효하지 않다고 판단하기 때문이다. 그렇다면 미술사의 방법론이 다각화되기 이전의 전통적 미술사 방법론은 어떤 것이었는가?

전통 미술사의 주요 방법론은 20세기 전반에 확립된 양식 분석과 고증, 그리고 도상학적 방법이었다. 뵐플린과 파노프스키는 20세기 전반 미술사학계에서 가장 큰 영향을 행사한 학자들이다(김영나, 1997: 11). 뵐플린은 미술사적 양식은 자율적이며 사회 문화적인 외적 요소와는 무관하게 변화하는 그 자체의 법칙을 갖고 있다고 보았다. 뵐플린이 미술 작품의 형식에 주목했던 것과는 달리 파노프스키는 내용의 분석에 더 중점을 두었다. 그는 한 작품의 의미를 해명하기 위해서는 궁극적으로 그 작품이 제작된 시대의 철학 혹은 세계관을 이해하여야 한다고 보았다. 그러나 이미 고찰한 것처럼 파노프스키는 미술사를 '양식의 진화 과정'으로 파악하였다. 다시 말해 그는 미적 자율성과 예술적 '천재'라는 근대 미학의 유산을 뵐플린과 공유하고 있었다. 파노프스키는 미국 대학에서 미술사학이 하나의 분과 학문으로 자리매김하는 데 괄목할만한 역할을 하였으나, 모더니즘이 추상미술 중심으로 발전하면서 뵐플린의 양식사가 상대적으로 더 주목을 받았다. 1920~30년대의 미국의 미술사학계에선 양식사와 더불어 실증적·경험적 방법론이 우세하여, 미술사학자들은 대부분 양식 분석과 실증주의적 훈련 방법에 주력하였다(김영나, 1987: 16). 미술사학에서 실증주의적 방법론이 자리 잡게 된 것은 19세기 중반 이후 유럽 곳곳에 공공 박물관과 미술관이 대거 설립되면서부터다(김영나, 1987: 13).[25] 미술관 관계자들은 소장 작품들을 체계적으로 정리하고 기록하고자 미술 작품들을 국가, 시대, 양식에 따라 구분하기 시작했다. 이때부터 미술사학자들은 작품의 물리적 상태와 조형적 특징, 사용된 기법 등을 바탕으로 진작眞作을 판별하고 연대를 추정하는 작업을 중요한 임무로 삼았다. 20세기에 들어 미술 시장이 확대되자 작품의 진위 여부를 가려내는 과학적 감식의 중요성이 점점 더 커졌다. 요컨대 20세기 전반의 미술사학자들은 양식 분석과 도상학, 실증적 방법에 주로 의지하고 있었고, 그들은 대부분의 역사학자가 그러했듯이 과거의 실재에 대해 객관적이고 공정하게 기술하고 있다는 것을 의심하지 않았다.

이에 반해 먹시와 신미술사학자들은 미술사 서술의 객관성과 공정성에 대해 신뢰하지 않는다. 그들은 미술사가 인문학의 여타 학문과 마찬가지로 탈인식론 시대에 진입했다고 믿고 있다(Cheetham et al., 1998: 2). 미술사 진술이 과거 사실과 일대일로 대응한다는 가정은 더 이상 지지될 수 없다. 다시 말해 미술사 서술이 과거에 대한 진리를 전달한다는 믿음은 인식론적 허구이다. 미술사 진술이

---

25 리오넬로 벤투리Lionello Venturi도 19~20세기에 확립된 문헌학, 고고학 혹은 감식안으로서의 미술사에 대해 논의한다(벤투리, 1988: 257~282). 한마디로 말해 서구의 제국주의가 절정에 달하고 박물관과 미술관이 대거 설립되던 시기에 실증주의적 탐구 방법이 미술사의 정통 방법론으로 자리 잡았다고 할 수 있다.

전달하는 것은 단지 서술자의 사회·문화적 상황에서 비롯된 가치일 뿐이다. 이러한 반성 아래 먹시는 정치적 입장이 표명된 형식의 미술사 해석을 지향한다. 실증주의적 역사 해석 기획에 도전하는 이러한 사고는 역사 쓰기에서 언어가 수행하는 역할에 대한 반성에서 촉진된 것이다.

먹시는 그의 역사철학적 입장을 정당화하기 위해 헤이든 화이트, 도미니크 라카프라, 프랭크 앤커스밋Frank Ankersmit 같은 포스트모던 역사철학자들의 이론에 의지한다. 그들의 저술에서 먹시가 취해 온 핵심 논점들은 다음과 같다. 첫째, 역사적 내러티브의 생산에 있어서 언어는 자율적 능력을 갖는다. 둘째, 과거는 언제나 텍스트의 매개를 통해서만 이해된다. 셋째, 역사 해석은 현재의 해석자와 과거의 텍스트 간의 대화이다(Moxey, 1994: 2~4; 크레이머, 1996: 160~173). 포스트모던 역사철학자들은 역사 쓰기에 있어서 언어의 역할에 주목하고, 역사 쓰기가 역사적 실재의 반영이 아니라 언어로 구성된 자족적인 내러티브라고 본다. 따라서 그들은 역사 쓰기를 허구와도, 역사철학과도 구별하지 않는다. 역사 쓰기에 있어서 언어의 역할을 강조하고 역사적 내러티브를 구성하는 언어의 자율적 능력에 초점을 맞추는 그들의 입장은 구조주의 언어 이론에 의지하고 있다.

스위스의 언어학자 페르디낭 드 소쉬르는 기호가 기표signifiant와 기의signifié의 자의적 관계에 의해 성립된다고 본다. 소쉬르에 의하면 기호 전달체sign-vehicle인 기표는 청각 이미지이고, 기의는 정신적 개념이다(소쉬르, 1990: 83~97). 소쉬르의 이론에 따르면 의미는 기표와 기의의 자의적 관계에 근거한 차이에서 비롯하며, 이러한 의미 작용의 자의성은 사회적으로 주어진 관례 혹은 코드와 관계가 있다. 간단히 말하면 소쉬르가 정초한 구조주의 이론은 다음의 두 가지 개념으로 요약될 수 있다. 첫째, 언어는 통사적 구조를 가진 폐쇄적인 자율적 체계를 형성한다. 둘째, 언어는 의미를 소통하는 수단이 아니다. 반대로 의미는 언어의 기능에서 파생된 효과이다. 인간이 자신의 생각을 전달하기 위해 언어를 수단으로 사용하는 것이 아니라, 오히려 언어에 의해 인간의 생각이 결정된다는 것이다. 이러한 구조주의언어학은 언어가 외적 실재를 지시한다는 생각뿐만 아니라, 세계를 인식하는 인간의 의식이 존재한다는 생각 또한 부정한다.

소쉬르를 따라 데리다는 기호의 의미를 차이의 체계 내에서 기호가 차지하는 위치에서 결과한 가치로 간주한다. 그러나 데리다는 여기에서 한 걸음 더 나아간다. 소쉬르의 경우, 언어는 여전히 그 체계 내에서 통일성을 갖고 있다고 파악된다. 자의적이긴 하나 기표와 기의 간의 일대일대응은 이러한 통일성을 유지시키는 하나의 장치이다. 데리다는 이러한 통일성의 존재를 부인한다. 기표의 의미는 한없이 미끄러져 결정되지 못하며, 단지 무수한 의미 없는 기표들만 존재한다. 그에 의하면 언어 혹은 기표는 본래적으로 의미 혹은 실재와 결합되어 있지 않다. 언어의 의미를 고정시킬 선험적인 근거가 존재한다는 생각은 서구의 형이상학적 전통이 물려준 환상에 불과하다.

언어의 의미의 불확정성에 대한 데리다의 견해는 그의 차연 différance 개념에서 잘 나타난다(Derrida, 1998 참고). 이 데리다의 신조어는 의미가 '차별적different'인 동시에 '연기된다defer'는 두 가지 사실의 결합을 나타낸다. 언어적 기호는 그 자체로는 아무런 의미도 갖지 못하며, 대조와 차이의 망상 구조 안에서 차지하는 차별적 지위로 인해 의미를 갖게 된다. 여기까지가 소쉬르의 구조주의언어학의 논지라면, 데리다는 '연기'의 개념을 부가하여 후기구조주의적인 '차연' 개념을 성립시킨다. 데리다에 의하면 의미는 언어 속에서 확정적으로 현존하는 것이 아니라, 고정되지 못하고 끊임없이 미끄러지기 때문에, 다시 말해 연기되기 때문에 완전하고 잔여물이 없는 의미 확보의 순간은 영원히 포착될 수 없다. 요약하자면 데리다의 '차연'이란, 언어 사용에서 의미는 자유롭게 유희할 뿐이어서 어떤 한 단어의 의미를 정확하게 지시할 수 없는 상황을 일컫는다.

데리다의 언어 이론에 의존하는 라카프라에 의하면 역사적 사실과 그것에 상응하는 진술이 구분될 수 없다(LaCapra, 1983 참고). 역사가들은 오직 텍스트의 매개에 의해서만 과거와 만난다. 그들은 가공되지 않은 재료로서의 사실 그 자체, 즉 사건들과 인생 경험들을 접할 수 없다. 역사가들이 사료를 분석하면서 과거의 사실들을 직접 다룬다고 생각하는 것은 환상에 가깝다. 그들은 단지 언어적 표상들을 통해 과거를 부분적으로 엿볼 수 있을 뿐이다. 이러한 포스트모던 역사관에 따르면 역사 서술은 역사적 진술이 생산된 실재적 상황보다 그것들이 기술되는 언어에 더 의존한다. 따라서 포스트모던 역사가들은 역사적 텍스트 배후의 진리를 발굴하고자 노력하는 대신, 텍스트 읽기 혹은 해석에 더 주력한다.

라카프라는 과거가 언제나 텍스트의 매개에 의해 알려진다는 자각하에 텍스트와 콘텍스트의 전통적인 이분법을 붕괴한다(조지형,

1997: 7~9). 라카프라에 의하면 콘텍스트를 마치 텍스트의 배경이 되는 실재인 것처럼 혹은 텍스트가 만들어지기 이전에 전 언어적으로 주어진 것처럼 간주하는 것은 옳지 못하다. 콘텍스트는 텍스트와 동일하게 언어로 이루어져 있다는 점에서 텍스트/콘텍스트의 이분법은 적절하지 않다. 요컨대 텍스트와 콘텍스트 모두 언어적 구성물이며, 양자 모두 언어 사용의 문제에 연루되어 있다는 것이다. 결국 역사 해석의 문제는 곧 텍스트 이해의 문제, 즉 "의미의 가능성과 한계의 문제"이다(LaCapra, 1983: 26).

한편 라카프라는 '텍스트'를 정의하면서 러시아의 문학비평가 미하일 바흐친의 "대화하는 서로 다른 목소리들dialogized heteroglossia" 이란 개념에 의존한다(조지형, 1997: 9~15). 바흐친은 기본적으로 언어가 대화적이라고 본다. 그는 발화자와 청취자의 존재를 상정하고 언어를 발화자와 청취자 간의 끊임없는 관계 맺기, 즉 대화하기로 파악한다. 그러므로 언어는 추상적이거나 객관적이기보다는 개인적이고 구체적이며 사회적이다. 또한 언어는 발화자와 청취자— 혹은 다른 발화자—의 다양한 목소리를 함유하기 때문에 중립적이기보다는 가치 함축적이다. 이와 같은 텍스트의 조건, 즉 발화의 환경을 바흐친은 "대화하는 서로 다른 목소리들"로 표현한 것이다. 텍스트가 대화의 공간으로 파악된다면, 텍스트 쓰기만큼이나 읽기도 새롭게 파악되어야 한다. 텍스트는 다양한 목소리가 교차하는 공간인 만큼, 그 다양성과 복잡성에 귀 기울이는 섬세한 읽기가 요구된다. 텍스트의 망상 조직 안에 얽히고설켜 있는 서로 다른 목소리들에 대한 존중 없이는 올바른 읽기가 수행되지 않는다.

읽기의 문제는 지식의 유형 문제와 연결된다. 라카프라는 읽기의 방식에 따라 생산되는 상이한 지식의 유형을 '기록적documentary' 모델과 '대화적' 모델로 구분한다. 기록적 읽기는 언어의 투명성과 객관성을 전제한다. 사료 혹은 텍스트는 이른바 실재를 반영하는 기록으로 간주된다. 기록적 모델의 지식은 역사가가 아무런 사심 없이 기록을 읽는다면 복원될 수 있는 실재에 대한 지식이다. 이와 달리 라카프라가 추구하는 대화적 모델의 지식은 텍스트 내부의 서로 갈등하고 경쟁하는 목소리들과 대화함으로써 획득되는 것이다. 역사 해석의 경우, 텍스트 읽기는 현재의 역사가가 과거의 텍스트의 목소리들과 대화하는 과정으로 풀이될 수 있다. 대화는 일방적이지 않으며 쌍방향적이고 상호 텍스트적이다(크레이머, 1996: 168~172). 역사가는 텍스트 안에 공존하는 서로 대립하는 다양한 목소리에 귀 기울이는 한편, 역사적 상상력을 동원하여 목소리에 반응한다. 요컨대 라카프라가 말하는 대화적 읽기는 전통적인 실증주의 역사관을 넘어서려는 포스트모던 역사학의 실천 규범이라 할 수 있다.

먹시는 이상과 같은 포스트모던 역사철학을 수용하는 동시에 데리다의 언어철학이 제시하는 급진적인 기획에 주목한다(Moxey, 1994: 1, 5~8). 데리다의 해체론은 언어의 본성에 대한 자각을 초래하여, 보다 근본적인 차원에서 실증주의 역사관을 침해한다. 그것은 과거의 철학자들과 언어학자들의 이론에 내재한 로고스 중심주의를 폭로하기 위한 기획이다. 이미 고찰한 바와 같이 데리다는 의미 체계의 통일성과 질서를 부인하고 언어의 의미가 언제나 불확정적이라고 본다. 언어적 기호는 그 의미가 불안정한 자의적 구성물일 뿐이다. 언어적 표상들의 의미는 실체화될 수 없는 형이상학적 주장에 의존하기 때문에 언제나 환영적일 수밖에 없다. 단어의 의미는 속성상 정의될 수 없다. 왜냐하면 의미란 언어적 기호 체계 내에서 단어가 차지하는 위치에서 발생한 가치이기 때문이다. 언어의 본성이 이러하다면 역사 쓰기는 과거에 관한 진리를 전달하는 데 필연적으로 실패할 수밖에 없다. 해체론을 고찰한 결과 먹시가 도달한 결론은 역사 서술은 단지 서술자의 태도와 이데올로기를 전달할 뿐이라는 것이다(Moxey, 1994: 6).[26]

하지만 먹시는 이러한 결론이 미술사 해석 기획의 실효성을 부정하지 않는다고 보고 있다. 오히려 이러한 인식은 역사 해석이 현재의 이데올로기 투쟁에서 수행하는 역할을 상기시키고, 과거의 해석이 현재와 미래를 형성하는 데 어떻게 기여하는지 자각하게 해준다(Moxey, 1994: 8). 언어의 의미의 불안정성에 대한 자각은 역사 해석에 필연적으로 해석자의 문화·정치적 상황에서 비롯된 가치가 개입될 수밖에 없다는 사실을 인식하게 해준다. 그러므로 과거의 권위 있는 해석—그것이 철저하게 경험적 증거에 충실한 해석이라 자처한다 해도—이 곧 실재를 대변한다고 간주하는 것은 언어의 본성을 충분히 이해하지 못한 결과라 할 수 있다. 마찬가지로 현재

---

[26] 도널드 프레지오시는 해체론의 관점에서 유일하게 정당한 역사 해석 형식은 다른 역사 해석들이 만들어내는 형이상학적 우화를 해체하는 것이라고 밝힌다(Preziosi, 1991). 해체적 글쓰기는 기존의 미술사의 로고스 중심주의를 폭로함으로써 미술사라는 학과 자체의 토대를 침해한다. 그러나 먹시는 프레지오시의 입장에 대해 부정적이다. 그는 해체의 언어가 로고스 중심주의를 회피할 수 있다고 보는 프레지오시의 가정은 해체의 언어를 특권화하는 오류를 지닌다고 지적한다. 데리다의 언어철학에서 로고스 중심주의가 의미 작용 체계로서 언어를 정의하는 특성이 되고 있는 한, 해체의 언어도 예외일 수 없기 때문이다(Moxey, 1994:. 6~7).

의 미술사 해석도 문제의 텍스트와 상응하는 과거의 진리를 발굴하는 작업이라기보다 해석자의 이데올로기적 정향을—의도하건 의도하지 않건 간에—표출하는 작업으로 간주되어야 한다.

먹시는 후기구조주의 역사철학과 데리다의 해체론에 의지하여 정치적 입장이 표명된 미술사, 즉 '문화정치로서의 미술사'를 천명한다. 먹시가 추구하는 문화정치적 미술사의 목적 중 하나는 전통적 미술사의 기반이 되는 이론적 가정들을 탈자연화하는denaturalize 것이다. 전통 미술사학자들은 미술사 분과에 '이론'이 침입하는 포스트모던한 상황을 경계한다. 그러나 실상 그들도 예술철학적·역사철학적인 '이론'을 보유하고 있다. 그들은 이론 없이 보편적이고 중립적인 미술사의 실천을 추구한다고 하지만, 사실 그들은 자신의 이론적 가정들에 대한 반성 없이 역사 해석을 탈정치화하고 있는 것이다. 미술사의 이론과 실천은 동일한 지적 평면에 놓여 있다. 이론과 실천은 이항 대립이나 양극단을 이루는 관계가 아니라 상호 공생 관계에 있다. 왜냐하면 "미술사 쓰기는 이론에 대한 참조 없이 수행될 수 없으며, 이론은 역사적 상황 외부에서 정식화될 수 없기" 때문이다(Moxey, 1994: xi). 먹시에 의하면 우리는 미술사의 이론과 실천이 통합되어 있다고 인식함으로써 미술사를 인문학 전체의 보다 넓은 조망 안에서 고찰하게 된다.

문화정치적 미술사의 또 다른 목적은 역사적 상황과 정치적 입장을 고려한 미술사의 실천이다. 미술사가 문화정치의 일환이라는 귀결은 언어에 대한 새로운 통찰로부터 자연스럽게 따라 나온 것이다(Moxey, 1994: xi~xii). 미술사가 이론과 무관한 실천이라고 가정하는 것은 곧 미술사에는 아무런 갈등 없는 단일한 목소리가 존재한다고 가정하는 것이다. 이와 달리 먹시는 서로 갈등하고 논쟁을 벌이는 다수의 목소리의 존재를 인정해야 한다고 본다. 제도적으로 지배적인 미술사 역시―아무리 크고 지배적인 목소리를 낸다 할지라도―하나의 정치적 입장과 연계되어 있는 하나의 목소리일 뿐이다. "언어는 역사적 상황에 의해 타협되고 결정되며, 모든 형태의 담론은 시·공간상의 특수한 위치를 점유한다."(Moxey, 1994: 23) 경험적 탐구건 이론화 작업이건 서술자의 역사적 상황과 무관하지 않다는 것을 인식하는 순간, 우리는 정치학을 고려하지 않을 수 없다. 역사적 상황을 특징짓는 것은 정치적 갈등과 이데올로기 투쟁이다. 그러므로 역사 서술은 필연적으로 갈등과 투쟁을 드러내게 되어 있다.

### 2) 먹시의 미술사론의 의의와 한계

이제까지 살펴본 바와 같이 먹시와 신미술사학자들은 미술사에 대한 근본적인 반성을 시도하였다. 전통적으로 미술사학자들이 당연하게 전제해왔던 철학적 가정들은 하나씩 의문에 붙여졌다. 앞서 우리는 신미술사학자들이 전통 미술사의 예술철학적, 역사철학적 가정들을 어떻게 파헤쳤는지 고찰하였다. 전통 미술사의 전제들에 도전하면서 문화정치로서의 미술사를 표방하는 먹시의 미술사론의 의의는 이론과 실천의 두 차원에서 조명될 수 있다.

첫째, 먹시의 미술사론은 미술사 서술을 민주적이고 해방적인 기획으로 만든다는 실천적 차원의 의의를 갖고 있다. 앞서 보았듯 19세기 이후 근대적 학문으로 정립된 역사학은 역사 탐구의 과학적이고 가치중립적인 객관성을 천명하였다. 그러나 1960년대에 들어 이러한 신념이 회의의 대상이 되었다. 포스트모던 역사학자들은 근대적 역사 기획이 과학적 객관성을 표방하면서 정치적 소수자들의 목소리를 교묘하게 배제해왔다고 지적한다. 언어에 대한 새로운 인식 덕분에 그들은 역사 서술의 "더 광범위한 맥락과 개체적 다양성을 세밀하게 고려하는" 방향으로 나아갔고, 단일하고 보편적인 하나의 역사 대신 다양하고 개별적인 여러 역사들을 추구하게 되었다. 이와 동일한 맥락에서 먹시와 신미술사학자들도 전통적 역사 개념을 거부함으로써 미술사 서술을 더 풍부하고 자유로운 기획으로 만들었다. 그들은 동일한 사료에 대해 해석자의 정치적 입장에 따라 다양한 해석이 가능하다는 사실을 인정할 뿐만 아니라, 과거의 권위 있는 미술사학자의 해석 또한 여러 상이한 해석 중 하나에 불과하다는 사실도 자각하게 되었다.

먹시의 문화정치적 관점은 미술사 해석의 기획을 설득력 있게 만든다. 무엇보다도 먹시의 해석적 전략은 하나의 미술 작품에 대한 상이한 여러 해석이 존재한다는 사실을 설명할 수 있게 해준다. 암묵적으로 미술사 지식의 절대적 객관성을 상정하고, 특정한 미술사가의 해석을 그의 역사적 상황과 무관한 객관적이고 중립적인 사실의 제시라고 간주하는 것은 역사 서술에 대한 적절한 관점이라 판단되지 않는다. 먹시의 관점은 역사 해석 기획의 잠정성을 설명할 수 있다. 먹시를 따라 우리는 이제껏 정설로 받아들여지던 해석이 이후에 전복되거나 다른 유력한 해석으로 대체될 가능성이 있다는 것을 설명할 수 있다. 하나의 텍스트가 생산된 맥락도 중요하게 고려되어야 할 테지만, 이에 못지않게 그것이 해석되는 상황 역시 고려 대상이 되어야 한다. 자신이 처한 사회적·정치적 상황으로부터 완전히 자유로운 해석자는 없다. 그런 의미에서 미술사 해석에 현재의 가치가 투사된다는 사실을 인식하는 것은 결정적으로 중요하다.

둘째로 먹시의 미술사론의 의의는 이론적 차원에서 조명될 수 있다. 먹시의 문화정치적 미술사는 전통 철학에 대한 철저한 반성에서 출발한 기획이다. 전통 역사학의 진리 대응설적 믿음은 역사 서술의 진리를 보증해줄 객관적 토대가 언어 외부에 존재한다는 철학적 가정에서 나온 것이다. 먹시는 데리다의 해체론에 의지하여 언어와 독립적으로 존재하는 진리의 보증자에 대해 의문을 제기하고, 전통 역사학의 인식론적·형이상학적 토대를 공격한다.

플라톤 이래 서양철학은 합리적인 논증을 보증하는 객관적인 토대가 존재한다는 가정을 전제해왔다. '본질적 형상' 혹은 이데아, 신의 존재, 이성, '절대정신' 같은 것은 이러한 토대로 기능해온 것들이다. 서양의 전통 철학은 인식적·형이상학적 실재론이나 객관적 관념론의 형식으로 합리성을 보증하는 토대를 정당화해왔다. 먹시가 지지하는 데리다의 용어를 빌리자면, 이와 같은 서양철학의 역사는 '현전presence의 형이상학'으로 점철되어 있다(데리다, 2004: 19~56). 데리다는 플라톤에서 하이데거에 이르는 철학자들이 '로고스 중심주의'에 사로잡혀서, 진리의 토대로 작용하는 어떤 것이 실재한다고 보는 현전의 형이상학을 전개해왔다고 진단한다(데리다, 2004: 14). '현전'이란 말은 현실적으로든 관념적으로든 주체가 대상으로부터 소외되지 않고, 대상이 눈앞에 있는 것처럼 의식 속에 직접적으로 나타나는 것을 가리키기 위해 사용되었다. 데리다는 진리의 토대로 작용해온 이데아, 신, 이성, 진리, 절대정신과 같은 것들을 '로고스'로 요약하고 있다. 그러한 것들이 현전한다는 것은 주체가 존재나 사물의 진리를 직관적으로 인식할 수 있다는 사실을 뜻한다. 로고스의 현전, 진리의 현전, 혹은 "형상으로서의 사물이 시선에 현전하는 그 현전, 실체·본질·존재로서의 현전, 지금 또는 순간의 정점으로서의 현전, 코기토가 자기 자신에 현전하는 그 현전"(데리다, 2004: 31)은 모두 주체와 대상 간의 인식적 직접성을 전제하고 있다. 진리를 직관적으로 인식하는 자아를 상정한 데카르트의 주체성의 형이상학은 현전의 형이상학의 전형적인 사례이다.

로고스 중심주의는 로고스, 이성, 본질, 진리, 혹은 실재를 의미 체계를 성립시키는 제1원리로 가정하고 그 원리가 배척하는 것을 대립항으로 상정하는 이항 대립의 논리에 기초하고 있다. 물질/정신, 주관/객관, 거짓/참, 신체/정신, 텍스트/의미, 외면/내면, 표상/현전, 현상/본질과 같은 대립은 양자의 차별화뿐만 아니라 위계화를 함축한다. 신체는 단지 정신과 다른 것이 아니라 정신보다 열등하고 정신에 종속되어 있는 것이다. 데리다는 해체적 읽기를 통해 이러한 대립의 붕괴를 시도한다. 이항 대립적 사고는 이데올로기가 작동하는 전형적 방식이다. 데리다는 로고스 중심주의가 중심으로서의 현전, 즉 위계화된 대립을 낳는 권위를 차지하고자 하는 인간의 욕망과 관련되어 있다고 본다. 해체의 실천은 모든 종류의 글쓰기에 잠복해 있는 이항 대립적 배제의 논리를 폭로하는 데 집중하고 있다.

전통 철학의 가정들을 공격하는 데리다의 입장은 반토대론적이다. 이데아, 신, 이성, 본질 혹은 다른 어떤 것이든 언어 이외의 근원적인 실재가 언어 이전에 존재하면서 진리의 보증자로 기능한다는 '현전의 형이상학'은 데리다의 공격 대상이다. 그는 언술의 진리가 언어—혹은 개념—와 독립적인 실재와의 대응에 의해 결정된다는 생각을 거부한다. 그러므로 그의 반토대론은 반표상론이기도 하다. '현전의 형이상학'은 거울이 이미지를 비추듯이 의식이 근본적인 실재를 투명하게 표상한다는 가정을 함축하고 있다. 그러나 의식과 독립적인 실재에 대해 언명할 수 없고 언어가 세계에 대한 표상이 아니라면, 의미 작용은 텍스트 외부에 근거를 둘 필요가 없다. 그리하여 데리다의 반토대론은 실재에 대한 회의론으로 귀결된다. "텍스트 외부에는 아무것도 없다."는 데리다의 구조주의적 신념은 언어와 개념을 넘어선 실재를 괄호 안에 넣어버린다. 데리다와 후기구조주의자들은 언어 외적 존재를 적극적으로 부정하지는 않을지라도, 적어도 그러한 실재를 상정하는 것이 무의미하다고 본다.

해체론은 전통적인 형이상학이 함축하고 있는 폭력적인 위계를 노출시키고 더 나아가 그러한 위계의 타도를 독려한다는 점에서 역사학에 시사하는 바가 적지 않다. 그러나 해체론의 반실재론적 귀결은 역사적 지식의 가능성을 회의적으로 만든다. 이런 이유에서 역사학계에 포스트모더니즘이 유입되자 '역사학의 위기'에 관한 담론이 융성하기 시작했다. 해체론은 해방의 담론이기도 했지만 역사학의 설 자리를 위협하는 것이기도 했다. 언어가 '더 심오한' 진리를 표상하는 것이 아니라고 보는 후기구조주의 역사철학자들은 전통 역사학자들과 달리 역사가 과학보다 문학에 더 가깝다고 보는 경향이 있다. 과학적 언술과 역사적 진술이 동일하지는 않다 하더라도 언어 외적 실재에 관한 담론이라는 데 있어서 양자가 공통적이라고 믿는 많은 역사학자는 역사학에 미친 포스트모더니즘의 여파를 우려하곤 하였다. "과연 역사학은 끝났는가?"라는 우려 섞인 반문은 포스트모더니즘이 역사를 포함하여 인문학 전반에 행사한 영향력을 역설적으로 증명한다.

데리다를 비롯한 후기구조주의자들은 진술의 진리가 정초할 언어 외적 토대를 인정하지 않음으로써 진리에 대해 상대주의적인 입장을 취한다.[27] 후기구조주의에 대한 비판은 종종 그것이 취하는 상대주의적 입장을 겨냥하고 있다.

> 후기구조주의자들은 총체성 개념에 적대적이어서 파편화를 강조한다. 모든 것은 단편들로 이루어져 있다. 그들은 단편과 비교될 수 있는 통일성을 인정하지 않기 때문에 상대주의로 나아간다. 후기구조주의자들은 국지적이고 우연적인 것을 강조하여 모든 것을 자기 안에 포괄하는 이론을 싫어한다. 데리다, 푸코와 같은 사상가들은 자기 반박적인self-defeating 개념적 상대주의로 나아간다. 따라서 리오타르가 권력이 점차 진리의 기준이 되고 있다고 믿는 것은 놀라운 일이 아니다(사럽, 1992: 175~176).

---

[27] 포스트모던 역사학에 제기되는 가장 흔한 비판은 개념적 상대주의에 관한 것이다. 그러나 헤이든 화이트나 도미니크 라카프라 같은 후기구조주의 역사학자들은 자신의 입장이 '상대주의'라는 것을 부인한다. 왜냐하면 개념 상대주의는 지적 회의주의로 치부되기 때문이다. 그러나 이러한 비판에 봉착한 후기구조주의자들은 단지 그들의 이론이 역사학에 미친 긍정적 영향을 주장하고 포스트모던 전환 이후에도 역사학은 유효하다고 단언할 뿐, 왜 그러한지에 대해 적절한 논변을 제시하지 않는다(크레이머, 1996: 180~181 참고).

상대주의는 나쁜가? 만약 그렇다면 왜 그러한가?[28] 오늘날 여러 종류의 상대주의 이론이 크게 유행하는 이유는 상대주의가 지적 권위주의로부터의 해방의 담론을 표방하기 때문이다. 그러나 문제는 "이러한 상대주의가 아무것이나 좋다anything goes는 맹목적인 상대주의나 이성 또는 가치의 무정부주의로 귀착될 수도 있다."는 것이다(오종환, 1993: 236).

상대주의가 비난받는 두 번째 이유는 상대주의 개념 자체의 모순과 역설 때문이다(번스타인, 1996: 26~27). 철학적으로 상대주의적 입장을 취한다는 것은 가능해 보이지 않는다. 모든 입장이 마찬가지로 옳다는 입장을 취하는 것은 사실상 불가능하다. 왜냐하면 그럴 경우 나의 입장과 양립할 수 없는 입장마저도 옳다고 해야 하고, 따라서 모순을 인정할 수밖에 없기 때문이다. 더욱이 "모든 입장은 상대적"이라는 진술은 그 자체로 절대적인 것이 된다. 다른 모든 진술은 어떤 식으로건―어떤 관점에 있어서 혹은 어떤 논점에 관하여―상대적일지라도 "모든 입장은 상대적"이라는 진술만은 절대

---

[28] 나는 리처드 번스타인을 따라 상대주의를 다음과 같이 정의한다. 번스타인은 "합리성이나 인식, 진리, 실재, 선, 옳음의 본성을 결정하는 궁극적으로 호소할 수 있는 영원하고 초역사적인 어떤 기반이나 구조 틀이 존재한다는 기본적인 확신"인 객관주의와 대립적인 상대주의의 가장 극단적인 형태를 "철학자들이 가장 기초적이라고 간주해온 개념들이 모두 특수한 개념적 도식이나 이론적 구조 틀, 패러다임, 삶의 양식, 사회, 문화에 따라 상대적이라는 확신"이라고 규정한다(번스타인, 1996: 25~39).
주지하다시피 상대주의가 무엇이며 상대주의의 종류에는 어떤 것들이 있는가에 대한 방대한 분량의 저작이 출판되었다. 상대주의와 관련된 논쟁들을 모두 구체적으로 다루는 것은 상당한 분량의 지면을 요구한다. 그러므로 여기서는 상대주의의 대안으로 퍼스 기호학을 제안하면서 필요한 정도로만 상대주의 논쟁에 대해 언급할 것이다.

적인 것으로 간주될 것이다. 참인 동시에 거짓이어야 하는 상대주의 입장은 플라톤이 소피스트와 프로타고라스를 비난한 이래 지속되어온 비판의 요점이다.

데리다의 해체론은 상대주의 관점의 모순과 역설을 함축하고 있다. 해체 비평의 목적이 언어 사용에서 작동하는 '현전의 형이상학'을 폭로하는 것임에도 불구하고, 해체의 언어들조차도 초월적인 의미를 상기시키지 않고서는 언술로 작용할 수 없기 때문이다. 로티는 데리다의 '차연'조차 안정적인 기의를 얻게 된 해체론의 역설에 대해 지적한다.

> 데리다는 거듭해서 차연이 "단어도 아니고 개념도 아니"라고 말한다. 그러나 이것은 진실이 아니다. 데리다가 처음에 그런 문자 합성을 사용했을 때, 그것은 하나의 단어가 아니라, 오기misspelling였다. 그러나 그가 그것을 세 번, 네 번 사용하면서 그것은 하나의 단어가 되었다. 말 혹은 문자가 단어가 되기 위해서는 언어 게임 안에서 하나의 위치를 차지해야 한다. 이제 차연은 실로 친숙한 단어가 되었다. …… 쓰임새가 있는 단어라면 어떤 것이든 자동적으로 하나의 개념을 기호화한다. 그것은 어쩔 수가 없는 일이다(Rorty, 1984: 18. 강조는 원저자).

데리다는 자신의 해체의 기획을 위해 '차연', '흔적', '파르마콘pharmakon', '이멘hymen' 같은 단어들을 주조한다. 그는 이것들을 '비결정적인 것undecidables'이라 하면서 단어나 개념처럼 정의될 수 없다고 말한다. 그러나 우리는 '차연'이란 단어를 사용하고 소통한다. 그것은 이제 어떤 개념을 의미하는 단어가 된 것이다. 로티가 지적하고 있듯 "그것은 어쩔 수가 없다". 로고스 중심주의에 의지하지 않고서 우리는 언어를 사용할 수 없다. 다시 말해 우리는 의미를 정박시킬 토대를 일시적으로라도 상정하지 않고서는 언어를 사용할 수 없다. 사정은 해체의 언어에서도 마찬가지이다. '차연'이 단어도 개념도 아니며, 언어 게임 안에 위치하고 있지 않은 중립적인 비평 도구라고 간주하는 것은 해체론의 정의에 부합하지 않는다. 모든 언술이 로고스 중심주의적인 반면, 해체의 언술만은 예외적이라고 본다면 해체를 특권화하고 절대화하는 것이다. 이러한 결과는 해체론의 원래 목적에 역행하는 것이다. 그러나 데리다의 해체 비평은 그런 모순과 역설 위에서 성립하고 있다.

먹시는 해체론의 상대주의적 오류를 간과하지 않는다. 그는 해체의 언어를 특권화하는 데리다의 "이상한 부주의"에 대해 지적하고 있다(Moxey, 1994: 7). 그리고 먹시는 상대주의 개념 자체의 모순도 지적한다. 그는 리처드 로티를 인용하면서 "모든 신념이 다른 신념과 마찬가지로 좋다."는 식의 극단적인 상대주의를 취하는 사람은 아무도 없다고 말한다(Moxey, 1994: 14). 그러나 먹시는 극단적 상대주의를 피하고 자신의 다원주의적 입장을 옹호할만한 적절한 논변을 제시하지 못한다. 단지 그는 자신의 문화정치적 관점이 상대주의가 아니라고 주장할 뿐이다. 단지 자신의 입장은 회의주의가 아니라고 단언하는 것은 상대주의 역사관을 옹호하기에 역부족으로 보인다. 먹시에겐 자신의 온건한 상대주의를 지지할만한 보다 진전된 논변이 필요해 보인다. 각각의 정치적 입장이 상대적으로 정당하다고 말하는 것은 단 하나의 보편적인 진리를 고수하는 독단론을 부정하는 적절한 방식으로 보이지 않는다. 전통적 토대론이 설정하고 있는 이항 대립적 구도를 넘어서려면 절대주의와 상대주의를 넘어서는 또 다른 관점이 요구된다.

나는 먹시의 문화정치적 미술사 기획에 동의하는 입장에서 찰스 퍼스의 기호학을 신미술사의 철학으로 제안하고자 한다. 이와 같은 제안은 먹시가 퍼스의 기호학을 자신의 문화정치적 미술사를 실천하기 위한 이론적 대안으로 선택한다는 데서 착안한 것이다. 먹시에 의하면 미술사의 인식론적 토대가 붕괴된 현시점에서 미술사가들은 불가피하게 자신의 정치적 입장이 표명된 형태의 미술사 해석을 할 수밖에 없다. 이런 상황을 자각하고 있다면 그들이 할 수 있는 최선의 일은 그들의 실천을 위해 가장 유용한 이론적 대안들을 선택하는 것이다. 먹시는 일련의 기호학적 이론에서 자신의 문화정치적 미술사를 위한 이론적 대안을 취하면서, 특히 퍼스의 기호학에 주목한다. 그는 퍼스의 기호학이 전통적 모방론을 대신하여 시각적 재현에 대한 적절한 설명을 제공할 수 있다고 본다(Moxey, 1994: 1장 참고). 나의 주장은 다음과 같다. 만약 먹시가 퍼스의 기호학을 시각적 재현의 설명으로만 국한시키지 않고 역사적 재현의 설명으로 확대시킨다면 그는 보다 정합적인 이론적 틀 안에서 자신의 미술사 기획을 추구할 수 있을 것이다.

퍼스의 기호학을 신미술사의 철학으로 제안하기 위해 나는 이 책의 나머지 장들에서 퍼스 기호학의 제 면모에 대해 고찰할 것이다. 그렇다면 퍼스 기호학에 대한 본격적인 논의에 진입하기에 앞서 그것이 어떻게 후기구조주의의 대안이 될 수 있는가에 대해 먼저 답변하는 것이 적절한 순서가 될 것이다.

### 3) 하나의 대안: 퍼스의 기호학

포스트모더니즘이 오늘날 역사학계뿐만 아니라 미술사학계에 행사한 영향은 가히 혁명적인 것이다. 역사 연구는 후기구조주의에 의해 의미심장한 전환의 국면을 맞았다. 후기구조주의자들은 언술이 언어 외적 실재를 표상한다는 믿음을 공격하면서 언어기호의 매개 능력에 주의를 집중시켰다. 후기구조주의에 찬동하든 그렇지 않든 간에 거의 모든 역사학자는 포스트모던 전환 이후 역사학이 중대한 변화를 겪었음을 인정한다.[29] 오늘날 대다수의 역사학자는 역사 서술이 단일하고 보편적인 진리를 단언하는 일이라고 생각하지 않는다. 그들은 역사적 내러티브가 전적으로 과거에 관한 것이 아니라 현재와도 연루되어 있다고 생각한다. 하지만 모든 역사학자가 후기구조주의 사상을 수용하는 것은 아니다. 후기구조주의의 언어에 대한 자각이 초래한 긍정적인 영향은 인정하지만 후기구조주의 철학은 받아들이지 않는 역사학자가 많다.

역사학계의 일각에서는 전통 역사의 절대주의적 성격과 포스트모던 역사의 상대주의 양자를 모두 비판하면서, '새로운' 실재론을 요구하는 목소리를 내고 있다(Appleby et al., 1994: 247~282). 랑케 이후 근대 역사학의 영웅적 모델은 역사 서술자가 인식하는 바와 독립적인 '역사적 사실'이 객관적으로 존재한다는 관점에서 성립했다.[30]

---

[29] 후기구조주의에 찬동하는 저자들로는 마크 포스터, 임상우, 김상수 등이 있고, 동의하지 않는 저자들로는 조지 이거스, 린 헌트 등이 있다.

[30] 애플비 등은 역사학을 경험과학의 일환으로 성립시키고 과학적 언술을 역사적 진술의 범례로 간주하는 근대 역사학의 절대주의적 관점을 '영웅적 모델'이라

과거의 역사가들은 진리 대응설적 언어관을 가정하면서 그들의 진술이 과거에 실제로 일어난 사건을 표상한다고 본 것이다. 그들은 언어가 언어 외부에 존재하는 정신-독립적인 대상을 투명하게 드러낸다고 가정한다. 그러나 자연과학적인 언술을 포함하여 하나의 언술이, 인식하는 정신과 철저하게 독립적인 실재를 직접적으로 표상하는 것이 가능한가? 언어에 대한 표상론적 관점은 지나치게 단호하다. 반면 신미술사와 포스트모던 역사의 지지자들은 전통 역사의 표상론적이고 실재론적인 입장을 공격하면서 반대 극단의 관점을 취한다. 그들에 의하면 우리는 언어의 매개를 통하지 않고서는 아무것도 인식할 수 없기 때문에 언어 외부의 독립적인 실재가 존재하는가는 확인할 방도가 없다. 역사 서술의 경우 우리는 '과거의 실재'가 아닌 '과거의 실재라고 여겨지는 것'을 텍스트의 매개를 통해 알게 된다. 후기구조주의 역사가들에 의하면 이른바 역사적 실재라는 것은 서술자의 언어에 의해 구성된 것이며, 개별적인 역사적 진술은 객관적이고 중립적이기보다는 서술자가 처한 역사적 맥락에 따라 달라지는 상대적인 것이다. 이러한 포스트모던 역사학의 상대주의는 과거의 객관주의적 관점의 적절한 대안이라 할 수 있는가?

린 헌트와 동료 역사학자들은 과거 역사학의 절대주의에 대해 반성하고 신문화사를 선도해왔다. 그들은 일정 정도 후기구조주의의 영향을 받아 포스트모던한 미시사를 추구해왔다. 그러나 그들은 반실재론적인 후기구조주의가 역사학을 위한 적절한 이론적 근거라 칭하고 있다(Appleby et al., 1994: 15~51).

고 보지 않는다. 그 대신 역사 기획을 유효하게 해줄 새로운 종류의 실재론을 요구한다. 절대적 객관성을 표방하는 진리 대응설과는 구별되는 종류의 실재론을 요구하면서 그들은 일련의 프래그머티즘 이론에 의지하고 있다.[31] 그들에 따르면 언어는 자족적인 의미 체계 안에서 자의적으로 구성되는 것이 아니라, 인간이 정신 외부의 사물들에 대해 반응함으로써 발생한 것이다. 후기구조주의자들처럼 실천적 실재론자들도 언어의 기능을 강조하지만, 그들은 어디까지나 인간과 세계의 대상 간의 다양한 접촉을 명료하게 한다는 점에서 언어의 능력에 주목한다. 그들이 상정하는 언어와 실재 간의 대응 관계는 다소간 완화된 것이다. 역사 서술의 측면에서 볼 때 역사적 진술은 과거 사실을 직접적이고 투명하게 지시하는 것이 아니라 단지 어렴풋이 나타낼 뿐이다. 신실재론자들은 역사가의 해석이 잠정적이고 불완전하다는 사실을 수용한다. 하지만 그들은 역사 서술을 그들에게 남겨진 과거의 파편들을 재구성함으로써 역사적 진리에 접근하는 작업이라 간주하고, 역사학자들의 공동체가 탐구를 계속해나간다면 언젠가는 궁극적이고 완전한 진리에 도달할 것이라는 희망을 갖고 있다. 린 헌트 등은 이러한 희망을 갖고 있느냐 아니냐가 역사가의 작업을 규정하는 중요한 척도가 된다고 보고 있다.

---

[31] 『역사에 대해 진실 말하기 Telling the Truth about History』의 저자들이 주로 참조하는 저자들은 찰스 퍼스, 힐러리 퍼트넘, 리처드 로티, 리처드 번스타인 등의 프래그머티스트들이다. 그들은 특히 퍼트넘의 네오프래그머티즘에 준거하여 그들이 추구하는 '실천적 실재론'의 윤곽을 그리고 있다(Appleby et al., 1994: 247, n. 6, 250, 283~285).

나는 『역사에 대해 진실 말하기』에서 조이스 애플비, 린 헌트, 마거릿 제이콥이 시도한 작업은 신문화사에서뿐만 아니라 신미술사에서도 시도할 수 있다고 본다. 역사학계에서 "포스트모더니즘 시대의 역사학의 위기와 위상"이 21세기에도 지속되고 있는 중요한 화두로 인식되고 있다면(김기봉 외, 2002: 85) 그래서 이에 관한 저술과 저작이 대량으로 출판되고 있다면 미술사학계에서도 동일한 문제의식을 갖는 것은 자연스러운 일이다.

치섬, 홀리, 먹시 세 명의 미술사학자는 최근의 논문 「시각문화연구, 미술사학사 그리고 미학Visual Studies, Historiography and Aesthetics」에서 미술사와 미학이 시각문화연구라는 새로운 학문 영역으로 포섭되어가는 것 같은 현 상황에 대해 논의하면서, 오늘날의 미술사 연구에서 미학과 역사의 위상을 어떻게 자리매김할 것인가에 대해 고심한다(Cheetham et al., 2005: 75~90). 이러한 문제의식이 제기된 것은 시각문화연구의 대두와 관련이 깊다. 미술사가 이제껏 미적 가치와 역사적 사실을 다루는 학문으로 간주되어왔다면, 학제적 연구로 성립한 시각문화연구에선 미학적·역사적 문제들이 그렇게 핵심적이지 않기 때문이다. 미술이 시각문화로 확장되고 미술사가 시각문화연구로 탈바꿈하는 것처럼 보이는 오늘날의 상황은 많은 미술사학자에게 분과 학문의 위기로 혹은 최소한 혼란으로 다가온다. 사실 먹시와 동료들은 시각문화의 대두와 더불어 미술사의 폭이 넓어진 것에 대해 우려보다는 기대를 표명한다(Cheetham et al, 2005: 76~78). 그들이 이런 주제로 지상 토론을 벌인 것은 포스트모던 전환 이후 미술사학의 붕괴를 우려하는 이들을 염두에 두고 사정이 그렇지 않다는 방어 논변을 펴기 위해서였다. 먹시와 동료들은 앞서 본 바와 같이 탈인식론 시대로 진입한 미술사 혹은 시각문화연구에서 역사 개념이 바뀌었다고 말한다. 하지만 그들의 상대주의적 역사 개념은 보편적인 지지를 얻기 어렵다. 근대적 절대주의를 벗어나지만 그렇다고 포스트모던한 상대주의의 그물에서 헤어나기 위해서는 제3의 길이 필요해 보인다. 먹시와 신미술사학자들이 미학과 역사의 문제를 진지하게 다루길 원한다면, 린 헌트와 그의 동료들이 했던 것처럼 프래그머티즘적 실재론에 눈을 돌려볼 필요가 있다. 나는 먹시가 데리다의 후기구조주의 대신 찰스 퍼스의 기호학적 실재론을 받아들여 그의 역사관을 수정할 것을 제안한다. 그렇게 한다면 먹시는 그의 문화정치로서의 미술사를 더욱 일관적인 이론적 틀 안에서 추구할 수 있을 것이다.

퍼스의 기호학이 데리다의 후기구조주의의 대안이 될 수 있는 이유는 다음의 두 가지로 요약된다. 첫 번째 이유는 그것이 반토대론적 체계를 취한다는 데 있다.[32] 퍼스는 정확하게 '현전의 형이상학'을 논박하기 위해 기호학적 사유를 시작하였다. 말하자면 퍼스는 데카르트 식 직관의 토대가 되는, 도저히 의심할 수 없는 개별적인 사유 주체로서의 자아를 부정하기 위해 모든 사유는 끊임없는 기호화 과정 안에서 발생한다고 주장한다. 전통적인 철학의 토대론적 사유 체계를 비판하면서 퍼스는 방대한 기호학 체계를 구축한다.

---

[32] 퍼스의 기호학은 적절하게 토대론이나 반토대론의 범주에 들어가지 않는다. 단지 그것이 전통적인 방식으로 토대론적이지 않다는 점에서 반토대론적이라 하겠다. 퍼스의 프래그머티즘적 실재론이 전통적 토대론과 현대의 회의론의 대안이 될 수 있는 것은 그것이 이러한 이항 대립적 구도에서 벗어나 있기 때문이다(Hausman, 1993: 194~201 참고).

퍼스에게 있어서 의미 작용은 끊임없이 새로운 기호를 생산하는 과정이다. 따라서 의미는 무한하게 미래를 향해 있다. 퍼스는 모든 탐구의 과정을 탐구 공동체의 무한한 기호 해석 과정으로 간주하기 때문에 해석의 다양성과 오류 가능성을 인정한다. 퍼스에 따르면 단 한 명의 연구자에 의해서는 미술사의 진리에 도달할 수 없다. 진리는 공동체적으로 성취된다. 퍼스는 한 연구자의 해석이 아무리 그럴듯하더라도 참이라고 단정할 수 없고, 동시대와 후대의 연구자(들)의 해석에 의해 수정될 수 있는 가능성이 열려 있다고 본다. 그렇다면 먹시는 퍼스의 기호학적 관점을 취함으로써 미술사 해석의 다양성을 주장할 수 있다. 왜냐하면 모든 사유는 기호에 의해 매개될 수밖에 없고 따라서 해석의 맥락이 고려되지 않을 수 없기 때문이다. 이러한 퍼스의 기호학적 관점을 취한다면 먹시는 그의 문화정치적 관점을 유지할 수 있을 것이다.

퍼스 기호학이 후기구조주의에 대한 적절한 대안이 되는 두 번째 이유는 그것이 실재론적 구조를 갖고 있다는 것이다. 먹시는 해체론에 의지하여 역사의 인식론적 토대를 부정하고 해석자의 역사적·정치적 상황을 부각시키는 일종의 역사주의적 기획을 성립시켰다. 하지만 앞서 살펴본 바와 같이 데리다의 해체론이 취하고 있는 상대주의적 전략은 이론적 모순을 피하기 어렵다. 먹시의 역사주의적 기획은 퍼스의 기호학을 통해 보다 정합적인 이론 체계 위에서 성립할 수 있을 것이다. 퍼스는 의미의 문제를 정신적 개념에 한정시킨 소쉬르와 달리 지시 대상과 해석된 개념의 두 가지 국면에서 접근한다. 끊임없는 기호화 과정이 진행되는 동력의 원천은 바로 기호의 대상, 즉 실재에 있다. 미술사학자들의 공동체가 동일한 주제에 대해 탐구해가는 과정 또한 무한한 기호 작용 과정의 일환이다. 그들은 '과거에 실제로 일어난 사건'에 대해 탐구하고 있으며 탐구자들의 견해가 점점 일치점에 도달함으로써 역사적 실재를 발견할 수 있다는 확신을 갖고 있다.

   이상과 같은 근거에서 나는 퍼스의 프래그머티즘적 기호학은 먹시와 신미술사학자들을 위한 철학이 될 수 있다고 본다. 그들은 퍼스의 입장을 취함으로써 후기구조주의의 한계를 넘어설 수 있을 것이다. 이어지는 장들에서는 퍼스 기호학의 주요 논제들을 순차적으로 고찰함으로써 신미술사를 위한 철학으로서 퍼스 기호학에 대한 체계적인 이해를 도모하고자 한다.

## 2장
## 퍼스의 기호학과 표상

먹시와 여러 신미술사학자는 그들의 미술사 해석 기획을 위해 퍼스의 기호학이 유용한 분석 틀을 제공한다고 보고 있다(Moxey, 1994; Bal and Bryson, 1991; Iversen, 1988; Krauss, 1987). 먹시는 정치적으로 정향된 미술사를 추구하면서 미술사의 주요 주제들—재현, 이데올로기, 작가성—에 접근할 방법론으로 일련의 기호학 이론들을 선택한다. 그는 미술사의 가장 오래되고 핵심적인 주제인 시각적 재현 문제에 접근할 적절한 이론적 대안으로 퍼스의 기호학을 선택한다.

우리는 기호학적 재현 이론에 힘입어 초역사적인 모방의 미학으로부터 재현 개념을 해방시킬 수 있고, 미술 작품을 특수한 역사적 상황에서 생산된 기호들의 체계로 간주할 수 있다(Moxey, 1994: 31). 후기구조주의자인 먹시가 소쉬르의 기호론Semiology이 아닌 퍼스의 기호학Semiotics을 선택한 것은 후자가 미술 작품을 역사적 상황

속에서 설명할 수 있는 이론적 원천을 제공하기 때문이다. 소쉬르의 구조주의적 모델은 미술 작품이 생산되고 수용되는 사회적 상황을 무시하거나 제거해버린다. 왜냐하면 소쉬르는 기호의 의미가 원칙적으로 고정적인 코드 혹은 의미 체계의 관례에 따라 결정된다고 보기 때문이다. 소쉬르의 기호론에서 의미의 문제는 자기 종결적인 self-enclosed 체계 내에서의 차이의 문제가 되고, 고정된 코드의 논리에 종속된, 전적으로 체계 내적인 것이 되어버린다. 간단히 말해 소쉬르의 이론은 기호학적 코드가 그것을 사용하는 사람들에 의해 어떻게 수정되는가 하는 것과, 사회적·역사적 요소들이 코드가 전수되고 변경되고 확립되는 과정에 어떻게 통합되는가에 대해 적절히 설명하지 못한다. 먹시는 퍼스의 기호학을 채택함으로써 소쉬르의 접근이 함축하고 있는 형식주의적 요소를 피하고, 특수한 역사적 맥락 안에 있는 문화적 산물들을 설명할 수 있는 이론적 전략을 제공하고자 한다.

이러한 먹시의 전략은 설득력이 있다. 그러나 그는 퍼스의 기호학이 단지 해석 이론이 아니라는 사실을 간과하고 있다. 퍼스의 프래그머티즘적 기호학은 의미의 해석 이론이기 이전에 진리의 탐구 이론이다. 퍼스에게 있어서 의미와 진리의 문제는 불가분하게 결합되어 있다. 다시 말해 퍼스의 기호학은 개별적인 해석들이 궁극적인 진리를 향한다고 보는 일종의 목적론적 정향을 함축하고 있다. 이 장의 목적은 이러한 퍼스 기호학의 전체 윤곽을 파악하는 것이다. 이때 '표상representation'[1] 개념은 퍼스의 체계를 이해하는 데 핵

---

1 나는 이 책에서 영어 단어 'representation'을 문맥에 따라 '재현' 혹은 '표상'으로

심적인 역할을 할 것이다.

## 1. 범주 이론

이 책에서 퍼스 기호학에 대한 논의는 그의 범주 이론에 대한 고찰에서 출발할 것이다. 퍼스의 기호학은 현상의 가장 기본적인 범주들—일차성Firstness, 이차성Secondness, 삼차성Thirdness—을 도출하는 작업과 함께 발전하였다. 퍼스의 기호학적 체계가 구축되기 시작한 것은 그가 20대였던 1867년 범주들의 목록을 고안할 때부터였다.[2] 퍼스의 범주 이론은 주로 현상학적 차원의 탐구였다. 그러나 초기에 그것은 형식논리학적 탐구로 출발했고 때로는 형이상학적 탐구가 되기도 했다. 따라서 우리는 퍼스를 따라 수학적 범주들과 형이상학적 범주들에 대해 말할 수 있으나, 일반적으로 퍼스가 범주들에 대한 탐구를 현상학과 동일시했다는 점을 고려하여 여기에서는 현상학적 고찰로서의 범주 이론에 초점을 맞추기로 한다.

> 번역할 것이다. 미술사와 미학의 주요 주제 중 하나로서 'representation'은 대개 '재현'으로 번역될 것이다. 하지만 퍼스의 기호학 연구에서 그가 사용하는 'representation'은 대개 인식론적 개념으로서 표상Vorstellung에 가까우므로, 나는 이 용어가 퍼스와 칸트가 사용한 것처럼 인식론의 문맥에서 등장할 경우, 지각이나 상상 같은 심적 상태가 무언가를 나타낸다는 의미에서 '표상'이라는 역어를 사용할 것이다.
>
> 2 퍼스의 「새로운 범주 목록On a New List of Categories」이 『미국 예술 과학 협회 정간물Proceedings of the American Academy of Arts and Sciences』에 실린 것은 1868년이지만, 이 논문이 학계에서 발표된 것은 1867년 5월 14일이다. 그것은 퍼스의 기호학과 범주론을 정초하는 최초의 성과라 하겠는데, 여기서 제시된 기본 윤곽은 1914년 퍼스가 사망하기까지 끊임없이 수정되었음에도 끝까지 보존되었다.

## 1) 퍼스의 현상학

퍼스의 기호학에서 핵심적인 용어들은 '현상phenomenon'과 '표상'이다. 퍼스의 기호 개념은 전통적인 현상 개념의 일반화라 해도 무방하다(Ransdell, 1966: 1). 간단히 말해 퍼스의 관점에서 모든 현상 혹은 경험되는 모든 것은 기호로 간주될 수 있다. 그러므로 퍼스에게 있어서 현상학은 기호 이론을 구축하는 출발점이라 할 수 있다.[3]

---

[3] 퍼스 철학에서 현상학과 기호학의 관계를 정확하게 파악하려면 퍼스의 학문 분류 방식을 알아야 한다. 퍼스의 필생의 작업은 학문의 모든 분야를 건축적 체계로 집대성하는 것으로 요약할 수 있다. 그는 모든 학문을 크게 수학, 철학, 특수과학의 세 범주로 분류되는 체계 안에서 서열화하였다. 퍼스는 가장 보편적인 수준에서 필연적인 결론을 도출하는 수학을 모든 학문의 최상위에 위치시킨다. 수학은 실재 여부와 무관한 순전한 가설적인 형식에 대한 논리적 고찰이다. 실재하는 것 혹은 경험되는 것에 대한 탐구인 철학에는 현상학, 규범과학, 형이상학이 있고, 이것들 간에도 역전될 수 없는 위계가 성립한다. 철학은 수학 없이 성립할 수 없고, 특수과학은 수학과 철학 없이 탐구될 수 없다. 이러한 위계 구조에서 기호학은 상위 학문인 현상학의 모든 원리에 종속되어 있다. 1902년경 퍼스가 완성한 학문의 서열 체계를 상위부터 열거하면 다음과 같다(de Waal, 2001: 5 참고).

**수학**

**철학**
현상학
규범과학
미학
윤리학
논리학(혹은 기호학)
형이상학

**특수과학**
물리과학Physics / 심리과학Psychics
입법적 물리과학 / 입법적 심리과학
(물질의 보편적 법칙에 대한 연구) / (정신의 보편적 법칙에 대한 연구)
분류적 물리과학 / 분류적 심리과학
(예: 해부학) / (예: 민족학)
기술적 물리과학 / 기술적 심리과학
(예: 지리학) / (예: 역사학)

퍼스는 모든 현상에서 공통적으로 발견할 수 있는 기본적인 특성들을 밝혀내어 범주화하는 것을 현상학의 과제로 간주했다. 모든 경험에 공통된 특성들, 즉 범주들에 대한 퍼스의 분석은 표상 관계에 근거를 두고 있다. 앞으로 살펴보겠지만 퍼스의 현상학에서 표상은 그가 삼차성이라고 부른 범주의 유적generic 특성으로 간주된다. 그리고 퍼스에게 있어서 삼차성의 범례라 할 수 있는 것이 곧 기호다.

퍼스의 현상학은 초기에는 논리학적 범주를 도출하기 위한 이론으로 발전되었고, 후기에 가서 수학 다음으로 토대적인 분과 학문으로 규정되었다. 그의 현상학은 일반적으로 현상학으로 간주되는 것, 적어도 후설의 그것과는 구별되어야 한다. 퍼스가 후설의 존재를 알고 있었던 것은 확실하다. 하지만 그는 단지 후설을 뛰어난 논리학자라고 언급하고 있을 뿐이다(CP 4.7). 그들이 서로의 저작을 얼마나 알고 있었는지에 대한 증거는 찾아볼 수 없다(Hausman, 1993: 118). 퍼스의 현상학은 또한 헤겔의 그것과도 구별된다. 퍼스가 헤겔에게서 영향을 받았다는 것은 본인도 자인하는 바이긴 하다(CP 5.37). 그러나 퍼스가 보기에 헤겔은 '현상학'을 관찰과 경험의 분석으로 국한시켰다는 점에서 편협하다. 퍼스가 말하는 '현상'은 현실적으로 경험되는 현상에 국한되지 않고 "경험될 수 있다고 생각되는 모든 것"으로 확장된다. 다시 말해 퍼스에게 있어서 '현상' 혹은 '경험'은 단지 현실적actual이지 않고 잠재적, 상상적, 가상

---

퍼스가 규범과학의 하위 분과로 간주한 논리학은 올바른 추론reasoning의 방법에 관한 이론으로 그가 궁극적으로 기호학과 동일시한 것이다. 일반적으로 형식논리학이라 부르는 것은 수학의 하위에 위치한다.

적일 수도 있다는 것이다. 퍼스는 현상학에 대해 다음과 같이 언급한다.

> 나는 그것을 경험의 관찰과 분석에만 제한시키지 않고, 무엇이든 경험되는 것, 혹은 경험될 수도 있다고 상정되는 것, 혹은 직접적이든 간접적이든 어떤 식으로든지 연구 대상이 되는 것에 공통적인 모든 특징을 기술하는 것에까지 확대시킬 것이다(CP 5.37. 강조는 원저자).

퍼스가 "무엇이든 경험되는 것"이라고 말하는 것은 현실적 경험에만 국한되지 않기 때문에, 경험될 가능성이 있는 것이라면 무엇이든 현상학적 탐구의 대상이 될 수 있다. 퍼스가 언급하는 '현상'의 지시체는 일반적으로 '경험'이 지시하는 대상의 외연을 넘어선다. 요컨대 그에게 있어 현상학적 탐구의 대상은 곧 사고의 대상과 다르지 않다. 현상학적 분석을 용이하게 하기 위해 퍼스는 '파네론 phaneron'이라는 새로운 용어를 창안한다. 파네론의 의미는 "파네론이 어떤 실재하는 사물에 상응하느냐와 무관하게, 어떤 식으로든 혹은 어떤 의미에서든 정신에 현전하는 모든 것의 집합적 총합"이다(CP 1.284).[4] 하지만 퍼스의 현상학적 탐구는 "파네론의 모든 것

---

[4] 퍼스에 의하면 파네론은 "발현되는 것을 의미하는 가장 간단한 그리스어이다. …… 파네론은 일차적으로 빛과 관련된 것을 의미한다. [그것은] 그 사람이 눈을 감으려고 하지 않는 한 믿을 수밖에 없는 그 무엇이다."(김성도, 2006: 15에서 재인용) 토머스 굿지에 따르면 파네론이란 용어의 장점은 '현상phenomenon' 혹은 '모습appearance'과 달리 어떤 반대개념—가령 '본체noumenon' 혹은 '실재reality' 같은—을 암시하지 않는다는 것이다. 그것은 또한 '관념idea'이란 단어에 부과되

이 아니라, 파네론의 분해할 수 없는 요소들, 다시 말해 논리적으로 분해할 수 없는 혹은 직접적 내성으로 분해할 수 없는 요소들"(CP 1.288)에 집중되어 있다. 요컨대 퍼스 현상학의 목적은 모든 현상에 편재하는 요소들, 혹은 현상의 분해할 수 없는 요소들을 도출하여 범주화하는 것이다.

모든 현상에 공통적이며, 더 이상 분해할 수 없는 원초적인 요소들은 무엇인가? 이 질문에 답하는 것은 쉽지 않다. 현상학자들은 탐구를 위해 다음의 세 가지 특별한 능력을 갖추고 있어야 한다. "으뜸가는 가장 중요한 능력은 우리의 얼굴을 응시하는 것[현상]이 어떤 해석에 의해서도 대체되지 않고, 이렇게 혹은 저렇게 변경시키는 상황을 허용함으로써 정제되지도 않은 채 스스로를 제시할 때, 그것을 바라보는 희귀한 능력이다."(CP 5.42) 퍼스는 현상학자가 단지 자신이 본 것, 혹은 그 자신 앞에 나타난 것을 그대로 우리에게 말하는 예술가가 가진 것과 같은 관찰력을 갖출 필요가 있다고 말한다. 예술가가 아닌 일반인들은 자연을 관찰할 때 대개 "마땅히 보여야 할 것에 대한 그의 이론"을 기술한다. 그러나 예술가는 — 가령 인상주의 화가는 — 눈앞에 보이는 그림자를 모두 어두운 회색으로 통칭하지 않고 때로는 둔탁한 푸른색으로 때로는 검붉은색으로 기술할 것이다. 이와 같이 해석과 정제를 거치지 않은 있는 그대로의 현상을 볼 줄 아는 관찰력이야말로 현상학자에게 가장 중요하게 요

---

는 것과 같은 부적절한 심리학적 내포로부터도 자유롭다. 말하자면 퍼스가 창안한 '파네론'은 역사를 결여하고 있는 덕분에 중립적 표현으로 사용될 수 있다는 것이다. 퍼스는 1904년 이후 점점 더 많이 '현상학phenomenology'을 '파네로스코피phaneroscopy'로 대체하였다(Goudge, 1950:76).

구되는 능력이라고 퍼스는 말한다. 두 번째로 현상학자는 "우리가 연구하고 있는 특수한 특징을 불독처럼 뚫어지게 바라보고, 그 모든 위장 아래에 있는 특징을 탐지해내는 단호한 식별력"을 구비해야 한다(CP 5.42). 그래야만 현상학자는 다양한 형식으로 표명되는 그런 특징을 탐지해낼 수 있다. 현상학자에게 필요한 세 번째 능력은 "검토 중인 특징의 본질을 함축하는 추상적인 공식들을 만들어내는 수학자의 일반화 능력"이다(CP 5.42). 현상의 모든 국면을 기술하는 것이 현상학자의 임무가 아니다. 그는 모든 현상에 편재하는 일반적인 특징에만 주의를 집중해야 한다.

요약하자면 현상학적 탐구에 있어서 퍼스의 주된 관심은 모든 현상에 공통적인 모든 특징을 분류하는 일이다. 이를 위해 현상학자에게 요구되는 것은 직접적인 현상을 단순하고도 면밀하게 검토하는 동시에 "세밀한 정확성을 가장 방대한 가능적 일반화와 결합시키는" 것이다(CP 1.287). 앞으로 설명하겠지만 이와 같은 세 가지 능력은 각각 순서대로 일차성, 이차성, 삼차성이라는 현상학의 세 가지 근본적인 범주를 도출하는 데 요구되는 것들이다.

### 2) 범주의 도출

앞서 언급한 것처럼 퍼스의 범주 도출 작업은 논리학적 탐구로 출발했다. 1867년 「새로운 범주 목록」에서 젊은 퍼스는 역사상 가장 일반적인 수준의 범주론을 시도한다. 퍼스의 범주론 탐구는 아리스토텔레스나 칸트와 마찬가지로 가지성의 조건이 되는 근본적인 개념들을 추출하는 작업이다. 퍼스의 시도는 선대 철학자들처럼 다양한 경험의 표현으로서 명제 형식을 분류하는 일반적인 기준을 마련하는 데서 출발한다(Hausman, 1993: 94~95 참고). 그러나 철학사상 가장 일반적인 범주론을 추구했던 퍼스는 아리스토텔레스나 칸트와 대조적으로 단 3개의 범주로 구성된 짧은 목록을 제시하고 있다. 아리스토텔레스는 술어의 유형에 대해 고찰한 결과 총 10개의 범주를, 칸트는 판단의 형성 방식을 분석함으로써 총 12개의 범주를 도출해내었다. 퍼스가 '긴 목록'이라 했던 이들 두 철학자의 범주들은 모든 시간과 장소에 있는 모든 사물에 적용되지는 않는다. 반면 퍼스의 세 가지 범주는 시·공간상의 모든 사물에 적용될 수 있는 보편적이고 필연적인 것으로 상정되고 있다.

칸트보다 더 일반적인 수준의 범주론을 추구하면서도, 퍼스는 「새로운 범주 목록」에서 개념이 잡다한 감각 인상에 통일성을 부여한다는 칸트적인 가정에서 출발하고 있다(CP 1.545). 퍼스에 의하면 한 개념의 타당성을 보이는 유일한 방식은 "그 개념을 도입하지 않고서는 의식의 내용이 통일로 환원될 수 없음"을 증명하는 것이다. 개념적 활동은 우리가 감각의 다양성 속에서 패턴을 발견할 수 있게 하고, 그러한 다양성을 하나의 통일된 세계로 경험할 수 있게 한다. 칸트와 마찬가지로 퍼스는 경험의 통일을 위해 보편적 개념들의 집합이 필요하다고 제안하고 있기 때문에, 이 논문에서 퍼스의 논변은 세계가 어떻게 개념들 아래로 포섭될 수 있는가에 집중되어 있다. 하지만 그것은 인식 능력에 대한 심리학적 탐구여서는 안 되며, 판단과 정신에 대한 논리적 설명이어야 한다. 이와 같이 퍼스의 초기 범주론은 판단과 인식의 논리적 분석으로부터 보편적 개념들을 도출하는 것이었다. 퍼스가 평생에 걸쳐 추구했던 범주론은 대체로 칸트적인 경향을 띤다. 그러나 퍼스는 명제에 표현된 개념을 형성하는 조건으로 판단의 형식을 대신한다는 점에서 칸트와 구별된다. 판단의 형식이 아닌 개념 형성의 조건을 탐색함으로써 퍼스는 모든 시간과 장소에 있는 모든 것에 적용되는 보편적인 범주를 도출한 것이다(Hausman, 1993: 95). 또한 퍼스는 범주론을 발전시켜나가면서 고전논리학을 포기하고, 드모르간이 제시한 관계항 relatives의 논리를 수용한다는 점에서 결정적으로 칸트에게서 멀어진다.

「새로운 범주 목록」에서 퍼스는 주어에 적용된 술어로 명제가 구성되는 형식논리학을 가정하고 있다. 경험을 통합하는 명제는 주어 혹은 실체, 술어 혹은 성질, 그리고 양자를 결합하는 계사copula의 세 가지 구성 요소를 갖고 있다. 가령 '난로는 검다the stove is black.'라는 명제에서 주어 '난로'는 이 명제가 지시하는 어떤 실체와 대응하고, '검다'라는 술어는 그 실체가 지닌 성질을 나타낸다. 이 명제의 주어와 술어를 결합시키고 있는 것은 계사 'is'이다. 이러한 명제 형식의 분석을 통해 퍼스는 다음과 같이 기본적인 범주를 가려낸다. 즉 '있음(혹은 ~임)being', '성질quality', '관계relation', '표상representation', '실체substance'의 다섯 가지 범주이다. 계사 'is'에 함축되어 있는 '있음'은, 감각의 다양성을 통일시키는 개념의 작업을 완성시키는 가장 일반적인 개념이고, '실체'는 감각에 가장 가까운 보편적 개념이다(CP 1.547~548). 모든 개념의 시작이자 끝인 실체와 있음 개념은 그것들 사이에 있는 세 개념보다 더 추상적인 범주이다.[5]

있음에서 실체로 이행하는 각 단계를 성질, 관계, 표상의 세 개념으로 식별해내기 위해 퍼스는 '떼어 생각하기prescision'라는 특수한 분리 과정에 의존한다(*CP* 1.549). 떼어 생각하기는, 매개적인mediate 기초 개념을 더 즉각적인immediate 개념으로부터 분리하는 작용을 설명하기 위해 퍼스가 고안한 개념이다. 예를 들어 우리는 공간을 색채로부터 따로 떼어 생각할 수 있지만, 반대로 색채를 공간과 별개로 떼어 생각할 수는 없다. 왜냐하면 공간은 색채보다 더 기초적인 개념이기 때문이다. 이러한 떼어 생각하기 혹은 추상 과정을 통해 우리는 개념들 가운데 서열 체계를 구축할 수 있다. 보다 기초적인 개념이 감각 인상의 다양성을 통일시키는 과정은 곧 그것이 잡다한 감각 경험으로부터 추상되는 과정이라 할 수 있다. 즉 감각 인상 혹은 더 즉각적인 개념은, 인상을 통일시키는 기초 개념을 무시하고는 명확하게 이해될 수 없는 반면, 기초 개념은 더 즉각적 개념인 인상에서 따로 떼어 생각할 수 있다는 것이다(*CP* 1.549). 있음과 실체 사이에 있는 세 가지 기초적인 개념은 일반성의 정도에 따라 배열된 것이다. 즉 가장 일반적인 범주인 '있음' 바로 다음에 오는 '성질'은 '관계'보다 더 추상적이고, '관계'는 '표상'보다 더 추상적이다. 다르게 말하면 우리는 성질 개념을 관계 개념과 따로 떼어 생각할 수 있지만 그 역은 할 수 없으며, 관계 개념을 표상 개념에서 떼어 생각할 수는 있어도 그 역은 할 수 없다는 것이다. 그러므

---

5 퍼스 기호학의 기본 체계가 「새로운 범주 목록」에서 정초되고 있기 때문에 이 논문에 대한 고찰은 퍼스의 현상학뿐 아니라, 기호학과 논리학의 이해를 위해서도 필수적이다. 많은 퍼스 연구자가 이 논문에 대한 연구 결과를 발표했는데, 그중에서도 가장 광범위한 논의를 제공한 이는 머피이다(Murphey, 1961 참고). 논리학적 관점에서 이 논문에 대한 통찰력 있는 고찰을 제시한 학자 중에는 크리스토퍼 훅웨이가 있다(Hookway, 1985 참고).

로 관계 개념은 반드시 성질 개념을 전제로 성립하며, 표상 개념은 필연적으로 성질과 관계 개념을 요구한다고 할 수 있다.

「새로운 범주 목록」에서 퍼스는 명제 구조의 분석을 통해 경험이 어떻게 가지적으로 되는지 탐구한 것이다. 이후 일차성, 이차성, 삼차성의 세 범주로 정식화되는 성질, 관계, 표상의 세 개념과 그것들 간의 관계에 대해서는 이어지는 내용에서 설명하도록 하고 여기서는 일단 퍼스의 범주 이론 형성 과정에 대해 살펴보도록 하겠다.

퍼스는 사유를 진전시켜 주술의 논리학에서 관계의 논리학으로 나아가면서 논리학에 대한 보다 확대된 개념을 갖게 된다. 고전적인 명제 형식에 대한 분석은, 관계논리학에서 명제와 항의 형식을 지배하는 관계에 대한 고찰로 변형되었다. 「새로운 범주 목록」을 쓸 당시 퍼스는 드모르간의 관계항 논리에 대해 이미 알고 있었기 때문에 이 논문에서는 형식논리학적 분석과 관계논리학의 원리가 혼재하고 있다. 그렇다 하더라도 1860~70년대 퍼스의 관계논리학 탐구는 아직 성숙한 단계에 도달하지 못한 상태였다. 1885년경에 이르러서야 퍼스는 관계항 논리에 대한 탐구를 더욱 진척시켜 초기의 범주론을 수정하게 된다(Murphey, 1961: 296). 퍼스는 "술어들이 계사 'is'를 포함한다고 이해될 수 있으며, 하나의 주어뿐만 아니라 둘 이상의 주어에도 적용될 수 있다는 인식"을 갖게 되었다. "따라서 명제는 계사에 의해 결합되는 고전적인 주어와 술어의 항들이 아니라 하나의 관계로 간주된다. 명제 안에서 술어는 하나 혹은 그 이상의 주어에 적용되는 관계를 형성한다."(Hausman, 1993: 110) 그리하여 초기의 퍼스는 '있음'과 '실체'라는 공허하고 추상적인 범주들을 포함시키고 있으나, 1890년대부터 퍼스는 중간에 있는 성질, 관계, 표상 세 개의 범주만이 진정하게 근본적인 개념이라고 파악하게 된다.

「새로운 범주 목록」을 쓴 지 25년이 지나 퍼스는 다음과 같은 결론에 도달한다.

> 가능한 술어들은 세 가지 부류가 존재한다. 첫째, 자동사처럼 단일한 주어에 적용되는 것들, 둘째, 단순한 타동사처럼 두 주어를 갖고 있는 것들 ······. 그리고 셋째로, 세 개의 주어 혹은 상관항을 갖는 술어들(CP 1.562).

세 종류의 술어들은 각각 일차성, 이차성, 삼차성 범주에 대응한다. 예를 들어 하나의 주어 혹은 항을 갖고 있는 명제 "A exists."는 일차성에, 두 개의 주어 혹은 항을 취하는 명제 "A loves B."는 이차성에, 세 개의 주어 혹은 항을 취하는 "A gives B to C."는 삼차성에 대응한다. 그러므로 관계항 논리에서 퍼스의 세 범주는 단항monad, 이항dyad, 삼항triad의 세 종류의 관계로 확인된다. 세 가지 범주는 서로 명확하게 구별되고 서로에 의해 대체될 수 없다. 하지만 동시에 그것들은 상호 긴밀하게 관련되어 있다. 일차성(성질) 없이는 이차성(관계)이 있을 수 없으며, 앞의 두 범주 없이 삼차성(표상)이 존재할 수 없다. 퍼스는 관계의 논리학을 통해 더 이상 환원될 수 없는 개념들로서 세 가지 범주를 도출한 것이다. 다시 말해 모든 개념은 단원적, 이원적, 삼원적 관계로 설명될 수 있다.

세 가지 관계 이외에 더 복잡한 관계들이 있다. 그러나 그것들은 모두 둘 이상의 삼항 관계들로 분해될 수 있다. 따라서 사차성, 오차성은 존재하지 않는다. 반면 근본적인 세 가지 관계는 더 단순한 관계들로 환원될 수 없다. 가령 "철수가 영희에게 사과를 준다."는 철수, 영희, 사과 세 항 간의 관계이다. '주기giving'라는 관계는 이항적 관계들의 결합으로 환원될 수 없는 삼항 관계이다. 세 개의 이항적 관계, 즉 철수와 사과의 관계(철수는 사과가 가도록 한다), 철수와 영희의 관계(철수는 영희를 풍요롭게 한다), 사과와 영희의 관계(영희는 사과를 취한다)가 공존한다 해서 '주기'의 삼항 관계가 성립되지 않는다. 그러므로 퍼스를 따를 때 다른 모든 개념은 이 세 범주로 환원될 수 있는 반면, 세 범주는 더 이상 환원 불가능하며 보편적이고도 완전한 것으로 상정된다.

그러나 범주에 대한 논리학적 탐구는 명제들의 조건을 분석하는 데 한정되어 있다. 그렇기 때문에 그러한 탐구의 결과로 도출된 범주들이 모든 경험을 가지적이게 한다고 말하기는 어렵다. 진정하게 보편적인 범주론을 추구하기 위해 퍼스는 현상학적 탐구로 나아간다. 1885년경 퍼스가 남긴 다음 문장은 전·후기 범주 이론의 연결고리를 제공한다.

> 세 번째the third로 내가 의미하는 것은 절대적인 최초first와 최후last 사이에 있는 매개물 혹은 양자를 연관시키는 끈이다. 처음은 일차적이고, 끝은 이차적이며, 중간은 삼차적이다. ······ 연속성은 거의 완벽하게 삼차성을 나타낸다(CP 1.337).

1890년대 이후 퍼스는 관계논리학을 본격적으로 현상학과 접목시키기 시작한다. 그리하여 그는 「새로운 범주 목록」에서 도출한 세 범주, 즉 성질, 관계, 표상을 새로운 용어들로 재정립하게 된다. 1898년 퍼스는 '관계'보다 '반작용reaction'이 더 적절하고, '표상representation'보다 '매개mediation'가 더 적절하다고 말한다(CP 4.3). 왜 '반작용'이 더 나은 용어인가? 단지 명제들의 조건 분석에 머무르지 않고 모든 현상의 상이한 국면들을 가지적이게 하는 가장 일반적인 개념들을 도출하고자 할 때, '반작용'은 두 번째 범주의 원생적原生的/brute 특성을 보다 잘 나타내주기 때문이다. 그렇다면 '매개'가 더 나은 이유는 무엇인가? 퍼스는 '표상'이 "그것이 습관적으로 동반하는 것 이상의 훨씬 더 일반적인 관념을 위해 봉사하지" 못하기 때문이라고 말한다(CP 4.3). '표상'은 긴 역사를 가진 용어이다. 그렇기 때문에 그것은 관습적으로 떠올리는 여러 의미를 갖고 있고, 때때로 문장의 의미를 모호하게 하기도 한다.[6] 이에 반해 '매개'는 삼차성의 본질적 구조를 직접적으로 가리킨다. 삼원적 표상관계의 본성은 "절대적 최초와 최후 사이에 있는 매개물", 즉 세 번째 것에 의존하고 있기 때문이다. 특히 퍼스가 그의 세 번째 범주에 대해 염두에 두고 있는 것이 관념의 '일반성'이라면, 그것의 본질적 구조를 직접적으로 지시하는 '매개'를 사용하는 것은 매우 적절하다 하겠다(Hausman, 1993: 113). 하지만 퍼스는 기존의 용어들이 갖고 있는 오해의 소지나 불필요한 연상을 불러일으킬 소지가 있는 요소들을 피하기 위해, 일차성, 이차성, 삼차성이란 새로운 용어들을 제안한다(CP 4.3).

---

[6] 이 장 각주 1을 참고하라.

### 3) 세 가지 범주: 일차성, 이차성, 삼차성

초기의 퍼스는 논리학적 범주의 도출에 골몰하였고 그 결과 성질, 관계, 표상의 세 범주를 도출하였다. 「새로운 범주 목록」에서 퍼스는 이 세 범주 사이에 위계를 부여하고 있는 것처럼 보인다. 그러나 퍼스가 떼어 생각하기 과정을 통해 도출한 성질, 관계, 표상의 순서는 어디까지나 논리적인 것이며, 시간적으로 성질이 관계보다, 관계가 표상보다 앞선다는 의미로 제시된 것은 아니다. 세 가지 범주는 사실상 상호 연속적이고 통합적인 것으로 이해되어야 한다. 우리가 하나의 성질에 대해 파악하는 것은 그것을 다른 성질과 비교함으로써 가능해진다. 어떤 성질이 다른 성질과 유사한가, 아니면 대조적인가 판단하는 비교 행위는 곧바로 상호 연관correlation 개념을 도입한다. 그런데 한 사물과 그 상관항의 이항적 관계에서 양자가 같거나 다르다는 비교가 가능하려면 반드시 제3의 이미지, 즉 매개적 표상이 요구된다(*CP* 1.552~553). 이를테면 'homme'와 '사람'이 동의어라는 것을 알기 위해 양자의 관계를 표상하는 사람의 개념이 필요한 것처럼 말이다. 이처럼 성질, 관계, 표상의 세 가지 기초 개념은 서로를 필수적으로 요구하면서 상호 통합적으로 의미작용에 기여한다.

이미 설명한 것처럼 퍼스는 현상학적 탐구를 진척시키면서 초기에 논리학적 탐구로 출발한 범주론을 심화시킨다. 그는 현상학적 탐구에서도 일차성, 이차성, 삼차성의 세 가지 범주를 단지 논리적으로 구분할 수 있을 뿐 상호 통합적인 것으로 이해하고 있다. 이제 더 이상 분해할 수 없는 세 가지 기본적 현상의 특징에 대해 살펴보자.

첫째, 일차성은 성질의 범주이다. 일차성은 다른 어떤 것에 대한 지시와도 전적으로 무관하게 존재하는 어떤 것에 대한 관념이다(CP 2.85). 퍼스에 따르면 모든 현상은 그 질적 국면을 순전한 가능성으로 제시하는 즉각적인 현존을 갖고 있다. 일차성은 다른 어떤 것과의 관계와 상관없는 현상의 현존을 제시한다는 점에서 단원적이다. 다른 것과의 관계 속에 있지 않은 어떤 것의 존재에 대해 말한다는 것은 거의 불가능하다. 그럼에도 불구하고 우리는 '빨강'의 존재 양태를 상정할 수 있는데, 왜냐하면 어떤 구체적인 빨간 사물이 세계에 존재하기 이전부터 그것은 "긍정적인 질적 가능성positive qualitative possibility"으로 존재했기 때문이다(CP 1.25).

일차성은 기술하기가 어렵다. 왜냐하면 일차성의 어떤 사례가 명명되는 순간 그것은 더 이상 즉각적이지 않기 때문이다. 우리가 그것에 대해 단언하자마자 "그것은 벌써 그 특징적인 순수성을 상실하고 만다. 왜냐하면 단언은 어떤 다른 것에 대한 부인을 함축하고 있기 때문이다."(CP 1.357) 현상의 질적 특성은 그것 자체를 넘어선 관계가 없기 때문에 어떤 구체적이고 특수한 성질로 확인될 수가 없다. 일차적인 것은 "감각되고 있는 바로 그것what is sensed이지, 정신 안에서 발생하는 감각 작용sensation이 아니라는" 점을 분명히 해 둘 필요가 있다(Hausman, 2004: 101. 강조는 원저자). 일차성은 칸트가 말한 감각 직관과는 다른 것이다. 퍼스에 따르면 그 경험이 무엇인지 깨닫는 것은 삼차적인 것의 매개를 통해서만 가능하다. 일차성의 전형적인 사례에는 반성되거나 분석되기 이전의 즉각적인 경험 그 자체, 가령 '순수한 느낌pure feeling' 그 자체가 있다. 구체화되지 않은 순전한 성질은 "일차적이고 현재적이고 즉각적이고 신선하고 생생하고 의식적이고 순간적이다."(CP 1.357) 일차성을 설명하는 가장 안전한 방식 중 하나는 "어떤 사물을 감싸고 있는 분위기aura처럼 존재하는 느낌에 주목하는 것"이다. 일차성은 세계의 사물을 향해 있는 우리의 모든 경험에 속속 스며들어 있는 느낌의 톤과도 같다(Hausman, 1993: 10~11).

둘째로 이차성은 사실성의 범주이다. 우리가 다른 어떤 것과 구별되는 어떤 것에 대해 주목하는 순간, 이차적인 것이 도입된다. 현상의 이원적 국면은 우리가 지속적으로 부딪히고 있는 '엄연한 사실hard fact'로 가장 잘 기술된다(CP 1.324). 퍼스의 사례를 그대로 들자면, 이차성의 감각은 좀처럼 열리지 않는 문을 향해 돌진하여 힘껏 어깨를 부딪칠 때 경험하는 저항감이다. 이처럼 이차성은 주로 돌진하는 나에게 저항하는 거친 힘brute force으로 경험된다. 그것은 전혀 이성적이거나 추론적인 것이 아니기 때문에 원생적이다(CP 1.24). 일차성이 '순전한 가능성bare possibility'이라면, 이차성은 '현실성actuality'이다. 모든 사실이 이 시점과 이 장소에 개별적으로 발생하는 것처럼, 이차성으로서의 파네론은 "피할 수 없도록 우리 앞에 놓인 여기 그리고 지금의hic et nunc 현실성이다"(Goudge, 1950: 88). 퍼스는 이러한 이차적 경험의 개별성과 직접성을 종종 '이것임haecceity'[7]이란 용어로 기술한다(CP 6.318). 즉 이차성은 다른 어떤 것

---

[7] 'haecceity'는 개별화 원리를 설명하기 위해 스콜라 철학자 둔스 스코투스Duns Scotus(1266~1308)가 처음으로 사용한 용어다. 'haecceity'는 실체의 어떤 질적 속성이 아니라, 비질적non-qualitative 속성을 가리키기 위해 사용하는 용어다. 지시대명사 '이것'의 속성을 떠올리면 알 수 있듯, 이 용어는 한 실체의 구체적 특질을 설명하지 않고도 그것을 다른 한 실체와 구별시켜준다. 다시 말해 어떤 사람 혹은 사물의 특성을 구체적으로 기술하지 않고도 우리는 그것을 '바로 이것'이

이 아니라 '바로 이것'으로 경험되는 개별적인 것이다.

문에 어깨를 부딪치는 경험의 사례에서처럼, 이차성은 시도와 저항 혹은 작용과 반작용 사이의 격렬한 대립으로 보통 경험되며, 이러한 이항 대립적 관계는 이차성의 주요 구성 요소이다(*CP* 2.85). 서로 관련되어 있는 두 사물 간의 대조에는 어느 정도 대립이 존재하기 마련이다. 그러므로 이차성은 통상 저항 혹은 다름으로 경험된다. 우리가 우리의 의지에 대한 저항과 마주칠 때, 그리고 우리가 사물들 간의 차이를 식별할 때마다 이차성을 경험한다. 그러나 이차성은 그러한 식별의 인식에 선행하는 원생적인 경험이다. 일차성과 이차성은 가지성intelligibility의 범주들이 아니다. 가지성은 제3의 것에 의한 두 사물의 매개를 필요로 한다. 인식은 서로 다른 두 사물이 연관될 때 가능하다. 매개적 관계에 있는 요소들이라야 비로소 가지적인 현상이 되는 것이다. 이렇듯 매개적이고 삼원적인 관계를 퍼스는 삼차성이라고 한다.

셋째, 삼차성 범주는 현상의 일반적 국면을 의미한다. 현상은 개별적일 뿐만 아니라 일반적이기도 하다. 모든 현상에 공통적인 세 번째 특징은 일반성, 규칙성, 법칙, 습관 등으로 잘 대변된다. 삼차성은 반복 가능한 사례들을 통해 지속적으로 나타나는 현상의 일반적인 국면이다. 이차적이고 개별적인 사례들의 의미는 삼차적이고 일반적인 것에 의해 결정된다. 예측 행위는 현상의 일반성에 대해 설명하기에 좋은 사례이다. "우리는 깨어 있는 삶의 단 5분도 모종

---

라고 가리킴으로써 그것의 현 존재를 의미할 수 있다는 것이다. 이러한 이차성의 직접성과 개별성은 이후 설명될 지표기호에서 가장 잘 나타난다(지표에 대해서는 이 장 2절을 참고하라).

의 예측을 하지 않고서는 살 수가 없다."(CP 1.26) 우리가 예측을 할 수 있는 것은 모종의 규칙성 덕분이다. 우리는 단 하나의 결과로부터가 아니라, 결과들의 어떤 종류들로부터 일반성 혹은 법칙을 도출해낸다. 이미 일어난 일과 앞으로 일어날 일을 연관시켜주는 법칙을 따라서 우리는 비로소 미래를 예측할 수 있는 것이다. 예측 행위는 다음의 세 요소를 포함한다. 즉 전건antecedent으로서의 과거의 사건, 후건consequent으로서의 미래의 사건, 그리고 양자를 연관 혹은 매개시켜주는 법칙이 그것이다. 여기서 법칙은 인식 작용에 나타나는 가설적 요소를 포함하는데, 가설은 미래의 데이터에 적용될 조건들이 가지적인 세계를 구성하는 습관으로 작용하도록 한다. 이런 의미에서 퍼스는 삼차성을 'would-be'로서의 가능성이라고 함으로써 'may-be'로서의 가능성인 일차성과 구분하고 있다.

언어적 의사소통을 포함한 일체의 기호 작용은 삼차성의 범례다. 퍼스의 기호학은 세 가지 범주에 관한 이론과 함께 발전되었다. 기호의 첫 번째 요소인 표상체representamen는 단순한 성질로서의 일차적인 현상이고, 표상체와 대상의 이원적인 관계는 이차적인 현상이다. 해석자가 대상을 지시하는 표상체를 해석하여 해석체interpretant를 생산한다면 이때 비로소 삼차적 현상으로서 기호가 생성된다. 기호를 구성하는 표상체, 대상, 해석체의 세 항은 표상 관계 속에서 서로를 필수적으로 요구하므로, 이 관계는 이항 관계 혹은 단항으로 분해될 수 없다. 기호 관계가 표상체와 대상을 반드시 포함하듯이 삼차성은 일차성과 이차성을 반드시 요구한다. 그러나 앞서 보았듯이 삼차적인 것이 이차적인 것 혹은 일차적인 것들의 결합으로 환원될 수는 없다. 삼차성 관념은 반드시 다른 두 대상—가령 대상과 표상체—을 매개하는 어떤 사물—가령 해석체—이 존재할 때에만 발생한다. 기호 관계에 있는 세 요소가 함께 작용할 때에만 의미가 발생하고 진정한genuine 삼차성[8]의 사례가 발견된다. 범주에 대한 퍼스의 고찰이 심화될수록 현상학과 기호학은 더욱 긴밀한 관계로 엮이게 된다.

세 가지 범주는 모든 현상과 모든 실재하는 것에 편재한다. 요약하자면 퍼스는 더 이상 분해할 수 없는 현상의 기본 요소를 일차성, 이차성, 삼차성의 세 범주로 식별하였다. 일차성은 현상의 자발적이고 질적인 국면이고, 이차성은 현상의 저돌적인 강제성이며, 삼차성은 현상의 일반적이고 매개적인 국면이다. 삼차성은 일차성이나 이차성의 결합으로 환원되지는 않지만 다른 두 범주를 전제하고 있다. 이미 설명한 것처럼 이러한 세 범주의 식별은 오직 논리적으로만 가능하다. 하나의 현상을 바로 그 현상으로 인식하는 활동은 퍼스의 세 범주를 동시에 요구한다. 바꿔 말해 현상의 세 가지 기본 요소는 상호 연속적이고 통합적인 것으로 파악되어야 한다. 이상에

---

[8] 퍼스는 범주를 진정한 형식과 퇴화한degenerate 형식으로 구분한다. '퇴화'는 원래 수학 용어로 하나 이상의 상수나 변수가 0인 공식을 의미한다. 예를 들어 '$x^2 = 0$'은 '$x^2 + 2xy + y^2 = 0$'의 퇴화한 형식이다. 퇴화한 형식은 실제 취하고 있는 형식보다 단순한 사례로 변질된 것인데, 수학에서 퇴화한 형식을 연구하는 이유는 진정한 형식에 대한 이해를 진작시키기 위해서다. 이와 유사한 이유에서 퍼스는 퇴화한 범주들에 대해 논의하고 있다. 퍼스에 따르면 일차성에는 퇴화한 범주가 있을 수 없고, 이차성과 삼차성에 각각 1개와 2개의 형식이 있다. 가령 핀이 두 장의 천을 함께 고정시키는 경우를 생각해보라. 하나의 천이 없어진다 하더라도 핀은 나머지 하나의 천을 여전히 찌르고 있을 것이다. 이와 유사하게 서로 다른 두 사물을 연결시키는 제3의 사물의 역할이 필수적이지 않고 우연적일 경우를 퍼스는 퇴화한 삼차성의 한 사례로 간주한다(퇴화한 범주에 대해서는 퍼스, 2008: 331~334와 De Waal, 2001: 13~14를 참고하라).

서 고찰한 퍼스의 범주 이론을 바탕으로 이어지는 절에서는 기호 이론에 대해 본격적으로 살펴보고자 한다. 이제 퍼스의 삼원적 기호 정의를 중심으로 그의 기호 이론의 기본 구조에 대해 좀 더 심도 있게 고찰할 것이다.

## 2. 기호 이론

1) 세미오시스와 사고기호 독트린

(1) 기호의 정의와 세미오시스

퍼스는 의미 작용 혹은 표상을 기호 혹은 표상체, 대상, 해석체의 삼항 관계로 설명한다.[9] 다음은 퍼스의 가장 유명한 기호 정의 중

---

9 퍼스는 종종 표상이란 용어를 기호와 동의어로 사용하곤 한다. 그러나 퍼스는 '표상'을 그다지 일관적으로 사용하지 않는다. 그는 그 용어를 기호 작용을 구성하는 삼항 관계를 지시하기 위해 사용하기도 한다. "기호의 작용 혹은 기호가 표상의 해석체에 대해 대상과 갖는 관계"(*CP* 1.540)라고 구체적으로 정의하기도 한다. 이 책에서는 논지를 명확하게 하기 위해 '표상'의 의미와 '기호'의 의미를 가능한 한 구별하고자 한다. 이를 위해 '표상체'란 용어가 도입될 것이고, 이것은 삼항 관계의 첫 번째 상관항correlate을 가리키는 용어로 사용될 것이다(*CP* 1.540 참고). 반면 '표상'은 기호, 대상, 해석체의 삼항 관계를 지시하기 위해 사용될 것이다.

한편 퍼스는 '기호'를 표상체를 지시하기 위해 사용하기도 하지만, 이에 못지않게 자주 기호 관계 자체를 지시하는 데 사용한다. 요컨대 퍼스가 '표상', '표상체', '기호'를 사용하는 방식은 일관적이지 않다. 퍼스 자신의 용법이 일관적이지 않은 만큼, 그의 철학을 해석하는 입장에서도 철저하게 일관된 용어의 사용은 사실상 어렵다. 그러나 퍼스가 '기호'를 '표상체'와 동일하게 삼항 관계의 첫 번째 항을 지시하는 것으로, '표상'을 '기호'를 포함한 삼항 관계를 지시하는 것으

하나다.

> 기호 혹은 표상체는 어떤 관점 혹은 능력에서 누군가에게 어떤 것[대상]을 나타내는stand for 어떤 것이다. 기호는 누군가에게 말을 건다. 즉 그 사람의 정신에 동등한 기호, 혹은 아마도 더 발전된 기호를 창출한다. 그 기호를 나는 첫 번째 기호의 해석체라 부른다. 기호는 어떤 것, 즉 그것의 대상을 나타낸다. 그것은 대상을 모든 관점에서가 아니라, 모종의 관념, 즉 내가 종종 표상체의 기반ground이라고 부른 것에 의거하여 나타낸다 (1897, *CP* 2.228).

퍼스는 기호는 "[자신이 아닌] 다른 것을 나타내는 어떤 것aliquid stat pro aliquo"이라는 고전적인 기호 정의에서 출발하고 있다. 그런데 퍼스의 정의는 해석하는 정신을 도입함으로써 기존의 것과 결정적으로 달라진다. 퍼스는 오랜 세월 동안 그 자체가 아닌 다른 어떤 사물을 지시하는 하나의 사물을 의미하는 용어로 사용되어온 '기호'의 상식적인 정의에 해석체라는 새로운 요소를 추가한 것이다. 그리하여 퍼스는 기호가 어떤 사물을 나타내되, 또 다른 어떤 사물,

로 사용하는 방식은 비일관적이긴 하나, 퍼스 자신의 용법을 통해 어느 정도 보증되고 있다. 요컨대 퍼스의 용례를 토대로, 논지의 명확성을 높이기 위해 나는 표상체와 표상이란 용어들을 다음과 같이 사용하고자 한다. 첫째, '기호'는 대개의 경우 삼항 관계의 첫 번째 상관항으로 사용할 것이고, 내용을 명확하게 할 필요가 있을 경우 '표상체'를 사용할 것이다. 둘째, 최대한 '기호'와 '표상' 두 용어를 구별하여 사용할 것이다. 셋째, '표상'의 의미를 기호의 작용, 즉 매개 작용을 본질로 삼고 있는 삼항 관계로 정의할 것이다.

즉 해석체에 대해 나타내는 하나의 사물이라고 정의하고 있다. 요약하자면 기호 작용은 기호와 그 대상, 그리고 양자를 매개하는 해석체의 세 가지 서로 다른 사물로 구성된 삼항 관계를 바탕으로 한다. 여기서 기호 혹은 표상체는 기호 전달체이고, 대상은 지시 대상 referent이며, 해석체는 해석자의 정신에서 생산된 의미 효과 혹은 개념이다.[10]

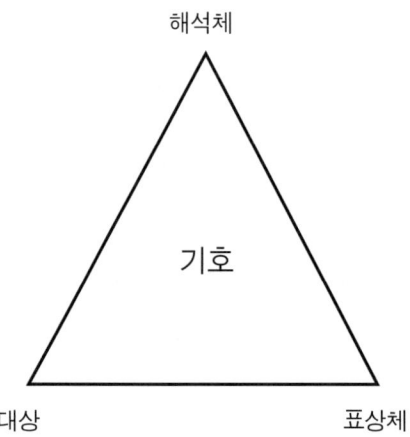

〈그림 1〉 퍼스의 삼항적 기호 모델

10 퍼스의 기호 혹은 표상체는 소쉬르의 기표와 거의 동일하다. 양자는 공통적으로 그것이 아닌 다른 어떤 것을 지시하는 소리, 이미지, 색채 등을 가리킨다. "청각 이미지로부터 연상된 정신적 개념"(소쉬르, 1990: 84~85)으로 정의되는 소쉬르의 기의에 필적하는 퍼스의 용어는 해석체라 할 수 있다. 하지만 퍼스에게 있어서 기호의 의미를 구성하는 요소는 해석체에 국한되지 않는다. 의미의 결정 과정에서 추동력으로 작용하는 대상이 퍼스 기호학에서 필수 불가결하기 때문이다. 기본적으로 완전히 상이한 토대에서 출발한 퍼스와 소쉬르의 기호학을 단순하게 비교하는 것은 별로 도움이 되지 않는다. 단 양자의 비교를 통해 독자의 이해를 돕는 차원에서라면 가능할 것이다.

해석체는 퍼스의 기호 정의에서 가장 독창적인 요소다. 퍼스는 자주 편의상 '누군가에게' 혹은 '어떤 사람에게'라는 표현을 사용하여, 해석자 혹은 해석하는 인간 정신을 필수적인 요소로 상정하는 것처럼 보인다. 하지만 퍼스는 해석의 수행자agent를 인간 정신에 국한시키지 않는다. 그는 동물과 심지어 무생물의 정신성mentality 또한 해석적 능력을 갖고 있다고 간주한다. 그리고 더 중요한 점은 기호의 해석 혹은 해석체의 생산이 반드시 해석하는 정신을 요구하는 것은 아니라는 것이다. 해석체의 생산은 기호와 대상 간의 관계에서 비롯된 논리적 작용의 결과이지, 주관주의적이고 심리적일 수 있는 특정 개인의 해석의 결과가 아니다. 이 점에 대해서는 앞으로 논의를 진행하면서 더 자세히 설명할 것이다. 우선 일러둘 것은 해석체는 해석자가 아니며 기호 작용에 있어서 해석하는 정신이 필수적으로 요구되는 것은 아니라는 사실이다.[11]

위에서 언급한 내용을 염두에 두고 다시 인용문으로 돌아가보자. 해석체의 생산은 누군가가 기호를 해석했기 때문이 아니라, "누군가에게 말을 거는" 기호의 능력 때문에 가능해진다. 그 자신의 해

---

11 비록 퍼스가 해석하는 정신을 기호 작용의 필요조건으로 상정하지 않는다 하더라도, 현재의 논의의 맥락에서 우리의 관심사는 미술 작품을 포함한 문화적 인공물들이므로, 해석하는 인간 정신을 상정하는 1897년의 정의를 받아들여도 무방하다. 하지만 이 책에서는 퍼스가 기호학과 프래그머티즘을 통합시킨 시점인 1907년경의 관점을 기준으로 퍼스 기호학에 대해 고찰할 것임을 미리 밝힌다. 1907년은 퍼스가 MS: 318을 쓴 시기로, 이 문건의 여러 판본은 많은 퍼스 기호학 연구자가 퍼스의 기호 이론에 대한 가장 명확한 설명으로 간주하는 것이다. 현재 MS: 318의 세 번째 판본과 다섯 번째 판본이 EP 2의 28장에 수록되어 있다. 이 책에서 '후기의' 퍼스 기호학이라고 언급하고 있는 것은 적어도 1903년 이후에 체계화된 이론을 의미한다.

석체를 생산할 때에야 비로소 하나의 사물은 다른 한 사물의 기호가 되는 것이다. 이러한 퍼스의 정의상 기호 작용은 끊임없이 해석체가 산출되는 하나의 과정이 된다. 퍼스는 연속적으로 해석체가 생산되는 과정을 지시하기 위해 '세미오시스semiosis'라는 새로운 용어를 주조한다. 하나의 세미오시스에서 각각의 기호는 그것의 대상과 해석체와의 삼항 관계 속에 놓이게 된다. 나는 조셉 랜스덜을 따라 '표상'을 이러한 삼항 관계를 중심으로 이뤄지는 기호 작용의 유적 특성—즉 매개 작용을 그 본질로 하는 삼항 관계—으로 간주하고자 한다(Ransdell, 1966: iv). 세미오시스는 일종의 연상 작용을 통해 원칙적으로 무한하게 지속되는 과정이다. 말하자면 첫 번째 기호는 "더 발전된 기호"인 해석체를 생산하고, 이 새로운 기호는 다시 그 자신의 해석체를 생산하는데, 이런 과정은 끝없이 진행될 수 있다는 것이다. 이와 같은 퍼스의 삼항적 기호 정의의 핵심은 무한하고 연속적인 해석 과정이 기호 작용에 본질적이라는 것이다.

 퍼스가 기호 작용의 무한성을 상정한다고 해서 기호가 무엇으로 해석되든지 상관없다고 생각하는 것은 아니다. 그는 기호가 모든 관점에서가 아니라 "모종의 관념", 즉 그가 "표상체의 기반이라고 부른 것에 의거하여" 대상을 지시한다고 말하고 있다. 여기서 표상체의 기반이란 표상체가 대상과 공유하고 있는 어떤 성질을 의미한다. 「새로운 범주 목록」에서 퍼스는 기반을 "성질을 구성하는 순수한 추상에 대한 준거reference"라고 규정한다. 명제 '난로는 검다.'는 검은 난로라는 실체를 지시하지만 우리는 이 명제에서 '검음'이라는 성질을 따로 떼어 생각할 수 있다. 그러므로 우리는 난로의 다른 어떤 성질—가령 뜨겁다, 원통 모양이다, 낡았다 등—의 관점에

서가 아니라 오직 '검음'이라는 측면에서 이 명제를 해석한다.[12]

### (2) 사고기호 독트린

잠재적으로 무한하게 진행되는 세미오시스에 관한 퍼스의 사상은 1860년대 말에 발표된 그의 초기 인식론 시리즈에서 나타나는 사고기호thought-sign 이론으로부터 발전된 것이다.[13] 「네 가지 무능력의 귀결」에서 퍼스는 모든 사고는 선행의 사고를 해석하고 후속 사고에서 해석된다고 말한다(CP 5.284). 퍼스에 따르면 모든 사고는 기호이자 해석체이다. 그러므로 모든 사고기호는 무한 퇴행과 무한 진행의 연속 안에 놓이게 될 것이다. 풀어 말하면 모든 사고기호가 선행 사고에 대한 해석체여야 하기 때문에 최초의 기호는 존재할 수 없다는 것이다. 그러므로 사고기호는 무한하게 퇴행할 수 있다. 또한 모든 사고기호는 동일한 대상에 대해 그 자신의 해석체를

---

12 데리다는 자신의 차연 개념을 지지하기 위해 퍼스의 세미오시스 개념에 의지한다. 그러나 데리다가 차연으로 설명한 의미의 비결정성과 퍼스가 말한 세미오시스의 무한성은 근본적으로 다르다. 데리다의 차연 개념은 아무런 제약도 없는 의미의 유동성과 지속적 변화 가능성을 암시하는 반면, 퍼스의 세미오시스 개념은 "표상체의 기반"이라는 결정 요소를 포함한 의미의 생성 과정을 뜻한다. 다시 말해 데리다와 다르게 퍼스는 무한한 세미오시스에서 발생하는 일련의 기호가 그 대상과의 모종의 연관 속에서 각자의 해석체를 생산한다고 본 것이다(퍼스의 대상 개념에 대해서는 3장에서, 기반 개념에 대해서는 4장에서 다시 설명할 것이다).

13 퍼스는 1868~1869년 사이에 『사변철학지The Journal of Speculative Philosophy』에 세 편의 인식론 논문을 발표한다. 그것들은 순서대로 「인간에 대해 주장되는 특정한 능력에 대한 물음Questions Concerning Certain Faculties Claimed for Man」(1868), 「네 가지 무능력의 귀결Some Consequences of Four Incapacities」(1868), 「논리 법칙의 타당성 근거Grounds of Validity of the Laws of Logic」(1869)이다.

갖고 있어야 하므로 최후의 해석체 또한 존재해선 안 된다. 그러므로 사고기호는 무한하게 진행해야 한다. 초기의 퍼스는 사고기호는 시작도 끝도 없는 무한한 연속체상에 존재한다고 가정한 것이다. 퍼스의 사유가 진전됨에 따라 사고기호의 무한한 연속에 대한 독트린은 중요하게 수정되고 보완된다. 가령 지표index를 발견함으로써 퍼스는 기호가 반드시 선행 기호의 해석체일 필요는 없다는 결론을 얻게 된다.[14] 또한 해석체 이론을 더욱 정교하게 발전시켜 최종적 해석체와 궁극적인 논리적 해석체에 대한 개념을 보유하게 된 퍼스는 세미오시스의 무한 진행을 중단 혹은 종결시킬 수 있게 된다.

세미오시스가 '원칙상' 무한하게 진행되지, 항상 그렇지는 않다는 것은 다음과 같은 이유로 설명된다. 첫째, 퍼스에 의하면 각각의 세미오시스는 그 자신의 목적을 갖고 있다. 이 목적이 성취되었을 경우, 즉 최종적 해석체가 생산되었을 때 하나의 세미오시스는 중단 혹은 종결된다 할 수 있다. 가령 산봉우리에 피어오르는 연기를 보았다고 하자. 이때 '연기가 피어오른다.'는 현상은 하나의 기호다. 연기는 '산불이 났다.'는 사태를 지시하는 기호가 될 수 있으나, 이 해석체가 반드시 옳다고 할 수는 없다. 그 연기의 정체가 실제로 확인되어 참인true 해석체가 확보되었을 때 비로소 세미오시스가 종결될 것이다. 둘째, 해석체의 생산은 항상 현실적이지 않다. 퍼스는

---

14 퍼스는 다양한 종류의 기호에 대한 복잡하면서도 체계적인 분류법을 시도한다. 그 대상과의 직접적·역동적 관계에 있는 지표는 최초 인식의 존재 가능성을 시사한다(지표에 대해서는 이 절 뒷부분에서, 지표가 세미오시스의 무한 퇴행 원리를 수정한다는 점에 대해서는 4장 1절에서 다시 설명할 것이다).

산발적으로 해석체의 여러 가지 분류법에 대해 언급한다. 그중 하나가 즉각적immediate · 역동적dynamic · 최종적final 해석체의 삼분법이다. 간단히 말해 즉각적 해석체는 모든 기호가 가진 근거 있는 해석 가능성이고, 역동적 해석체는 실제 해석 행위의 효과이며, 최종적 해석체는 세미오시스의 목적이 성취되었을 때 얻어지는 최종적 결과이다(SS: 111). 기호는 항상 현실적으로 해석될 필요가 없다. 퍼스가 "모든 기호는 해석체를 갖는다."고 했을 때, 이 진술은 모든 기호는 잠재적 해석 가능성, 즉 즉각적 해석체를 갖고 있다는 말로 이해되어야 한다. 다시 말해 모든 기호가 항상 현실적 해석체를 갖고 있지는 않더라도, 반드시 즉각적 해석체를 갖고 있다고 할 수 있는 것이다.[15]

하지만 원칙적으로 사고기호는 기호들의 무한한 연속체 안에 존재한다. 사고기호의 연쇄에 대한 퍼스의 독트린을 탐 쇼트는 다음과 같이 설명한다.

주어진 사고 T가 해석하는 사고기호는 T의 지시 대상—T는

---

15 퍼스는 해석체들이 즉각적, 역동적, 최종적인 세 종류로 분류될 뿐 아니라, 하나의 해석체가 존재론적으로 다양한 유형이 될 수 있다고 본다. 즉 그것은 감정적 혹은 활력적 혹은 논리적일 수 있다는 것이다. 이 두 번째 삼분법에서 퍼스는 논리적 해석체를 잠정적인 논리적 해석체와 궁극적인 논리적 해석체로 구분한다. 간단히 말해 퍼스는 주요하게 두 가지 해석체의 삼분법을 발전시켰다. 해석체의 여러 종류 중 최종적 해석체와 궁극적인 논리적 해석체는 그것들을 해석하는 더 진전된 해석체를 갖지 않는 해석체로 상정된다. 다시 말해 최종적 해석체 혹은 궁극적인 논리적 해석체가 발생할 경우, 세미오시스는 더 이상 진행되지 않고 중단된다고 할 수 있는 것이다(해석체의 종류에 대해서는 4장 1절에서 자세히 논의할 것이다).

이 대상에 관한 사고이다—을 결정한다. 그리고 T가 해석되는 사고기호는 T의 의미 혹은 그것이 그 대상에 대해 표상하는 것을 결정한다. 예를 들어 어떤 그림자 형태에 내가 깜짝 놀라 주의를 집중하고 있다 하자. (A) "무언가가 저 골목에 있다." (B) "어쩌면 강도일지도 모른다!" (C) "길을 건너는 게 낫겠다." 사고 B는 강도 일반에 대한 것이 아니다. 그것의 대상은 사고 A에 제시되어 있고, B는 A의 해석, 즉 골목 안에 있는 무언가에 대한 해석이다. 그리고 B가 대상에 대해 표상하는 것은 C에서 해석되어 있다. 다시 말해 C에서 강도는 가장 피해야 할 형태의 위험으로 간주되고 있다(Short, 2004: 215).

하나의 사고(사고 B)는 선행 사고(사고 A)의 해석체인 동시에 후속 사고(사고 C)에 의해 해석될 기호이다. "그것은 강도일지도 모른다."라는 사고 B의 대상은 '강도'라는 일반명사의 대상이 아니다. 그것은 "무언가가 저 골목에 있다."라는 사고 A와 동일하다. 다시 말해 만약 그것이 강도라면 "골목 안에 있는" 구체적인 사물이지, 강도의 개념이 아니라는 것이다. B가 A를 해석한 결과라면, 즉 A의 해석체라면, B의 대상은 A에 의해 결정된다. 한편 "길을 건너는 게 낫겠다."는 사고 C는 "그것은 강도일지도 모른다."는 사고 B를 해석한 결과 생산된 해석체이다. 이때 C는 B가 대상에 대해 표상하는 바를 매개로 다시 동일한 대상을 표상한다. 즉 강도는 피하는 것이 최선인 위험스러운 존재라는 것이다. 사고기호 독트린에서 발전된 무한한 기호 해석 과정을 도해하면 다음과 같다.

〈그림 2〉 무한한 세미오시스

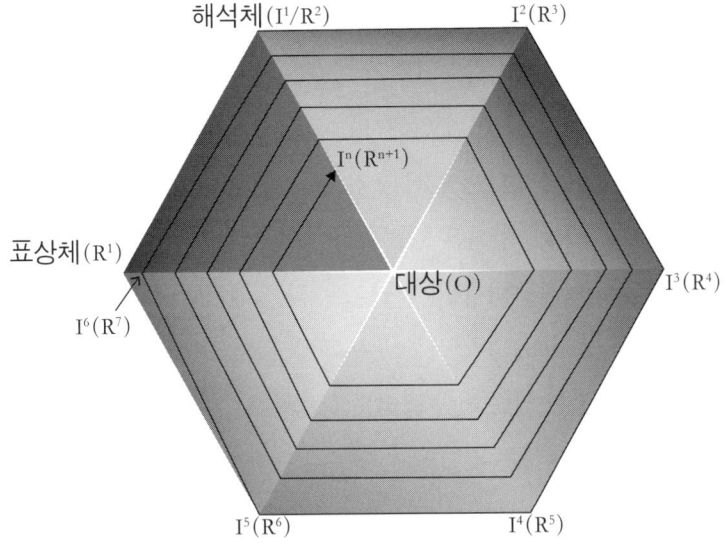

위의 다이어그램이 나타내고 있는 세미오시스 원리를 설명하면 이러하다. 쇼트가 제시한 사례의 사고 A, "무언가가 저 골목에 있다."는 다이어그램에 표시된 첫 번째 표상체($R^1$)에 해당한다. $R^1$을 해석함으로써 생성된 첫 번째 해석체($I^1$), "어쩌면 강도일지도 모른다!"는 다시 $R^2$가 되어 새로운 해석체($I^2$), "길을 건너는 게 낫겠다."를 생산한다. $I^2$는 $R^3$가 되어 $I^3$를 생산하고 $I^3$는 다시 $R^4$가 되어 $I^4$를 생산하는 식으로, $I^n$이 $R^{n+1}$이 되는 기호 해석 작용이 무한하게 지속된다는 것이 퍼스의 사고기호 독트린이다. 적어도 "골목에 있는 무언가"의 정체가 밝혀지기 전까지는 이런 사고 과정의 연쇄가 지속될 것인데, $R^1$, $R^2$, $R^3$ …… $R^n$이 모두 공통적으로 지시하는 대

상은 처음의 R¹이 지시했던 바로 그 대상, 즉 "골목에 있는 무언가"의 대상과 동일하다. 그렇기 때문에 잠재적으로 무한하게 생성되는 표상체와 해석체의 지시 대상은 단일하다고 할 수 있다.[16]

퍼스가 1860년대에 사고기호 독트린을 제시한 것은 데카르트 식 인식론의 전제를 공격하기 위해서였다. 사고기호 독트린은 선행 인식에 의해 결정되지 않는 인식은 없으며, 따라서 그 대상에 의해 직접적으로 결정되는 인식은 있을 수 없다는 믿음을 전제로 한다. 이러한 믿음을 받아들인다면, 데카르트 식의 직관적 지식은 인정할 수 없다. 1868~1869년 인식론 논문들에서 퍼스가 하고자 한 것은 '사고기호의 무한 연속'이란 공리를 확립함으로써 데카르트의 코기토적 자아를 부정하는 것이었다. 이른바 데카르트주의의 요체라 할 수 있는 보편적인 회의, 개별적이고 투명한 의식, 복합적이지 않은 단일한 추론, 실재의 완전한 인식 가능성 등은 퍼스가 보기에 충분히 논리적이거나 과학적이지 않다. 이처럼 퍼스는 「인간에 대해 주장되는 특정한 능력에 대한 물음」과 「네 가지 무능력의 귀결」같은 초기 인식론 논문들에서 데카르트 식의 내성 능력을 부정하고 기호학적 사유 개념을 제시하였다. 여기서 전개되는 사고기호 이론은 이후 수정과 보완을 거쳐 진화하지만, 사고기호 독트린의 요점인 무한성과 연속성 원리는 1900년대 퍼스의 성숙한 기호학 이론에서

---

16 1906년경 퍼스는 대상의 종류를 2가지로 분류한다. '역동적 대상'과 '즉각적 대상'이 그것인데, 즉각적 대상이 '기호에 표상된 대상'인 반면, 역동적 대상은 대상 그 자체로서 어떤 표상과도 무관한 실재이다(CP 4.536). 전·후기를 통틀어 퍼스는 대체로 후자의 의미에서 '대상'을 사용했다(대상의 종류에 대해서는 3장에서 설명할 것이다).

도 계속 유지되고 있다.

쇼트는 퍼스가 사고기호 독트린을 주창하게 된 원인을, 그가 데카르트적인 근대 인식론에 도전하고자 했던 것 이외에 칸트철학과 영국경험론을 수용한 데서 찾고 있다(Short, 2004: 215~216). 앞서 본 것처럼 퍼스의 인식론은 칸트적인 시도에서 출발했다. 칸트는 '표상Vorstellung'을 모든 종류의 정신적·심리적 내용을 지시하는 유적 용어로 채택한다. 주지하다시피 독일어 'Vorstellung'은 '앞에 있음' 혹은 '눈앞에 나타남' 혹은 '정신에 현전한 이미지'란 의미를 함축하고 있다. 그러나 칸트는 이 개념의 정의도, 구체화된 논의도 제시하지 않기 때문에, 퍼스는 칸트로부터 후퇴하여 영국경험론으로 나아간다. 'semiotic'이란 용어는 존 로크가 『인간오성론』(1690)의 말미에서 '기호에 대한 독트린'을 명명하기 위해 소개한 그리스어 'Σημειωτική'를 번역한 것이다(Nöth, 1990: 13에서 재인용). 로크는 이 새로운 독트린을 "이제껏 우리에게 친숙했던 것과는 다른 종류의 논리학"으로 소개하면서, 그것 덕분에 우리는 "관념들을 정신이 사물의 이해를 위해 사용하는 기호"로 간주할 수 있게 되었다고 설명한다(Short, 2004: 216에서 재인용). 칸트와 로크의 철학은 대단히 상이하지만, 양자는 공히 의식의 내용이 기호 혹은 표상으로 구성된다고 생각했던 것이다. 결론적으로 말해 관념에 대한 로크의 이해(기호)와 정신적 내용에 대한 칸트의 이해(표상)를 결합시킨 지점이 퍼스가 사고에 대한 기호학적 분석을 출발시킨 곳이 될 것이다.

그러나 퍼스의 기호 개념은 로크보다는 칸트의 영향을 받아 형성되었다고 말하는 것이 정확하다. 퍼스에게 있어서 사고 혹은 사고기호는 구체적이거나 개별적이지 않고 언제나 개념적이고 일반적이다. 칸트의 영향하에 퍼스는 사고기호에 대한 사상을 고유하게 현대적인 방식으로 발전시켰다(Short, 2004: 216). 퍼스의 인식론 혹은 기호학은 현대 언어철학이나 언어학과 유사하다. 퍼스는 사고를 내화된 담화로, 즉 언어적 기호로 간주한다. 정확히 말해 그에게 있어 "사고는—전적으로는 아니더라도 일반적으로 언어적인—기호학적 행동의 한 종"이다. 퍼스는 우리의 사유 능력이 언어 학습과 관련되어 있고, 단어와 문장은 기호의 한 종류라고 간주한다. 이러한 믿음으로부터 '사고는 기호'라는 사상이 도출된 것이다.

그런데 사고는 어떻게 기호가 되는가? 이에 답변하기 위해 쇼트는 아리스토텔레스의 견해에 대해 언급한다(Short, 2004: 216). 아리스토텔레스에 의하면 단어는 관례에 의해 사고를 기호화하고 그럼으로써 사물을 기호화하는데, 이러한 기호화는 사물에 대한 사고가 사물의 닮은꼴인 덕분에 가능하다. 사고가 사물의 닮은꼴이라고 하기 위해서는 사고는 단어(즉 기호)이며, 아리스토텔레스의 설명을 다소 수정하여 관념은 사물 자체를 기호화하는 것이 아니라 사물의 관념을 기호화함으로써 그 사물을 기호화한다고 말하여야 할 것이다. 그리고 이런 기호화 과정 혹은 번역 과정은 무한하게 계속될 수 있다. 퍼스의 사고기호 독트린도 이와 매우 유사하게 전개된다. 즉 사고는 기호(혹은 단어)이다, 기호(혹은 단어)는 사고를 통해 기호화한다, 사고기호는 다른 사고기호를 기호화한다. 그러나 퍼스는 칸트와 로크, 아리스토텔레스의 견해에 연속체continuum 개념을 추가시킴으로써 결과적으로 대단히 고유한 기호 이론을 제시하고 있다. 퍼스의 사고기호 이론에선 개별적인 사고기호가 강조되는 것이 아니라, 사고기호의 무한한 과정 자체가 강조된다. 퍼스는 다음과 같이 말한다.

> 만약 하나의 사고가 아무 의미도 갖고 있지 않다면, 모든 사고가 의미를 갖고 있지 않을 것이라는 사실은 반박될 것이다. 이것은, 만약 하나의 신체가 차지하고 있는 연속적 공간의 어떤 곳에도 운동할 수 있는 공간이 없다면, 전체를 통틀어 운동의 공간이 없다고 말하는 것과 유사한 오류이다. 내 정신 상태의 어떤 순간에도 인식 혹은 표상은 존재하지 않는다. 그러나 서로 다른 순간에 있는 내 정신 상태들 간의 관계에는 인식 혹은 표상이 존재한다(CP 5.289).

퍼스에 의하면 의미는 단일한 사고기호 안에 있지 않다. 하지만 그렇다고 해서 하나의 사고기호가 의미를 갖고 있지 않다는 것은 아니다. 의미는 하나의 사고가 또 하나의 사고를 해석하는 과정 속에서 발견된다. 요컨대 퍼스는 데카르트의 직관과 같은 불연속적 사고는 존재할 수 없으며, 인식은 추론 과정의 무제한적 연속 안에서만 가능하다고 보는 것이다. 사고기호의 연속체에 대한 퍼스의 생각은 그의 기호 이론에서 중추적인 위치를 점유하고 있을 뿐만 아니라, 그의 프래그머티즘 사상 전반에 속속 스며들어 있다.

### 2) 기호의 매개 작용

무한한 해석 과정으로서의 세미오시스는 퍼스가 기호 표상을 삼항 구조로 파악한 결과 도출된 원리다. 기호 해석 과정이 무한하게 지속되는 이유는 삼항 구조의 첫 번째 항, 표상체의 매개 작용에 있다. 여기서는 기호 작용의 요체라 할 수 있는 매개 개념에 대해 집중적으로 살펴보자. 다시 앞서 인용한 쇼트의 단락으로 돌아가보자. 사고 C 이후에 또 다른 사고가 C의 해석체로서 동일한 대상(골목 안에 있는 무언가)을 표상할 것이고, 사고기호의 연쇄는 원칙상 무한하게 이어질 것이다. 여기서 우리가 주시해야 할 것은 A, B, C, 혹은 D, 어떤 것이건 후속 사고에서 해석되는 사고기호가 하는 역할, 즉 매개 작용이다. 그것은 대상과 그 해석체 사이에서 매개자로 기능한다. 앞서 보았던 퍼스의 기호 정의와 함께 그의 또 다른 정의를 고찰해보자.

> 기호 혹은 표상체는 어떤 관점 혹은 능력에서 누군가에게 어떤 것[대상]을 나타내는 어떤 것이다. 기호는 누군가에게 말을 건다. 즉 그 사람의 정신에 동등한 기호, 혹은 아마도 더 발전된 기호를 창출한다. 그 기호를 나는 첫 번째 기호의 해석체라 부른다. 기호는 어떤 것, 즉 그것의 대상을 나타낸다(*CP* 2.228).

> 기호는 한편으로 그것의 대상이라 불리는 그것 자신과 다른 어떤 것에 의해 결정되며, …… 다른 한편 그것은 어떤 현실적 혹은 잠재적 정신을 결정하는바, 그러한 결정에서 해석체가 기호에 의해 창출되고 해석하는 정신은 대상에 의해 매개적으로 결정된다(*EP* 2: 492. 강조는 원저자).

이상의 두 가지 기호 정의를 종합하여, 기호 작용의 삼항 관계를 다음과 같이 요약할 수 있다. 즉 표상체는 대상을 대신하는 혹은 표상하는 것이고, 대상은 표상체를 결정하는 것이다. 양자의 관계에서 생산된 해석체는 표상체의 매개를 통해 대상에 의해 간접적으로 결정된다.

퍼스의 기호학을 이해하기 위해선 표상의 삼항 관계에서 표상체가 수행하는 매개적 기능을 이해하는 것이 필수적이다. 퍼스는 자주 해석체를 "기호가 현실적 혹은 잠재적 정신에 생산하는 효과"(CP 8.322)로 정의한다. 그러나 이미 설명한 것처럼 해석체는 어떤 개별적인 해석자의 해석 활동을 반드시 전제하지 않는다. 퍼스의 기호 작용에의 접근은 철저히 논리적이다. 원칙적으로 말해 해석체는 개별적이고 특수한 정신의 해석에 의해서가 아니라, 표상체와 대상 간의 논리적 작용, 즉 대상이 표상체에 의해 매개되는 작용에 의해 생산된다 할 수 있다(Santaella, 2003: 46). 이런 의미에서 표상체가 대상을 지시하는 작용은 어떤 심리적 사실과도 관련이 없는 표상체의 객관적 성질이라 할 수 있다. 다르게 표현하자면 지시 작용은 해석체가 실제로 생산되는가 아닌가와 상관없이 표상체에게 해석체를 생산하는 능력을 부여한다고 할 수 있다. 이런 점에서 루치아 산타엘라는 해석체를 "정신에 생산된 한 효과"로 정의하는 것보다 "기호[표상체]와 대상의 관계로 인해 기호에 의해 생산되는 또 다른 기호"로 정의하는 것을 선호한다.[17]

---

17 4장 1절에서 설명하겠지만, 모든 기호는 해석 가능성으로서의 '즉각적 해석체'를 갖는다. 표상체와 대상의 관계, 다시 말해 표상체가 대상을 지시하는 작용은 기호의 해석 가능성, 즉 '즉각적 해석체'를 함축하고 있다. 이런 점에서 해석체의 생산은 필연적으로 해석하는 정신을 전제하지 않으며, 표상체의 작용의 논

퍼스가 사용한 의미에서 '결정'의 문제를 고찰할 때 표상체의 매개 작용은 더 잘 이해될 수 있다.[18] 표상체가 대상에 의해 결정되긴 하지만, 대상은 오로지 표상체의 매개를 통해서만 논리적으로 접근될 수 있다. 말하자면 대상은 표상체와는 다른 어떤 사물something이다. 이러한 '결정'의 의미는 다음과 같은 두 가지 사실을 알려 준다. 첫째, 표상체는 대상을 대체할substitute 수 없으며, 단지 그것이 생산하는 해석체에 대해 대상을 대신할stand for 수 있을 뿐이다(Santaella, 2003: 47). 둘째, 표상체의 작용은 표상체 자신이 해석체를 결정할 때 완전해진다. 이때 해석체는 표상체를 결정하는 동일한 대상에 의해 간접적으로 결정된다.

퍼스는 종종 해석체에 대한 대상의 작용을 '매개적 결정'(EP 2: 492)이라 하고, 해석체를 대상에 대한 '매개적 재현'(CP 1.553)이라 한다. 이러한 용어법에 착안하여, 산타엘라는 '매개'를 보다 일반적인 개념으로 간주하고, '재현'과 '결정'을 매개를 구성하는 하위 개념으로 사용한다. 그녀는 표상체와 해석체가 대상을 향해 가리키는 작용은 '재현'으로, 대상으로부터 표상체와 해석체를 향하는 작용은 '결정'으로 기술한다(Santaella, 2003: 45).[19] 그렇다면 세미오시

리적 결과라 할 수 있다.

18 퍼스의 결정 개념은 3장에서 역동적 대상에 대해 설명하면서 다시 다룰 것이다.
19 산타엘라가 이렇게 기술한 것은 퍼스의 기호 개념의 논리 구조를 명확하게 하기 위해서인데, 그녀는 'representation'의 의미를 퍼스 자신이 사용한 것보다 협소하게 한정한다. 나는 산타엘라의 해석이 퍼스 기호학의 논리학적 본성을 명증하게 드러낸다고 보나, 이 책에서는 'representation'을 앞서 밝힌 것처럼 기호 작용의 유적 특성으로, 다시 말해 산타엘라가 사용하는 '매개'와 동일한 것으로 간주할 것이다. 이런 이유로 이 단락에서 나는 '표상'이란 역어 대신 '재

스는 재현 벡터와 결정 벡터로 구성된 매개 작용으로 설명될 수 있다. 세미오시스가 무한한 기호화 과정으로 상정될 때, 그것은 두 방향으로—대상을 향해 퇴행하는 한 방향과 해석체를 향해 진행하는 다른 한 방향으로—작용하는 끊임없는 연속이라 할 수 있다. 결정 벡터와 재현 벡터 양 방향 모두에 있어서 표상체는 대상과 해석체 사이에서 매개적 위치를 차지한다. 따라서 표상체는 "그것의 매개적 위치를 향해 모든 기호학적 관계가 수렴되는 종합적 요소"이다(Santaella, 2003: 48). 다음은 산타엘라의 설명에 기초하여 표상체의 매개적 역할을 중심으로 기호의 표상 작용을 도해한 것이다.

〈그림 3〉 기호의 표상 작용

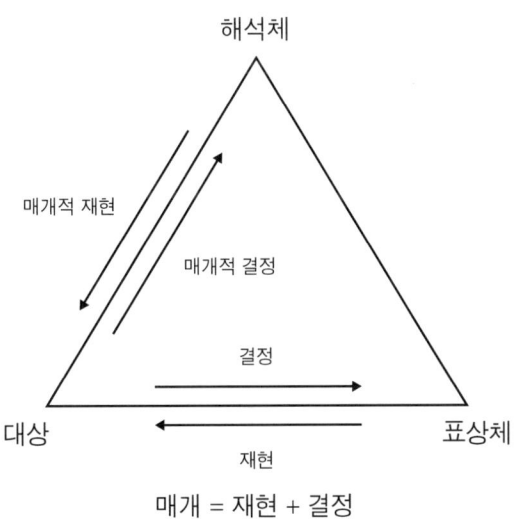

현'을 사용하였다. 산타엘라의 해석을 소개하는 것은 이해의 편의를 위한 것임을 밝혀둔다.

이 장의 처음에서 밝혔듯이 퍼스에게 있어서 기호는 어떤 것이든지, 즉 어떤 현상이든지 될 수 있다. 단 하나의 기호현상이 진정한 삼차성이기 위해서는 표상체가 대상과 해석체 사이에서 일차적인 것의 위치를 점유해야 한다. 여기서 표상체가 지시하는 대상은 이차적인 것이 되고, 표상체에 의해 매개적으로 대상에 접근하는 해석체는 삼차적인 것이 된다. 퍼스의 기호 정의를 하나 더 보자.

> 표상체는 삼원적 관계의 첫 번째 상관항correlative으로, 두 번째 상관항은 그것의 대상이라 명명되고, 가능한 세 번째 상관항은 그것의 해석체라 명명된다. 그러한 삼항 관계에 의해 그 가능한 해석체는 어떤 [다른] 가능한 해석체에 대해 동일한 대상과의 동일한 삼항 관계에 있는 첫 번째 상관항으로 결정된다(CP 2.242).

퍼스는 여기서도 "모든 기호는 그 자신의 해석체를 갖는다."는 세미오시스의 무한 연속의 원리를 표명하고 있다. 일차적인 것(표상체)은 이차적인 것(대상)과의 관계에서 삼차적인 것(해석체)을 생산한다. 이 첫 번째 해석체는 다시 새로운 표상체가 되어 동일한 대상과의 관계에서 그 자신의 해석체를 생산함으로써 또 하나의 삼항 관계를 성립시킨다. 표상체는 대상을 지시하는 관계에서 능동적으로 대상을 대신하고 수동적으로 대상에 의해 결정된다. 삼항 관계인 '표상'이 이항 관계인 '지시'와 다른 이유는 표상체가 대상과의 관계에서 해석체를 결정한다는 데 있다. 세미오시스에서 대상은 해석체에 대한 결정력 또한 갖고 있다. 물론 표상체를 통한 간접적인 결정이긴 하지만 말이다. 그러므로 퍼스가 말한 대로 해석체는 대상에 의해 매개적으로 결정되고, 대상은 해석체에 의해 매개적으로 재현된다고 할 수 있으며, 바로 이런 점에서 해석체는 기호 관계에서 논리적으로 삼차적인 위치를 차지하고 있다 할 수 있다.

이제까지 살펴본 바와 같이 퍼스는 기호학을 그의 현상학의 테두리 안에서 전개시킨다. 범주 이론과 함께 발전된 퍼스의 기호학은 넓은 의미의 논리학, 즉 인식과 추론에 관한 탐구이다. 퍼스에게 있어서 논리학은 한마디로 '올바른 추론에 관한 이론'이다. 광의의 논리학으로서 퍼스의 기호학은 일차성, 이차성, 삼차성의 현상들을 유형화하는 작업이기도 했다. 이제 퍼스의 기호 유형학을 고찰하도록 하자. 퍼스의 기호 분류는 단지 기호의 종류들을 나열한 것이 아니라, 그의 현상학적이고 논리학적인 탐구 과정의 일환이었다. 그러므로 퍼스의 기호 유형학을 고찰함으로써 우리는 그의 범주와 기호에 관한 이론을 더 잘 이해할 수 있다.

### 3) 기호의 종류

#### (1) 기호의 분류

퍼스는 평생에 걸쳐 단계적으로 기호 유형학을 발전시켰다. 그는 초기의 논문 「새로운 범주 목록」에서 범주 이론의 기초를 마련하면서 세 가지 범주에 각각 대응하는 세 가지 기호, 즉 유사성likeness, 지표, 상징을 소개한 후,[20] 상징을 다시 항, 명제, 논증의 세 종류로 분류하고, 논증을 다시 연역법, 귀납법, 가설법으로 세분화한다(CP

1.558~559). 이 초기의 유형화는 이후 퍼스의 기호학 탐구의 토대가 된다. 하지만 보다 체계적인 퍼스의 기호 유형학은 1903년에 등장한다. 그는 기호를 구성하는 표상체, 대상, 해석체의 세 항에 근거하여 다음과 같이 세 가지 삼분법을 도출한다.

> 기호는 세 가지 삼분법으로 다음과 같이 나뉠 수 있다. 첫째, 기호 그 자체[표상체]가 단순한 성질인가 아니면 실제로 존재하는 것인가 아니면 일반적인 법칙인가에 따라서, 둘째, 기호와 그 대상의 관계가, 기호 그 자체가 가진 어떤 특성 때문에 성립하는가 아니면 기호가 대상과 갖고 있는 어떤 현존적인 관계 때문에 성립하는가 아니면 기호와 해석체의 관계 때문에 성립하는가에 따라서, 셋째, 기호의 해석체가 기호를 가능성의 기호로 표상하는가 아니면 사실의 기호로 표상하는가 아니면 이치reason의 기호로 표상하는가에 따라서이다(CP 2.243).

첫 번째 분류는 표상체의 상이한 유형들에 따른 삼분법이다. 첫 번째 삼분법에 따라 우리는 성질기호Qualisign, 개별기호Sinsign, 법칙기호Legisign를 구별할 수 있다. 세 가지 기호 각각은 표상체가 일차성, 이차성, 삼차성의 현상인 경우를 가리킨다. 퍼스의 현상학에서 고찰한 것처럼 모든 현상은 세 가지 범주 유형으로 분류된다. 기호현상도 마찬가지다. 표상체는 정의상 기호를 구현하는embody 지

---

20 「새로운 범주 목록」에서 퍼스는 도상을 '유사성'이라고 부른다. '도상'이란 용어를 1885년에 처음 사용하기 이전에 퍼스는 '유사성'과 '모사copy'를 사용하였다.

각 가능한 대상이다. 그러므로 표상체는 일차성, 이차성, 삼차성이라는 범주의 세 유형 중 하나가 될 수 있다.

첫째, 성질기호는 표상체가 '빨강'과 같은 일차성일 경우를 일컫는다. 성질기호의 접두어 'quali-'는 '성질quality'을 나타내며 이때 기호는 단지 성질일 뿐이다. 엄밀하게 말해 성질기호는 존재하는 사물로 구체화되기 전까지는 현실적으로 기호로 기능할 수 없다. 하지만 퍼스는 성질기호의 질적 특성은 구체화와 상관이 없다고 설명한다(CP 2.244).

둘째, 개별기호는 표상체가 성질이 아닌 실제로 존재하는 사물 혹은 사건일 경우이다. 접두어 'sin-'은 "single, simple에서처럼 '단 한 번'을 의미한다."(CP 2.245) 개별기호는 퍼스가 증표token라고도 부르는 것이다.

마지막으로 법칙기호는 표상체가 삼차성일 경우이다. 법칙기호는 유형type이라고도 한다. 모든 관례적 기호는 법칙기호이다. 기호로 작용하기 위해 법칙기호는 존재하는 사물로 예시되어야만 한다. 가령 "단어 'the'는 한 페이지에 15번에서 25번 정도 나온다. 그것은 이 모든 경우에 하나의 동일한 단어, 즉 동일한 법칙기호이다."(CP 2.246) 퍼스는 개별적인 대상 혹은 사건에 예시된 법칙기호를 '복제replica'라고 명명한다. 복제는 개별기호의 일종이다. 그러므로 모든 법칙기호는 개별기호를 요구한다고 할 수 있다.

퍼스의 첫 번째 기호 삼분법은 유형-증표 구분을 포함한다. '장미'라는 단어는 법칙기호 혹은 유형이다. 그것은 누군가의 머릿속에 있는 개별적인 대상이 아니다. 만약 내가 장미꽃을 가리키며 '장미'라는 말을 한다면 그 개별적인 발화는 단일하고 현실적인 사건이다. 그것은 개별기호이자 증표이다. 이 문단에 세 번 등장하는 '장미'란 단어는 동일한 유형에 대한 세 개의 증표이다.

두 번째 삼분법에 따라 기호는 도상Icon, 지표Index, 상징Symbol으로 구분된다. 이 세 종류의 기호는 표상체와 대상 간의 관계와 관련이 있다. 도상은 존재하는 지시 대상이 없이도 성립하는 기호이고, 지표는 지시 대상이 현실적으로 존재하지 않는다면 성립하지 않는 기호이다. 그리고 상징은 해석체의 존재에 의존하여 표상체와 대상의 관계를 확립하는 기호이다. 잘 알려져 있듯 도상은 표상체와 대상 간의 유사성에 기초하고, 지표는 양자 간의 인접성contiguity에 기초하며, 상징은 양자 간의 관습성에 기초한다. 도상, 지표, 상징의 삼분법은 각각 일차성, 이차성, 삼차성 범주를 예시하기 때문에 퍼스는 기호학뿐만 아니라 수학과 현상학의 맥락에서도 이를 자주 거론한다. 여기서 퍼스의 기호 유형학을 개관한 후에, 이어서 이 세 가지 기호 유형에 대해 더 자세히 설명할 것이다.

퍼스의 세 번째 기호 삼분법은 표상체가 해석자에게 영향을 줄 수 있는 세 가지 상이한 방식과 관련이 있다. 표상체는 해석자로 하여금 표상체의 성질, 존재, 일반성에 주목하게 할 수 있고, 그리하여 상이한 유형의 해석체가 생산되도록 할 수 있다. 퍼스는 이 세 번째 구분을 전통적인 논리학에서 도출했다. 세 번째 삼분법, 즉 단항기호Rheme, 명제기호Dicisign, 논증기호Argument의 구분은 논리학에서의 전통적인 구분, 즉 항Term, 명제Proposition, 논증Argument의 구분과 대응한다(CP 8.337).[21]

---

21 그리스어 'rhema'는 '단어'를 의미하고, 'dici'는 '판단'이나 '명제'를 의미한다.

첫째, 단항기호는 그 해석체가 질적 가능성인 기호이다. 그것은 "가능한 종류의 대상"을 표상하는 기호이다(CP 2.250). 단항기호는 참이나 거짓일 수 없다. 가령 '장미'라는 항은 가능한 대상의 개별적 유형을 표상하는 단항기호이다. 우리는 그것이 참 혹은 거짓이라고 말할 수 없다.

둘째, 명제기호는 그 해석체가 현실적 존재인 기호이다(CP 2.251). 명제는 명제기호의 범례이다. 명제 혹은 명제기호는 상이한 단항기호들을 엮어 만든 하나의 복합 기호이다. 가령 '장미는 향기롭다.'는 명제는 '장미'라는 주어항과 '향기롭다'라는 술어항의 결합이다. 우리는 '장미'나 '향기롭다'라는 각각의 항에 대해서는 진위 여부를 말할 수 없지만 명제기호 '장미는 향기롭다.'에 대해서는 참/거짓을 말할 수 있다.

셋째, 논증기호는 그 해석체가 법칙인 기호이다. 단항기호가 단순히 그 대상의 특성만 표상하고, 명제기호가 현실적 존재라는 측면에서 그 대상을 표상한다면, 논증기호는 대상의 기호로서의 특성을 표상한다(CP 2.252). 논증기호는 표상체가 해석체를 어떻게 결정하게 되는가—즉 논증의 결론이 도출되는 과정—를 보여준다. 이미 언급했듯이 논증기호는 다시 연역법, 귀납법, 가추법으로 분류된다. 이중 가추법은 퍼스가 가설법hypothesis이라고도 부르는 그의 고유한 논증 형식이다. 퍼스는 어떤 현상의 원인에 대해 가설을 세우고 그것이 타당한지 증명하는 과정을 광범위하게 가추법이라 한다. 가추법에 대해서는 4장 2절에서 자세히 다룰 것이다.

이제까지 고찰한 바와 같이 퍼스는 기호의 세 요소에 대한 분석으로부터 가능한 모든 종류의 기호에 대한 유형학을 발전시켰다.

퍼스는 마치 멘델레예프Mendeleyev가 화학 연구를 위해 주기율표를 만들었던 것처럼 기호학—혹은 논리학—탐구를 위한 기초적인 법칙론을 모색했다(de Waal, 2001: 76; EP 2: 39 참고). 퍼스의 세 가지 기호 삼분법을 정리하면 다음과 같다.

〈표 1〉 퍼스의 기호 분류법

| 삼항 관계<br>범주 | 표상체에 따른 구분 | 표상체와 대상의<br>관계에 따른 구분 | 표상체와 해석체의<br>관계에 따른 구분 |
|---|---|---|---|
| 일차성 | 성질기호 | 도상 | 단항기호 |
| 이차성 | 개별기호(증표) | 지표 | 명제기호 |
| 삼차성 | 법칙기호(유형) | 상징 | 논증기호 |

이와 같은 퍼스의 기호 유형론에서는 원칙적으로 총 27개(3×3×3)의 기호 조합이 나와야 한다. 하지만 27개의 조합이 모두 현실적으로 구현될 수 있는 것은 아니다. 정의상 서로를 배척하기 때문에 결합될 수 없는 기호들이 있기 때문이다. 예를 들어 명제기호는 현실적 존재에 관한 기호이기 때문에 도상이 될 수 없다. 도상은 하나의 가능성을 표상할 수 있다. 하나의 도상이 우리에게 친숙한 성질을 표상한다고 해서 그것을 닮은 현실적 존재가 있다는 사실이 따라 나오지 않는다. 가령 우리는 켄타우로스 청동 조각으로부터 고대에 반인반마의 존재가 있었다는 결론을 도출해내지 않는다. 그리하여 퍼스는 구현될 수 없는 기호들을 제외한 10개의 기호 유형

을 소개한다. 가능한 기호 조합을 만드는 일반적인 규칙이 있다. 마지막 열의 단항기호, 명제기호, 논증기호는 같은 행이나 그것보다 아래 행에 있는 다른 기호들과 결합될 수 있다. 예를 들어 명제기호와 결합할 수 있는 것은 개별기호, 법칙기호, 지표, 상징뿐이다. 퍼스가 구현 가능하다고 본 기호 조합들은 다음과 같다.

〈표 2〉 퍼스의 10가지 기호(CP 2.254~263; Atkin, 2006 참고)

|  | 해석체 | 대상 | 표상체 | 사례 |
|---|---|---|---|---|
| 1 | 단항기호 | 도상 | 성질기호 | "빨강의 느낌" |
| 2 | 단항기호 | 도상 | 개별기호 | "개별적인 다이어그램" |
| 3 | 단항기호 | 지표 | 개별기호 | "자발적인 외침" |
| 4 | 명제기호 | 지표 | 개별기호 | "풍향계" |
| 5 | 단항기호 | 도상 | 법칙기호 | "다이어그램[유형]" |
| 6 | 단항기호 | 지표 | 법칙기호 | "지시대명사" |
| 7 | 명제기호 | 지표 | 법칙기호 | "거리의 외침" |
| 8 | 단항기호 | 상징 | 법칙기호 | "보통명사" |
| 9 | 명제기호 | 상징 | 법칙기호 | "일상적 명제" |
| 10 | 논증기호 | 상징 | 법칙기호 | "논증" |

도표에 따르면 첫 번째 종류의 기호는 '해석적·도상적 성질기호'라 불러야 할 것이다. 하지만 퍼스는 그냥 '성질기호'라고 명명하고 있다. 왜냐하면 "성질은 어떤 공통적인 요소나 유사성에 의해서만 대상을 지시할 수 있으므로, 성질기호는 필연적으로 도상"이기

때문이다. 그리고 "성질은 단순한 논리적 가능성이기 때문에 본질의 기호로, 다시 말해 단항기호로 해석될 수밖에 없기" 때문이다(CP 2.254). 비슷한 이유에서 논증기호는 정의상 상징일 수밖에 없고 법칙기호의 일종이다. 그리하여 퍼스가 1903년에 도출한 10개의 기호의 명칭은 다음과 같다.

첫째, 성질기호
둘째, 도상적 개별기호
셋째, 단항적·지표적 개별기호
넷째, 명제적 개별기호
다섯째, 도상적 법칙기호
여섯째, 단항적·지표적 법칙기호
일곱째, 명제적·지표적 법칙기호
여덟째, 단항적 상징
아홉째, 명제적 상징
열째, 논증기호

퍼스는 10가지 기호 유형을 다음과 같이 다이어그램으로 표현한다(CP 2.264 참고). 다이어그램에서 굵은 선으로 구획되고 있는 둘째, 여섯째, 아홉째 기호, 그리고 셋째와 일곱째 기호는 인접한 기호와 공통적인 부분이 단 한 가지 점밖에 없다. 가는 선으로 구분되는 다른 기호들은 인접한 기호와 두 지점을 서로 공유하고 있다. 전체 삼각형의 꼭짓점을 차지하고 있는 세 기호, 즉 첫째, 넷째, 열째 기호는 세 측면에서 모두 서로 다르다.

⟨그림 4⟩ 다이어그램으로 표현한 퍼스의 10가지 기호(*CP* 2.264)

| (1)<br>단항적<br>도상적<br>성질기호 | (5)<br>단항적<br>도상적<br>법칙기호 | (8)<br>단항적<br>상징<br>법칙기호 | (10)<br>논증기호<br>상징적<br>법칙기호 |
|---|---|---|---|
| | (2)<br>단항적<br>도상적<br>개별기호 | (6)<br>단항적<br>지표적<br>법칙기호 | (9)<br>명제적<br>상징<br>법칙기호 |
| | | (3)<br>단항적<br>지표적<br>개별기호 | (7)<br>명제적<br>지표적<br>법칙기호 |
| | | | (4)<br>명제적<br>지표적<br>개별기호 |

　퍼스는 총 10개로 구성된 기호 유형론에 만족하지 않고 이후 두 종류의 대상과 세 종류의 해석체에 준거하여 66개의 기호를 구분하는 보다 정교한 유형론을 발전시키기도 했다.[22] 대상과 해석체의 종류에 대해서는 각각 이 책의 3장과 4장에서 자세히 설명할 것이다. 복잡한 퍼스의 기호 유형론에 대해 상세히 논의하는 것은 이 책의

---

22 퍼스는 말년에 대상과 해석체의 종류를 세분화한다. 그는 대상을 즉각적, 역동적 대상으로 구분하고, 또 해석체도 즉각적, 역동적, 최종적 해석체로 분류한다. 대상과 해석체의 수가 증가하자 퍼스는 더욱 세분화된 하위 기호들의 유형학을 구축하고자 한다. 그는 여러 번의 시험적 시도를 통해 최대 66개의 하위 기호를 도출하지만, 궁극적인 기호 유형학은 완성하지 못했다(de Waal, 2001: 76~77 참고).

목적에 별로 기여하지 않으므로, 퍼스의 기호 분류법에 대해서는 이 정도로 줄이고자 한다. 그 대신 퍼스의 기호 유형들 중 가장 유명한 도상, 지표, 상징의 세 기호에 대해 보다 상세하게 고찰하는 것이 퍼스의 기호학과 현상학, 나아가 그의 철학 전반을 이해하는 데 도움이 될 것이다.

### (2) 도상, 지표, 상징

앞서 보았듯이 도상, 지표, 상징의 기호 삼분법은 표상체와 대상의 관계에 따른 분류이다. 퍼스는 이 세 가지 기호가 다음과 같이 구분된다고 말한다.

> 도상은 그 대상이 존재하지 않는다 해도 의미를 갖게 되는 특성을 소유한 기호이다. 지표는 만약 그 대상이 제거된다면 기호가 되는 특성을 상실하지만, 해석체가 없다 해도 그 특성을 상실하지 않는 기호이다. …… 상징은 만약 해석체가 존재하지 않는다면 기호가 되는 특성을 상실하는 기호이다(*CP* 2.304).

인용문에 의하면 도상, 지표, 상징을 구별하는 가장 기초적인 조건은 각 기호가 현실적actual 대상과 해석체를 요구하느냐 아니냐 하는 것이다. 도상은 양자가 모두 없다 해도 기호로 성립한다. 지표는 해석체가 없어도 상관없지만 실제로 존재하는 대상이 없다면 기호가 될 수 없다. 상징은 반대로 현존하는 대상은 없어도 상관없지만 해석체가 없다면 성립할 수 없는 기호이다. 그럼 먼저 도상기호부터 살펴보자.

### 도상

첫째로 도상은 대상과의 유사성에 기초하고 있는 기호이다. 도상은 현존하는 지시 대상이나 해석체가 없어도 기호로 성립한다. 도상의 의미 작용은 전적으로 그것의 질적인 특성과 관련이 있다. 표상체의 질적 특성이 대상과 유사할 때 그것은 도상기호이다. 예를 들어 셰익스피어의 초상화는 그 대상인 셰익스피어와 닮았기 때문에 하나의 도상이라고 할 수 있다. 앞서 설명한 현상학의 세 범주를 적용하면 도상은 일차적인 것(성질)에 해당한다. 순수한 일차성으로서의 도상은 단지 가능성일 뿐이다. 그러므로 도상기호가 성립하기 위해 지시 대상이나 해석체의 존재는 필수적이지 않다. 가령 켄타우로스의 그림은 지시 대상이 현존하지 않는다 해도 도상기호의 하나이다. 또한 도상은 해석하는 사람이 반드시 존재할 것도 요구하지 않는다. 태양계는 그것을 원자 구조로 해석해주는 사람이 아무도 없어도 원자 구조에 대한 도상이 될 수 있다.

도상과 대상의 유사성은 감각적인 닮음에 국한되지 않는다. 퍼스는 도상의 여러 사례를 다음과 같이 제시한다. 초상화 같은 이미지들은 그 대상과 공유하는 성질을 지니기 때문에 일차적인 일차성으로서의 도상이다. 다이어그램도 도상기호인데, 왜냐하면 그것은 자신의 부분들의 관계와 유사한 다른 사물의 이원적 관계를 표상하기 때문이다. 그렇다면 다이어그램은 이차적인 일차성으로서의 도상이다. 삼차적인 일차성인 도상으로는 은유metaphor가 있다. 은유는 다른 어떤 사물에 있는 평행 관계를 표상체의 성질로 나타내기 때문이다(CP 2.277). 다이어그램이나 은유에선 감각적인 유사성이 지각되지는 않지만, 그 대신 관계적 유사성이 지각된다. 다이어그램과 은유에서 발견되는 관계적 유사성은 전자는 이항적 관계, 후자는 삼항적 관계라는 점에서 서로 구분된다. 다이어그램은 '벤다이어그램'처럼 대상이 가진 요소들의 직접적이고 이항적인 관계를 표상하는 도상이라면, 은유는 "내 마음은 호수다."처럼 관념들의 평행 관계를 나타내는 도상이다. 은유에선 평행하는 두 관념('내 마음이다.'와 '호수다.')을 관련시키는 제3의 관념, 즉 해석(가령 '내 마음이 호수처럼 고요하다.')이 반드시 요구되므로 은유가 표상하는 것은 그 대상의 삼항적 관계이다. 그러나 다이어그램과 은유가 도상으로 간주된다 하더라도 그것들은 정상적인 의미의 도상이라 할 수는 없다. 즉 우리는 벤다이어그램이나 "내 마음은 호수다." 같은 은유를 사용하는 관례에 익숙할 때에야 각각에서 관계적 유사성을 추론해낼 수 있는 것이다. 이런 이유에서 퍼스는 다이어그램과 은유를 하위도상hypoicon으로 분류한다(*EP* 2: 273).

〈그림 5〉 도상의 사례: 셰익스피어의 초상화와 벤다이어그램

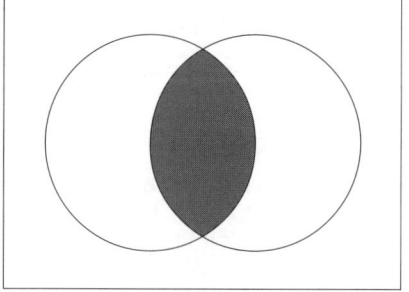

지표

지표는 퍼스의 가장 독창적인 기호 유형 중 하나다. 도상, 지표, 상징의 삼분법에서 대상과의 닮음에 기초하는 도상이나 대상과 관습적으로 연관되는 상징은 우리에게 비교적 익숙한 종류의 기호다. 이에 반해 그 대상과의 인접성으로 인해 기호가 되는 지표의 의미 작용에 대해선 퍼스 이전에는 별로 언급되지 않았다. 도상이나 상징과 달리 지표는 지시 대상이 존재하지 않는다면 기호로 성립하지 않는다. 지표와 그 대상은 마치 짝패처럼 서로를 요구하는 두 사물이다. 그 대상과 이항 관계에 있는 지표는 제3의 사물의 매개를 반드시 요구하지 않지만, 둘 중 하나가 없다면 의미 작용이 불가능하다. 이런 점을 지적하기 위해 토머스 굿지는 지표의 특성 중 하나로 "지표가 그 대상의 현존에 연루되어 있어서 양자는 분리할 수 없는 한 짝"이라는 점을 꼽고 있다(Goudge, 1965: 53).

영어에서 검지를 'index finger'라고 부르는 것은 지표에 대해 시사하는 바가 많다. 우리가 검지로 무언가를 가리킬 때처럼 지표와 지시 대상은 직접적으로 연관되어 있다. 자명하리만큼 직접적인 지표의 지시 작용은 지표가 "존재하는 어떤 요소"의 실제적 현존을 지적하기indicate 때문에 가능해진다(CP 3.460). 이러한 지표적 지시 작용은 앞서 이차성의 특성으로 설명한 '이것임haecceity'으로 기술될 수 있다. 그러므로 지표와 그 대상은 반드시 현존하는 개별자여야 한다(CP 2.283). 이처럼 지표가 그 대상과 직접적이고 물리적인 연관 관계를 갖고 있다는 것이 지표의 일차적인 특성이다. 예를 들어 모래사장에서 발견한 사람 발자국을 생각해보자. 그 발자국이 누구의 것인지 금방 밝혀내지 못한다 하더라도, 우리는 어떤 사람이 그 모래사장을 걸어갔다는 실제로 있었던 사건과 문제의 발자국을 연관시킬 것이다. 다시 말해 발자국은 그 모래사장을 지나간 어떤 사람이 과거에 현존했음을 지시하는 지표라고 할 수 있다.

〈그림 6〉 지표의 사례: 모래사장의 발자국과 검지

두 번째로 언급할 수 있는 지표의 중요한 특성은 지표는 "우리의 주의를 집중시킨다."는 것이다(CP 2.285). 가령 풍향계는 풍향의 지표이다. 풍향계가 풍향의 지표인 이유 중 하나는 "우리가 특정 방향을 지시하는 풍향계를 볼 때 풍향계는 우리의 주목을 그 방향으로 이끌어 가고, 바람에 따라 방향이 바뀌는 풍향계를 볼 때 우리는 그 방향이 바람과 연관되어 있다고 생각할 수밖에 없는 정신의 법칙을 따르게 되기 때문이다."(CP 2.286) 만약 연기가 화재의 발생을 가리킨다면 그것은 지표다. 왜냐하면 "지표는 특정한 대상을 기술하는 대신 그것에 주목할 것을 강요하기"(CP 1.369) 때문이다. 심지어 퍼스는 "문 두드리는 소리"도 지표라고 말한다. "왜냐하면 우리를 놀라게 하는 것은 무엇이든 지표이기 때문이다."(CP 2.285)

이와 같이 지표는 한편으로는 개별적인 대상과, 다른 한편으로는 그 기호를 사용하는 사람의 감각 혹은 기억과 역동적으로 연관되어 있다(CP 2.305). 이러한 기호의 범주에 들어가는 것은 무엇이든 지표이다. 가령 "지시대명사 '이것'과 '저것'은 지표이다. 왜냐하면 그것들은 청자에게 관찰력을 사용하도록 요구하며, 그리하여 그의 정신과 대상 사이에 실재적 연관성을 구축하기 때문이다."(CP 2.287) 1장에서 우리는 크라우스의 논문을 통해 '나', '너' 같은 인칭대명사가 지표라는 것을 확인했다.[23] 인칭대명사 '나/너', 지시대명사 '이것/저것', 지시부사 '여기/지금' 같은 단어는 보통명사 '장미', '책', '물병'과 동일하게 대상을 기호화하지 않는다. 가령 "저 집 굴뚝에 연기가 난다."에서 '저'는 특정한 대상—연기가 피어오르는 굴뚝이 있는 집—의 현실적 존재와 직접적으로 연관되어 있다. '저것'이 지시하는 대상은 '장미'나 '책'이 일반적인 개념을 지시하는 것과 달리 구체적이고 개별적인 대상이다. 그런가 하면 지시대명사나 지시부사의 의미 작용은 앞서 지표의 사례로 언급했던 발자국이나 풍향계의 그것과도 완벽하게 동일하지 않다. '나/너'와 '이것/저것'은 '장미'나 '책'과 마찬가지로 그 언어를 사용하는 공동체의 관습을 알아야만 사용할 수 있는 종류의 기호, 즉 상징이기도 하다. 그러므로 지표인 동시에 상징인 지시대명사나 지시부사는 일반적인 지표와는 다르게 해석하는 정신에 의존적일 수밖에 없다. 이렇게 지표의 특징을 부분적으로만 갖고 있는 지표들, 혹은 지표의 기능을 수행하는 상징들을 퍼스는 하위 지표sub-index/hyposeme라고 부른다(CP 2.330; EP 2: 273).

---

**23** 1장 각주 14를 참고하라.

지표는 모래사장의 발자국처럼 그 대상과 인과관계에 있는 경우가 많다. 그런가 하면 퍼스가 자주 언급하는 지표의 사례 중에는 그 대상과 반드시 인과적으로 연관되지 않는 것들도 많이 포함되어 있다. 이상에서 제시한 검지나 인칭대명사와 지시대명사가 그런 사례에 속한다. 그러므로 지표와 대상 간의 연관성을 인과관계로 단정하는 것은 지표 개념에 대한 정확한 해석이라고 할 수 없다. 퍼스에 따르면 지표는 "개별적 대상과의 (공간적 연관을 포함하는) 역동적 연관 속에 있는" 모든 기호다(CP 2.305).

퍼스가 제시하는 지표의 다양한 사례를 더 살펴보자. 1장에서 살펴본 것처럼 사진은 지표이지만, 그 대상과 닮았기 때문에 도상이기도 하다. 그런데 퍼스는 사진이 도상이기 이전에 지표인 이유를 이렇게 설명한다. "사진은 대상과의 광학적인 연관 관계로 인해 이미지를 환기시킬 뿐만 아니라, 그 외관이 실재와 일치한다는 사실에 대한 증거가 되기도 한다." 그러므로 사진의 기능은 "우리가 그 대상을 식별하도록 하고 그 대상의 존재와 현존을 확신하도록 하는 것"이다(CP 4.447).[24] 마찬가지로 지도도 지표이다. 지도 위의 각 지점들은 실제 육지에 있는 각 장소의 공간적 현존을 이항적 관계에서 직접 가리키기 때문이다. 발진이나 통증 같은 의학적 징후도 지표의 좋은 사례이다. 해시계의 그림자는 하루 시간의 지표이고, 번

---

24 여기서 퍼스는 필름 사진의 메커니즘에 대해 언급하면서 사진을 무엇보다도 지표라고 규정한 것이다. 최근 많은 사람이 디지털카메라를 사용하게 되자 여러 사진 이론가가 사진을 지표로 간주할 수 없다는 견해를 표명하고 있다. 하지만 퍼스의 정의를 따라 디지털 원본 사진은 통상적 지표로 간주될 수 있고, 디지털 합성사진도 인칭대명사나 지시대명사와 유사한 하위 지표로 간주될 수 있다(이와 관련된 자세한 사항은 강미정, 2010을 참고하라).

개는 천둥의 지표이다. 이러한 지표의 사례들은 자연현상을 포함하여 허다한 현상들이 기호가 될 수 있다는 점을 잘 알려준다.

지표는 도상과 달리 지시 대상의 직접적 현존을 필수적으로 요구하는 기호이다. 그렇지만 지표는 도상과 마찬가지로 해석자의 존재 여부와는 무관한 기호이다. 화석은 하나의 지표다. 그것은 고생대나 중생대의 어떤 생물체의 존재를 물리적으로 직접적으로 표상한다. 하지만 어떤 고생물학자가 그것을 발견하여 해석하지 않더라도 그것은 지표이다.

### 상징

셋째로 상징은 관습성에 의해 그 대상을 표상하는 기호이다. 상징에 대한 퍼스의 정의를 보자.

> 상징은 그 표상적 특성이 기호의 해석체를 결정할 법칙이 되고 있는 표상체다. 모든 단어, 문장, 책 그리고 다른 모든 관례적 기호는 상징이다. 우리는 단어 'man'을 쓰거나 발음하는 것에 대해 말한다. 하지만 그것은 단지 발음되거나 쓰인 그 단어의 복제 혹은 구현일 뿐이다. 그 단어 자체는 현존적이지 않다. 그 기호의 실재적 존재는 [개별적인] 현존들이 그 단어와 일치하리라는 사실에 의해 성립한다(CP 2.292).

상징과 지시 대상의 관계는 자의적이고 관례적이다. 이런 점에서 상징은 우리에게 가장 익숙한 종류의 기호이다. 도상이나 지표와 달리 상징은 표상체의 질적 특성이나 대상과의 현존적 관계에 의해 기호로 성립하지 않는다. 가령 세 음소의 연속으로 이뤄진 단어 'man'은 현실의 사람과 감각적으로 유사하지도 않고 현실적으로 연관되어 있지도 않다. 그것은 영어 사용권에서 일종의 협약처럼 작용하는 관습에 의해 사람을 지칭하기 위해 사용된다. 동일한 지시 대상에 대해 언어권에 따라 상이한 음성의 단어들을 사용하는 것은 언어기호의 관습성을 잘 알려준다. 이것이 상징의 일차적인 특징이다.

모든 관례적인 기호는 공통적으로 규칙성을 지닌다. "상징은 무한한 미래의 법칙이나 규칙성이다. …… 법칙은 필연적으로 개별자들을 지배하거나 개별자들로 '구현되며' 개별자들의 성질 중 일부를 규정한다."(CP 2.293) 일반적인 법칙은 그 법칙을 따르는 개별적인 사건들을 관통한다. 마찬가지로 상징의 규칙성은 상징의 모든 예시에서 나타난다. 그런데 'man' 같은 상징이 기호로 작용하기 위해서는 반드시 문자나 음성으로 개별적으로 구현되어야 한다. 개별화되지 않은 'man' 그 자체는 추상적인 법칙일 뿐이다. 모든 상징은 법칙기호이다. 그러므로 상징은 복제 혹은 증표로 구체화되어야 한다. "상징은 어떤 개별적인 사물도 지적할 수 없다. 그것은 사물의 종류를 지시한다. 그뿐만 아니라 상징 자체가 하나의 종류이지 단일한 사물은 아니다."(CP 2.301)

상징을 도상 및 지표와 차별화시키는 두 번째 특징은 상징은 해석하는 정신을 반드시 요구한다는 것이다. 상징을 기호가 되게 하는 것은 해석자의 정신에 생성된 연상, 즉 해석체이다. "[상징은] 관념의 연상 혹은 이름과 기호화된 특성을 습관적으로 연관시킴으로써 대상을 기호화하는 일반적인 이름 혹은 기술이다."(W 5: 243) 가령 명사 '장미'가 기호가 되는 것은 대상과의 닮음에 의해서도 아니요, 대상과의 현존적 관계에 의해서도 아니다. 그것은 사용자들이 그 명사와 대상을 관련시키는 습관적 연상 작용을 통해 표상한다. 그러므로 상징기호의 표상체와 대상의 관계는 전적으로 해석체에 의해 구성된다. 도상이나 지표와 달리 상징은 해석되지 않는다면 기호로 성립할 수 없다. 그런데 상징의 규칙성은 개별적인 해석자의 현존과 독립적으로 존재하는 것이다. 해석자는 그가 태어나기 이전에 이미 공동체 내에서 통용되고 있는 법칙이나 관습에 의지하여 상징을 해석한다. "단어는 그것을 사용하는 사람들의 정신에서 살고 있다. 그들이 모두 잠든다 하더라도 단어는 그들의 기억 속에 존재한다."(CP 2.301)

가지성의 국면에서 볼 때 상징이야말로 가장 탁월한 기호이다. 다시 말해 도상, 지표, 상징 중 상징만이 진정하게 가지적인 기호이다. 왜냐하면 오로지 해석을 통해서만 기호가 가지적으로 되고 삼원적 관계를 갖게 되기 때문이다. 해석을 필수적으로 요구하는 상징은 그런 의미에서 진정하게 삼차적이다. 도상과 지표는 각각 단항과 이항 관계만으로도 기호가 될 수 있지만, 해석이 부가되어 삼항 관계를 이룰 때 비로소 그 의미가 알려지게 된다. 모든 기호의 해석은 필연적으로 일반적인 개념의 매개를 요구하므로, 도상과 지표의 해석은 상징의 의미―즉 개념―와 관련이 있다. 상징의 해석은 상징이 그 대상을 지시하는 방식의 규칙성을 발견하는 것이며, 이런 점에서 상징은 삼차성을 예시한다. 퍼스에 따르면 기호는 삼항 관계 안에서만 제 기능을 발휘하기 때문에, 세 종류의 기호 유형 중에서 상징이 가장 완전하다고 할 수 있다.

이제까지 살펴본 도상, 지표, 상징은 기호가 대상과 어떻게 관련되는가에 따라 구별되는 기호 유형들이다. 도상은 대상과의 닮음이라는 표상체의 질적 특성만으로도 성립하는 기호이다. 도상은 대상과 해석체의 존재를 필수적으로 요구하지 않는다. 반면 지표는 그 자신과 역동적으로 연관되어 있는 대상의 존재를 반드시 필요로 하는 기호이다. 도상과 지표가 해석체 없이도 성립할 수 있는 기호라면 상징은 해석체가 없다면 성립할 수 없는 기호이다. 표상체의 질적 특징만으로 기호가 되는 도상, 대상의 현존을 반드시 요구하는 지표, 해석되지 않는다면 기호로 성립하지 않는 상징은 각각 순서대로 성질, 관계, 매개라는 세 범주의 속성을 드러내고 있다. 세 가지 기호의 특성을 현상학적 범주와 관련하여 정리하면 다음과 같다.

〈표 3〉 도상, 지표, 상징의 특성

|  | 도상 | 지표 | 상징 |
| --- | --- | --- | --- |
| 범주 | 일차성 | 이차성 | 삼차성 |
| 현존하는 대상을 반드시 필요로 하는가? | × | ○ | × |
| 해석체를 반드시 필요로 하는가? | × | × | ○ |

주의할 점은 도상, 지표, 상징의 구별이 절대적이지 않다는 것이다. 퍼스에 따르면 하나의 기호는 도상, 지표, 상징 셋 중 무엇이든 될 수 있지만, 세 가지 기호의 특성 중 한두 가지를 두드러지게 드

러낼 뿐이다. 바꿔 말해 기호의 어떤 측면에 대해 기술하느냐에 따라 동일한 기호는 도상이나 지표, 혹은 상징이 될 수 있다. 가령 하나의 사진은 그것의 대상과 닮았다는 질적 속성으로 인해 도상으로 간주될 수 있다. 그러나 사진은 무엇보다도 지표라고 할 수 있는데, 이는 사진의 제작 메커니즘이 사진과 그 대상의 광학적 연관 관계에 의존하기 때문이다. 그런가 하면 사진은 누군가에게 상징이 될 수도 있다. 가령 청바지를 입고 담배를 물고 있는 제임스 딘의 사진은 많은 사람에게 반항기 어린 청춘의 상징이 되어왔다. 지도의 경우도 마찬가지다. 지도는 지표의 대표적 사례이지만, 대상과 닮았다는 관점에서 보면 도상이라 할 수 있다. 단 지도는 다이어그램과 마찬가지로 관계적 닮음을 가진 도상—즉 하위 도상—이다. 회화 역시 항상 도상으로만 해석되지 않는다. 전통적인 회화는 많은 관례를 가지고 있다. 특히 알레고리들을 포함하는 회화들은 각각의 알레고리의 관례적 의미를 해석할 수 있는 사람에게만 상징으로 기능한다. 이처럼 하나의 기호가 도상이냐, 지표냐, 혹은 상징이냐 하는 것은 해석자에 따라 달라질 수 있다. 그러므로 도상, 지표, 상징의 구분은 절대적이라 할 수 없고, 각각은 한 기호의 상이한 양상 modality이라고 해도 무방하다(Chandler, 2002: 36).

2장에서는 표상 개념을 중심으로 퍼스 기호학의 전체 윤곽을 스케치하였다. 현상과 표상 개념을 단초로 삼고 있는 퍼스의 기호학을 이해하기 위해서는 그의 현상학에 대한 이해가 요구된다. 일차성, 이차성, 삼차성 현상의 보편적이고 근본적인 세 범주를 떠나서는 그의 기호 개념에 접근할 수가 없다. 또한 퍼스의 기호학은 인식론적 탐구의 맥락에서 발전되었다. 사유가 개별적이고 일회적인 사고에서 발생하는 것이 아니라 사고들의 연속 안에서 발생한다는 퍼스의 반데카르트적 주장은 세미오시스의 무한성과 연속성의 논지로 발전하였다. 앞으로 살펴볼 퍼스의 실재 이론에서도 무한하고 연속적인 과정이란 개념은 중추적인 위치를 차지한다. 실재 이론에서는 정신과 독립적으로 존재하는 '외적 영속성'으로서의 대상 개념이 면밀하게 고찰될 것이다. 세미오시스는 이 외부적인 대상을 향하는 무한하고 연속적인 과정이기 때문이다. 이와 더불어 퍼스가 1870년대에 정초하고 1900년대에 확립한 프래그머티시즘에 대한 고찰이 이뤄질 것이다.

**3장**
# 퍼스의 기호학과 실재

 먹시는 문화적 산물의 생산 및 수용 활동에 대해 설명하면서 퍼스의 기호학을 유용한 이론적 모델로 간주한다. 그 이유는 퍼스의 기호 모델에서 대상과 해석체 두 항이 의미 체계를 이른바 '외부' 세계와 관련시키기 때문이다. 이런 점에서 문화적 재현에 정치적으로 접근하고자 하는 신미술사학자들은 퍼스의 기호 모델을 소쉬르의 것보다 선호하는 경향이 있다. 그러나 퍼스의 기호학은 많은 신미술사학자가 생각하는 것처럼 의미 해석의 기획에 그치는 것이 아니다. 그것은 의미 해석인 동시에 진리 탐구의 기획이기도 하다. 퍼스의 기호학은 그 고유한 실재론적 구조 안에서 이 두 가지 기획을 상호 통합시키고 있다. 그러므로 퍼스의 기호학을 수용한다면 미술사학자들은 미술사 연구를 의미 해석의 기획일 뿐만 아니라 진리 탐구의 기획으로도 파악할 수 있게 된다. 퍼스 프래그머티즘의 관점을 수용한다면 미술사학자들은 현재의 다양한 해석이 상이하고 심지어 상충한다 할지라도 그들의 연구가 과거의 실재에 관한 것이라고 정당하게 말할 수 있다. 퍼스의 실재론적 프래그머티즘에 대한 이 장의 고찰은 일차적으로 이러한 사실을 밝히기 위한 것이다.

## 1. 프래그머티시즘

하버드대학 교수였던 윌리엄 제임스(1842~1910)는 1898년 그의 강좌 '철학적 개념과 실천적 결과Philosophical Conceptions and Practical Results'에서 퍼스의 논문 「관념을 명석하게 하는 방법How to Make Our Ideas Clear」(1878)을 언급하면서, 퍼스를 프래그머티즘의 창시자로 소개했다(Moore, 1998: 4~5). 그러나 이 논문에서 정식화된 프래그머티즘 준칙Pragmatic Maxim을 제임스가 사용하는 방식과 퍼스가 사용하는 방식은 상당히 다르다. 1905년경 퍼스는 제임스로 인해 자신의 프래그머티즘에 대한 오해가 생길 수 있다고 생각하고, 제임스의 프래그머티즘과 혹은 다른 어떤 철학자의 것과도 다른 자신만의 판본을 지시하기 위해 '프래그머티시즘Pragmaticism'이라는 새로운 용어를 사용한다. 퍼스의 프래그머티시즘의 고유성은 그가 스콜라철학적 실재 개념을 기초로 탐구 이론을 정립했다는 데 있다.[1]

---

[1] 프래그머티시즘에 대한 퍼스의 입장은 말년의 프래그머티시즘 시리즈(1905~1907) 중 두 번째 논문 「프래그머티시즘의 쟁점들Issues of Pragmaticism」(1905, EP 2: 346~359)에 가장 잘 나타나 있다.

"어떤 개념의 실천적 효과"가 곧 진리라고 본 제임스와 달리, 퍼스는 프래그머티즘 준칙은 어디까지나 한 개념의 의미를 결정하는 방법이라 보았다. 퍼스가 볼 때 제임스의 진리에 대한 접근은 주관주의적이고 심리주의적이며, 현재의 탐구 결과와 이상적 탐구 결과를 구분하지 않는 것이었다. 그렇다면 퍼스는 진리를 어떻게 규정하고 있는가? 이에 답변하려면 그의 실재론적 프래그머티즘, 즉 프래그머티시즘이 무엇인지 이해할 필요가 있다.

### 1) 프래그머티즘 준칙

퍼스의 의미론과 진리론은 서로 구분될 수도 있지만 상호 긴밀한 연관 속에서 발전되었다. 퍼스는 1870년대에 발표한 프래그머티즘 시리즈 중 「믿음의 고정The Fixation of Belief」(1877)과 「관념을 명석하게 하는 방법」에서 탐구 이론을 개진하면서 진리와 실재에 관한 기본적인 견해를 제시한다.

「믿음의 고정」에서 퍼스는 탐구, 믿음, 의심, 습관, 실재, 진리 등에 대한 자신만의 고유한 정의를 제시한다. 퍼스의 탐구 이론에서 의심은 중요한 위치를 차지하고 있다. 그러나 그가 의미하는 '의심'은 데카르트의 그것과 원천적으로 다르다. 퍼스가 보기에 데카르트의 의심은 진정한 것이 아니다. 그것은 의심하는 척하기다. 진정한 의심은 방법론적 목적을 위해 사용될 수 없다. 퍼스에 의하면 진정한 의심은 짜증과 불만을 야기한다. 그러나 의심이 마냥 부정적인 것은 아니다. 그러한 불안하고 불만족한 상태는 탐구를 자극하기 때문이다. 탐구는 의심의 괴로운 상태를 벗어나기 위해 분투하는 과정이다. 달리 말해 탐구는 확고하고 안정된 믿음의 상태에 도달하려는 노력인 것이다. 그러므로 탐구의 목적은 믿음이다.[2] 우리는 믿음에 따라 행동하는 경향이 있다(CP 5.12). 그러므로 믿음은 습관과 유사하다. 믿음이나 습관 자체가 행동은 아니지만, 동일한 믿음 혹은 습관은 동일한 개별적인 행동들을 유발한다. 그렇다면 믿음이나 습관은 일반자(삼차성)이고, 그것에서 유발되는 행동들은 개별

---

[2] 퍼스 프래그머티즘의 고유한 점 중 하나는 개념의 의미를 그것의 효과에 대한 '믿음'으로 보는 것이다. 하우스만은 퍼스의 '믿음'이 이중적 의미로 이해될 수 있다고 말한다. 즉 퍼스의 '믿음'은 심리적·행동적 의미와 논리적·존재론적 의미를 모두 갖고 있는데, 이는 퍼스가 믿음을 '행동의 성향'으로 간주하기 때문이다(Hausman, 1993: 26~27).

퍼스와 데카르트의 중요한 차이점 중 하나는 퍼스가 탐구는 "의심할 수 없는 믿음"(CP 5.440)으로부터 출발한다고 보았다는 것이다. 퍼스는 탐구가 완전한 혼돈으로부터 출발한다고 보지도 않았고, 모든 믿음에 대한 철저한 의심으로부터 출발한다고 보지도 않았다. 퍼스는 이미 수용된 믿음과 추론의 집합에서 탐구가 출발한다고 보았다. 이러한 믿음들과 추론들은 비판의 여지가 없다는 의미에서 '비비판적acritical'이다. 퍼스에 의하면 비비판적이고 의심할 수 없는 믿음들에는 지각적 판단과 본능적 사고가 있다. 그것들은 "일반적이고 반복적인 종류의 본원적인 믿음들"(CP 5.442)로서 그 일반성으로 인해 "반드시 모호하기 마련이다"(CP 4.446). 여기서 유의해야 할 점이 두 가지 있다. 즉 첫째, 의심할 수 없는 종류의 믿음을 인정한다고 해서 퍼스가 데카르트 식의 명석한 인식을 인정했다는 것은 아니다. 둘째, 사유의 출발점으로서 의심할 수 없는 믿음은 결코 데카르트의 자아와 같은 불변의 토대가 아니다(Hausman, 1993: 54~55).

퍼스가 이처럼 모호하고 일반적이지만 의심할 수 없고 비판할 수 없는 믿음을 전제하는 것은 스코틀랜드 '상식철학Philosophy of Commonsense'의 영향 때문이다. 상식철학은 19세기 중반 하버드대학의 철학 전통을 형성했다. 퍼스의 비판적 상식론Critical Commonsensism은 그의 논문 「프래그머티시즘의 쟁점들」에 가장 잘 설명되어 있다. 그의 상식론이 '비판적'인 이유는 우선 그것이 칸트주의의 변형이라 할만한 비판적인 지점들을 지니고 있기 때문이다. 그리고 퍼스의 비판적 상식론은 실제로 다음의 네 가지 견해에 대해 비판적이다. ⓐ 비판적 상식론 자체의 견해에 대해 ⓑ 스코틀랜드 학파의 견해에 대해 ⓒ 논리학이나 형이상학의 근거를 심리학이나 여타 개별 과학에서 찾으려는 사람들의 견해에 대해 ⓓ 칸트의 견해에 대해(CP 5.440~452 참고).

자(이차성)라 할 수 있다.

퍼스는 「믿음의 고정」에서 의심의 상태를 벗어나기 위해 믿음을 고정시키는 네 가지 방법에 대해 검토한다. 각각은 고집, 권위, 선험적 방법 그리고 과학적 방법이다. 퍼스가 제시하는 믿음을 고정시키는 적절한 방법은 프래그머티즘 준칙으로 집약되는 과학적 방법이다. 「관념을 명석하게 하는 방법」에서 퍼스는 프래그머티즘 준칙을 다음과 같이 언명한다.

> 우리가 우리의 개념의 대상이 갖고 있다고 떠올리는 어떤 효과—생각건대 실천적인 의미를 가질 수도 있다—에 대해 고려해보라. 그러면 이런 효과들에 대한 우리의 개념이 그 대상에 대한 우리의 개념 전체가 될 것이다. …… 어떤 사물을 단단하다고 함으로써 우리가 의미하는 바에 대해 질문해보자. [그 대답은] 그것이 다른 많은 실체에 긁혀도 흠집이 나지 않을 것이라는 게 명백하다. 다른 모든 경우와 마찬가지로 이 성질의 전체 개념은 그것에 대해 떠올린 효과에 있다. 단단한 사물과 부드러운 사물 간에는 절대적인 차이가 없다. 적어도 그것들이 시험 받지 않는 한 말이다(*CP* 5.402~403).

퍼스의 프래그머티즘에서 한 개념의 의미는 조작주의적으로 정의된다. 가령 '단단하다'의 의미는 "그것이 여러 번 긁혀도 흠집이 나지 않을 것"이라는 현실적이고 실천적인 효과와 동일시된다. 그렇다면 프래그머티즘 준칙이 표명하는 개념의 의미는 곧 그것이 초래할 실천적인 효과에 대한 믿음이다. 프래그머티즘 준칙은 다르게 표현하면 "믿음은 특정 방식으로 행동하려는 성향이자 기대되는 귀결에 의해 지배되려는 성향"이다(Hausman, 1993: 37). 이처럼 퍼스는 '의미'를 일정한 방식으로 행동하는 경향성 내지는 습관으로 규정하고 있으며, 의미의 결정은 미래에 결과할 실천적 행동과 관련이 있다.

> 모든 명제의 합리적 의미는 미래에 있다. 어떻게 그러한가? 명제의 의미는 그 자체로 명제이다. 실로 명제의 의미는 바로 그것의 명제와 다르지 않다. 그것은 그 명제의 번역이다. [결과하는 의미는] 그 명제가 인간의 행동에 적용될 수 있게 되는 그런 형식 ……. 모든 상황하에서의 자기통제에, 그리고 모든 목적에 가장 직접적으로 적용될 수 있는 그런 형식이다(CP 5.427).

퍼스에게 있어서 참인 지식의 유일한 토대는 공동체적으로 미래에 도달할 결과, 즉 최종적 견해Final Opinion밖에 없다. 퍼스는 최종적 견해, 즉 진리가 개인적으로 혹은 특정한 집단에 의해 도달된다고 보지 않았다. 그것은 무한한 탐구자 공동체가 도달한 공동 견해이다. 그리고 그 견해의 대상이 곧 실재이다. 퍼스의 초기 탐구 이론에 등장하는 진리와 실재에 대한 견해를 살펴보자. 퍼스의 실재론적 프래그머티즘에서 최종적 공동체는 핵심적인 역할을 수행한다.

### 2) 퍼스의 실재 정의

퍼스는 프래그머티시즘을 개진하면서 스콜라철학적 실재론의 영향을 반영하는 실재 개념을 선보이고 있다. 퍼스는 칸트, 버클리, 로크의 철학에서도 영향을 받았으나 무엇보다도 퍼스의 사상에 많은 영향을 미친 것은 중세의 스콜라철학이다. 퍼스가 '사물이 실재한다.'고 말할 때, 그가 의미하는 사물은 개별적인 것이라기보다 일반적인 것, 가령 법칙, 규칙성, 개념 등이다. 이런 점에서 퍼스의 실재론은 관념론적이라 하겠는데, 그는 여러 곳에서 자신의 프래그머티시즘과 스콜라철학적 실재론의 친연성을 표명한다. 일례로 퍼스는 이렇게 말한다.

> 우리가 프래그머티시즘의 증거들을 다루기 전에, 스콜라철학적 실재론에 대한 찬반양론의 경중을 따져볼 필요가 있다. 왜냐하면 프래그머티시즘은 실재적 일반자가 존재한다는 확신이 없는 머리에는 거의 들어갈 수 없기 때문이다(*CP* 5.503).

특히 퍼스는 둔스 스코투스의 중도적 실재론의 영향을 시사하고 있다. 퍼스가 1868년에 쓴 「네 가지 무능력의 귀결」에 등장하는 다음 단락은 둔스 스코투스 철학에 대한 최초의 언명이다.

> 우리의 어떤 인식도 절대적으로 확정적이지 않기 때문에, 일반자가 실재적 존재를 가져야만 한다. 이제 이런 스콜라철학적 실재론이 형이상학적 허구들에 대한 믿음으로 정립된다. 하지만 사실 실재론자는 단순히, 실재가 숨겨져 있지 않은 것은 참된 표상에 나타난 것이 숨겨져 있지 않다는 것과 마찬가지임을 아는 사람이다. 그러므로 단어 '사람'이 어떤 것에 대해 참이기

때문에, '사람'이 의미하는 것은 실재적이다. …… 하지만 그것은 둔스 스코투스의 실재론에 영향을 미치지 않는다. 왜냐하면 더 이상의 모든 결정이 부인될 수 있는 사람이 존재하지 않는다 하더라도, 사람, 즉 모든 진전된 결정으로 만들어진 추상이 존재하기 때문이다. 어떤 다른 결정들이 있을 것인가와 무관한 사람과, 이런 혹은 저런 개별적인 결정들의 시리즈를 가진 사람 간에는 실재적인 차이가 있다. 이런 차이는 의심할 바 없이 오직 정신과만 관련이 있지 물질(in re)과는 관련이 없다. 이러한 것이 둔스 스코투스의 입장이다(*CP* 5.312).

E. C. 무어Moore에 따르면 스콜라철학의 실재론-유명론 논쟁의 주요 논지는 다음과 같다.[3] 말하자면 모든 지식은 개념들로 이루어

---

[3] 퍼스의 철학을 주로 스콜라철학적 실재론의 견지에서 해석한 무어는 중세 스콜라철학적 논쟁에서 제시된 해결책을 대략 네 가지로 분류한다. 그것들은 각각 극단적 실재론, 중도적 실재론, 개념주의, 유명론이다.
ⓐ 첫째, 극단적 실재론 혹은 플라토니즘에 의하면 물리적 세계 외부에 보편적인 실재들이 존재한다. 정신의 관념들은 이러한 존재자들과 상응한다. 물리계의 사물들은 이러한 실재들을 반영한다. 따라서 정신의 안과 밖 모두에 보편적 실재들이 존재한다. 이러한 극단적 실재론의 대표적 주창자로는 요하네스 스코투스 에리우게나Johannes Scotus Eriugena가 있다. ⓑ 첫 번째 견해의 반대쪽 극단에 로스켈리누스Roscellinus의 유명론이 자리 잡고 있다. 유명론의 경우, 관념의 근거는 사물에 있다. 사물들이 개별적이므로 관념들도 개별적이다. 일반적인 사물이 존재하지 않으므로 일반적인 관념도 있을 수 없다. 유명론자들은 일반적 관념 혹은 개념들은 단지 이름에 지나지 않는다고 보았다. 따라서 그들에겐 정신 안에도 밖에도 보편적인 존재자는 존재하지 않는다. ⓒ 이상의 두 가지 극단적인 관점을 중재하는 세 번째 관점이 있다. 그것은 페트루스 아벨라르두스Petrus Abaelardus로 대표되는 개념주의이다. 개념주의자들은 정신이 경험하는 것은 비록 개별자뿐이지만, 비교 과정에 의해 일반화된 개념을 획득한다고 보았다. 이런 정신적 존재자들은 개별 경험들로 구성되어 있다. 따라서 개념주의자들에 의

져 있는데, 만약 이 개념들이 외부 세계에서 발견되는 어떤 것과 상응한다면 실재적이라는 것이다. 지식을 구성하는 개념들은 여러 상이한 대상에 대해 서술할 수 있는 것들, 즉 보편자들이다. 문제는 개념들은 보편적인 반면, 외부 대상들은 개별적이고 확정적이라는 데서 발생한다. 외부 세계에 있는 어떤 사물이 그것에 대한 우리의 개념과 상응하는가, 그렇지 않은가? 이에 대한 답변을 어떻게 하느냐

하면, 보편적 존재자들은 정신 밖에 존재하는 것이 아니라 정신 안에 존재한다.
ⓓ 네 번째로, 둔스 스코투스의 중도적 실재론 입장이 있다. 이러한 입장을 취한 사람들은 아리스토텔레스 철학에서 보편자가 외부적으로 실재하는가 하는 문제에 대한 해결책을 찾았다. 그들은 아리스토텔레스가 플라톤을 반대했던 방식을 따라 극단적 실재론을 거부한다. 그들은 또한 유명론의 관점에서는 과학적 지식이 가능하지 않기 때문에 유명론을 거부한다. 과학 및 일반적 지식은 개념 혹은 일반적 공식의 형식을 취하고 있다. 유명론자들이 주장하듯이, 오로지 개별 사물만이 실재적이고 우리가 갖고 있는 것은 개별 경험과 일반적 이름뿐이라면, 모든 과학적 지식은 허구적이라 할 수 있다. 왜냐하면 일반적인 과학적 지식들과 상응하는 것이 실재에 존재하지 않기 때문이다. 개념주의자들은 유명론자들처럼 우리가 갖고 있는 것은 일반적 개념이 아니라 단지 이름들뿐이라고 말하지는 않지만, 그들도 정신 안의 개념이 실재의 어떤 사물과도 상응하지 않는다고 말한다. 이런 점에서 개념주의는 유명론의 한 형태라 할 수 있다. 중도적 실재론자들이 내놓은 해결책은 외적 대상들이 본질적 본성을 갖고 있다는 것이다. 공통 본성common nature은 개별자도 보편자도 아닌 중립적인 존재자다. 그것은 홀로 분리되어 존재할 수 없고, 정신 안에 존재할 때는 보편자로, 대상 안에 존재할 때는 개별자로 나타난다. 이 입장을 따르면 개념적 보편자나 외부적 개별자나 모두 본질을 구유하고 있다. 단지 그 존재 양태가 다를 뿐이다. 이런 식으로 중도적 실재론자들은 보편자는 외부적 지시 대상을 가지며, 따라서 실재적이라 말한다(Moore, 1952: 407~409).
그러나 머리 머피 같은 저자는 퍼스의 철학과 둔스 스코투스의 실재론의 관련성에 대해 부정적이다. 그에 의하면 퍼스가 둔스 스코투스와 그의 실재론에 대해 여러 번 언급하긴 하지만, 퍼스의 프래그머티즘적 실재론은 둔스 스코투스의 그것과 정확하게 일치한다고 할 수 없다(이에 대해서는 Murphey, 1961을 참고하라). 나는 머피의 지적이 일리가 있다고 보지만, 보다 폭넓은 시각에서 퍼스가 스콜라 철학적 실재론, 특히 둔스 스코투스의 것과 같은 중도적 실재론의 영향하에 프래그머티즘을 발전시켰다는 무어의 견해가 더 설득력이 있다고 본다.

에 따라 실재론 혹은 유명론의 입장을 취하게 된다. 퍼스의 실재론은 중세 철학자들의 답변들 중 중도적 실재론과 가장 유사하다. 퍼스는 인식할 수 없는 플라톤적인 실재를 인정하지 않았기에 극단적 실재론자도 아니고, 단지 개별자만 참으로 존재하고 일반적인 관념이나 개념은 단지 이름에 불과하다고 보지도 않았기 때문에 유명론자도 아니다. 중도적 실재론자들은 보편자도 개별자도 아닌, 형이상학적으로 중립적인 존재자인 공통 본성을 상정한다. 그들에 의하면 공통 본성이 정신 안의 개념에 있을 때는 보편자로, 정신 외부의 개별적인 사물에 있을 때는 개별자로 존재한다. 그러므로 중도적 실재론에 의하면 개념의 지시 대상은 구체적인 개별자의 경험에서 발견된다. 이러한 관점의 영향을 받아 퍼스는 "하나의 관념의 궁극적 의미가 개별적인 경험에서 발견된다는 프래그머티즘적 입장을 발전시킬" 수 있었다(Moore, 1952: 409).[4]

이처럼 퍼스는 스콜라철학적 실재론을 좇아 일반자, 즉 개념의 실재에 대해 언급한다. "이 난로는 검다."라는 명제가 참이 되는 것은 검음blackness이란 추상적 속성이 실재하기 때문이다. 대부분의 스콜라철학적 실재론자와 마찬가지로 퍼스에게 있어서도 보편자는 이성적 존재자ens rationis, 즉 하양whiteness, 검음, 사람임manness과 같은 추상적 속성이다. "모든 하얀 사물은 하얗다. 그러나 실재

---

[4] 퍼스는 스콜라철학적 실재론을 기호학적 체계 안에서 전개하고 있다. 앞서 2장에서 살펴본 법칙기호, 상징, 논증기호는 모두 일반자이다. 그것들은 모두 실재하는 것이지만 현존하는 존재자라고 할 수 없다. 다시 말해 그것들이 현존하기 위해서는 개별기호, 지표, 혹은 증표로 개체화되어야 한다. 후기의 퍼스는 잠재성—'would-be'—의 실재를 주장하게 되는데, 이러한 주장도 그의 스콜라철학적 실재론의 관점에서 나온 것이다.

적 사물들이 하양을 갖고 있기 때문에 하양이 실재적이라고 하는 것이 참이다."(CP 8.14) 이와 같은 스콜라철학적 개념을 배경으로 퍼스가 프래그머티즘을 정립하면서 제시한 실재에 대한 언급들을 살펴보자.

퍼스의 실재 개념은 일찍이 1860년대 말 『사변철학지』에 기고한 일련의 인식론 논문에서 등장한다. 그러나 퍼스가 진리 개념과 연관되어 있는 실재 개념을 보다 명확하게 제시하는 것은 1870년대 말 그가 프래그머티즘적 탐구 이론을 정식화하는 과정에서이다. 이미 살펴보았듯이 퍼스는 의미, 즉 믿음을 고정시키는 방법으로 고집, 권위, 선험적 방법이 아닌 과학적 방법을 선택한다. 그는 한 개념의 의미가 "그 개념이 초래할 실천적 효과"에 있다는 프래그머티즘 준칙을 정립한다. 프래그머티즘적으로 말해 한 개념의 의미는 그 개념이 현실적으로 어떤 결과를 초래할 것인가를 과학적·논리적으로 예측하는 것이다.

퍼스는 그가 제시하는 과학적 방법이 믿음의 조건으로 기능하는 어떤 외부적인 것에 기초해야 한다고 본다. 그 외부적 조건이란 어떤 개별적인 믿음과도 독립적인 "우리의 외적 영속성" 혹은 실재이다. 어떤 단일한 개별자 혹은 개별자들의 그룹도 실재에 접근할 수 없는 반면, 실재는 "모든 사람에게 영향을 주는 혹은 영향을 줄 수도 있는 어떤 것"이다(CP 5.384). 말하자면 퍼스는 일종의 과학적 실재론을 상정하고 있는 것이다. 퍼스에 의하면 개별적 믿음이 외적 영속성에 의해 결정되게 하는 방법, 다시 말해 개별적 믿음이 진리에 이르도록 하는 방법을 제공하는 것은 과학이다. 왜냐하면 과학은 "우리의 견해와 완전히 독립적인 특성을 가진 실재적 사물들이 존재"하며, "실재적인 것들은 규칙적인 법칙을 따라 우리의 이해 senses에 영향을 준다."는 "근본적 가설"을 가정하고 있기 때문이다 (*CP* 5.384). 그런데 이 실재론적 가설을 정당화하는 것은 무엇인가? 이 질문에 답변하려면 퍼스의 '실재' 개념을 명확히 해야 할 것이다. 「관념을 명석하게 하는 방법」에서 퍼스는 실재를 다음과 같이 정의한다.

> 모든 탐구자에 의해 궁극적으로 동의될 운명에 있는fated[5] 것이 우리가 진리라는 말로 의미하는 것이고 그 견해가 표상하는 대상은 실재적인 것이다. 이것이 내가 실재를 설명하는 방식이다 (*CP* 5.407).

프래그머티즘적 진리 개념은 퍼스가 실재 개념을 설명하기 위해 정식화한 것이다. 크리스토퍼 훅웨이에 의하면 퍼스의 전략은 이러하다(Hookway, 2004: 129). 즉 논리적인 방법으로 진리에 대한 명확한 설명을 제공하고, 이것을 이용하여 실재에 대해 해명하는 것이다. 실재는 진리, 즉 참인 명제의 대상인 한편, "그 특성들에 대해 당신

---

[5] '운명fate'에 대해 퍼스는 각주에서 다음과 같이 설명한다. "운명은 단지 확실히 실현되는 것, 그리고 어떻게 해도 피할 수 없는 것을 의미할 뿐이다. 특정 종류의 사건들이 운명적으로 일어난다고 가정하는 것은 하나의 미신이고, 운명이란 단어가 그 미신적 특색에서 결코 해방될 수 없다고 가정하는 것은 또 하나의 미신이다. 우리는 모두 죽을 운명에 처해 있다."(*CP* 5.407, n)
"궁극적으로 동의될 운명에 있는 견해"라는 진술로 퍼스가 의미하는 것을 다음과 같이 추측할 수 있다. 즉 ⓐ 그 최종적 견해가 나 혹은 당신이, 혹은 한정된 수의 개인이 생각하는 것과 다를 수 있다. ⓑ 그 견해는 우리가 원하든 원치 않든 발견되게 되어 있다.

혹은 내가 어떻게 생각하는가와 독립적으로 존재하는 것"(CP 5.405)으로서, "어떤 정신 혹은 정신들의 한정된 집합이 그것이 어떠하리라고 표상할 수 있는 것과도 무관하게 실재적 사물을 실재적이게 하는 존재 양태이다."(CP 5.565) 그리고 "실재적 사물들의 유일한 효과는 믿음을 불러일으키는 것이다. 왜냐하면 그 사물들이 환기하는 모든 감각은 믿음의 형식으로 의식에 출현하기 때문이다."(CP 5.406) 퍼스에 의하면 '실재'는 탐구자 공동체가 반드시 도달할 최종적 견해의 대상으로 정의된다. 그가 실재를 이렇게 정의하는 이유는, 실재는 허구와 달리 특정한 개인 혹은 개인들의 유한한 집합이 생각하는 것과는 독립적으로 존재하고, 우리가 믿고 싶든 그렇지 않든 간에 믿음을 강요하기 때문이다. 실재가 무엇인가 혹은 그것의 특성이 어떤 것인가에 대한 보다 직접적인 언급은 퍼스의 말년에 정립되는 진화적 우주론에서 나타난다. 지금은 우선 "특정한 개인 혹은 개인들이 생각하는 바와 독립적으로 존재하는 것", 우리에게 믿음을 야기하는 외부적 힘으로 정의되는 외적 실재 개념에 주목하자.

퍼스의 실재에 대한 언급에서 우리는 일견 상충되는 견해를 발견할 수 있다. 실재가 "당신 혹은 내가 어떻게 생각하는가와 독립적으로 존재하는 것"(CP 5.405)으로 단언될 때 그것은 정신과 독립적으로 보인다. 그런 한편 "모든 탐구자에 의해 동의될 운명"(CP 5.407)이라는 진술에서 실재는 정신의 해석에 의존하는 것으로 보인다. 여기서 중요한 점은 ⓐ 실재는 특정한 개인 혹은 개인들의 집합의 사적인 사고와 독립적으로 존재한다는 것과 ⓑ 탐구자들의 공동체는 무한하게 지속되는 탐구 과정을 거쳐 종국에는 in the long run 진리에 도달하게 되리라는 것이다.

우선 ⓐ에서 논의를 시작하자. 퍼스가 실재가 "당신 혹은 내가 어떻게 생각하는가와 독립적으로 존재"한다고 할 때, 마치 그가 실재는 모든 종류의 견해와 무관하다고 말하는 것처럼 보일 수도 있다. 하지만 그렇지 않다. 그는 실재가 어떤 특정한 누군가가—혹은 유한한 수의 사람들의 집단이—그것에 대해 어떻게 생각하는가와 무관하다고 말하는 것이다. 퍼스에 의하면 기호의 대상은 어떤 특정한 개인이 개별적으로 혹은 사적으로 생각하는 것에 의존하지 않는다. 하지만 그 대상은 사고와의 관계를 떠나서는 인식될 수 없고 의미를 가질 수 없다. 퍼스에게 있어서 그러한 대상은 실재적이지 않다. 퍼스의 사고기호 독트린은 실재하는 모든 것이 인식될 수 있다는 것과, 모든 인식은 사고기호의 매개적 표상 작용이라는 전제하에 성립한다. 퍼스 기호학 연구자 중 한 사람인 한나 벅친스카-가레위츠Hanna Buczynska-Garewicz는 다음과 같이 말한다.

> 기호의 대상은 삼항 관계와는 무관하게 존재하는 어떤 것이다. 표상은 대상 전체를 창출하지 않는다. 대상은 삼항 관계의 구성 요소가 되기 전부터 어떤 존재의 수단을 갖고 있어야 한다. 대상의 존재는 기호의 대상이 되기 위한 조건이다. 그러나 다른 한편, 표상이 없다면 기호의 대상은 없다. 사물, 사건, 규칙성은 그들이 삼항 관계에 참여하기 때문에 대상이 된다. 따라서 대상은 자기 존립적인 동시에 표상에 의존적이다(Forest, 2000: 42에서 재인용).

요컨대 실재가 정신-독립적이라면, 그것은 개별적 정신 혹은 정신들에 대해 독립적이라는 것이지, 필연적으로 사고 일반에 대해 독립적이라는 것은 아니다(CP 5.408). 바꿔 말해 실재는 무한한 공동체의 사유 과정을 통해 알려질 수 있다는 것이다. 퍼스가 사고와 대상 간의 관계를 이처럼 모호하게 규정하는 이유는 그가 실재를 개별자가 아닌 일반자로 보는 스콜라철학적 실재론을 취하기 때문이다. 퍼스에 의하면 궁극적인 실재로서 사고의 대상은 개별적인 정신과는 독립적으로 존재한다. 그래야만 사고의 과정을 이끄는 외부적이고 역동적인 힘이 될 수 있다. 그러므로 개별적인 표상을 통해 알려지는 대상은 궁극적인 실재라고 말하기 어렵다. 그것은 개별적이고 즉각적이다.[6]

퍼스는 탐구자들의 이상적 공동체를 상정하고, 과학적인 진리 탐구의 과정이 모든 탐구자 간의 모종의 합의 과정인 것처럼 말한다. 실재가 나 혹은 당신의 개별적이고 사적인 견해에 의존하여 정당화되지 않는 이유는, 실재는 계속해서 다른 이들의 동의를 요구할 것이기 때문이다. 말하자면 실재는 "믿음을 불러일으키는" 것이다. 탐구자 공동체가 이상적인 이유는 퍼스가 수적으로 무제한적인 해석자들의 집합과 무한하게 지속되는 해석 과정을 상정하고 있기 때문이다. 실재는 탐구 과정을 추진시키는 외적인 힘이며 유한한 수의 해석체에 의해 소진되지exhausted 않는다. 바꿔 말해 현실적 해석체

---

6 퍼스는 1906년에 대상을 '역동적인' 것과 '즉각적인' 것의 두 종류로 구분한다. 개별적인 정신에 의해 파악된 대상은 즉각적인 반면, 사고 과정을 이끌고 추진시키는 외부적 힘으로 작용하는 대상은 역동적이다. 퍼스는 후자의 대상을 실재와 동일시한다(CP 4.536). 이런 구분 덕분에 퍼스는 '대상이 정신과 독립적으로 존재하는가'라는 초기 프래그머티즘에 함축된 문제를 해결할 수 있었다(Hoffmann, 2001: 3장 참고).

가 아무리 많이 생산된다 해도 궁극적 진리에 실제로 도달할 수 없다. 하지만 실재에 접근하는 것은 오직 해석—무한하게 지속되는 해석—에 의해서만 가능하다. M. J. 포레스트는 이처럼 모순된 가정에 기초하고 있는 것처럼 보이는 퍼스의 실재론에 대해 논리학적으로 접근할 것을 제안한다. "논리적으로 말해, 우리는 최종적 견해라는 관념을 필요조건으로 포함시키지 않고는 실재에 대해 우리가 의미하는 바를 말할 수 없다. 다시 말해 우리가 실재에 대해 말하면서 사고와의 관계를 떠나는 것은 의미가 없다."(Forest, 2000: 54)

이제 퍼스의 실재 개념을 보다 명확하게 이해하기 위해 ⓑ 무한한 탐구 공동체가 결국 견해의 일치에 도달할 것이라는 수렴 논제에 대해 구체적으로 살펴보자.

### 3) 최종적 견해와 수렴 논제

퍼스가 실재를 정의하면서 탐구자 공동체 안에서의 의견의 수렴에 대해 확신할 수 있었던 것은 다분히 그의 과학자로서의 경력에서 비롯되었다고 할 수 있다. 그는 하버드대학에서 화학을 전공했고, 1869년에서 1872년 사이에는 하버드 천문대에서 근무했으며 이후에도 천문학 연구를 지속했다. 또한 퍼스가 유일하게 정규직으로 몸담았던 자리는 미연방 해안측량국의 연구직이었는데, 그는 거기서 30년간 근무했다. 이런 경력 덕분에 퍼스는 여러 다른 탐구자의 탐구가 필연적으로 하나의 해답으로 수렴되며, 그 하나의 해답은 너무나 강력해서 공동체의 동의를 강요한다는 확신을 철학적으로 정식화하기에 이르렀을 것이다.

「믿음의 고정」에서 퍼스는 과학적 방법을 추구할 수밖에 없게 하는 원초적인 사회적 충동에 대해 말한다. 사회적 충동은 고집과 권위의 방법, 그리고 선험적인 방법을 거부하게 한다(CP 5.377~387). 만약 어떤 사람이 고집이나 권위 혹은 선험적인 방법으로 어떤 보편적인 원리에 대해 말할 경우, 반드시 이에 반대하는 다른 사람들이 있을 것이다. 이런 방법들은 각각 한계가 있고, 제한된 수의 탐구자에 의존한다. 그뿐만 아니라 그 방법들은 오류 가능성을 배제한다. 그 방법들의 주창자들은 자신의 방법이 항상 옳다고 생각한다. 반면 과학적 방법은 사회적 충동을 따라 추구되는 것이다. 그 충동은 무한한 수의 탐구자로 구성된 공동체가 미래의 어느 시점에 도달할 궁극적인 일치점을 향한 것이다. 퍼스가 이상적인 궁극적 공동체를 상정하는 것은 과학의 어떤 원리든지 미래에 오류가 발견될 수 있고, 오류가 수정될 수 있기 때문이다. 요컨대 과학적 방법은 현재 도달한 결과를 언제든 반박될 수 있는 잠정적 진리로 간주하는 '오류 가능주의Fallibilism'에 기초하고 있는 것이다.[7] 퍼스는 원초적인 사회적 충동을 따라 탐구의 최종 견해가 수렴되는 과정에 대해 다음과 같이 말한다.

---

[7] 퍼스의 오류 가능주의는 현대 과학철학자들이 비판적 합리주의critical rationalism의 형식으로 널리 받아들이고 있는 입장의 선구적 형태라 할 수 있다. 가령 칼 포퍼Karl Popper(1902~1994)는 경험에 의해 반증될 수 있는 이론 체계만 정당하게 과학이라 할 수 있다는 반증 가능성Falsifiability 원리를 제시한다. 포퍼는 선험적 지식의 가능성을 부정하는 반칸트적 입장에서 출발한다는 점에서 퍼스와 매우 유사하다. 특히 과학적 지식은 추측과 반박을 통해 성장한다는 포퍼의 주장은 퍼스의 오류 가능주의에 매우 근접해 있다(포퍼의 입장에 대해서는 홍창성, 1988 참고).

모든 과학의 추종자들은 탐구 과정이 충분히 추진되기만 한다면, 각각의 문제에 대해 하나의 확실한 해결책을 가져다줄 것이라는 희망으로부터 생기를 얻는다. 한 사람은 금성의 이동과 별들의 광행차aberration를 연구함으로써, 다른 사람은 화성의 충衝[8]과 목성의 위성의 일식을 연구함으로써 빛의 속도를 탐구할 수 있다. …… 그들은 처음엔 서로 다른 결과를 얻게 될 것이나, 그 결과들이 하나의 멀리 있는 중심을 향해 점차 모여든다는 것을 발견할 것이다. 마찬가지로 모든 과학 연구가 그러하다. 서로 다른 견해를 가진 사람들은 가장 적대적인 관점을 가지고 연구에 착수할지도 모른다. 그러나 탐구가 진전됨에 따라 그들 외부에 있는 힘에 의해 그들은 하나이자 동일한 결론에 도달한다. 우리가 원했던 곳이 아니라 미리 정해진 목표로 우리를 이끌어가는 이러한 사고 활동은 마치 운명의 작용과 비슷하다. 관점의 수정도, 연구를 위해 다른 사실들을 선택하는 것도, 정신의 자연스러운 성향의 허용도 예정된 견해를 피할 수 있게 하지 못한다. 이 위대한 희망은 진리와 실재 개념으로 구현된다. 모든 탐구자에 의해 궁극적으로 동의될 운명에 있는 것이 우리가 진리라는 말로 의미하는 것이고 그 견해가 표상하는 대상은 실재적인 것이다(CP 5.407).

1878년의 퍼스는 상이한 방법, 상이한 탐구 경로를 거친 탐구자들이 과학적인 방법으로 충분히 탐구를 지속한다면, 결국에는 하나

---

[8] 충은 태양과 행성이 지구를 사이에 두고 정반대 위치에 있는 경우를 말한다.

의 결론에 동의하게 되어 있다고 말한다. 우리가 현재 일치되지 않은 답변들을 갖고 있는 것은 탐구가 충분히 오랫동안 진행되지 않았기 때문이다.[9] 그러나 퍼스가 '사회적 충동'으로 탐구 방법을 정당화한다면, 논리적인 문제를 심리학의 문제로 환원시키는 셈이 되고, 이는 심리주의를 경계하는 퍼스의 입장과도 부합하지 않는다. 일관적인 해석을 위해 크리스토퍼 훅웨이는 '사회적 충동'을 앞서 언급한 실재론적 가설과 관련시켜 정당화한다. 훅웨이에 의하면 "실재론적 가설을 받아들이는 사람이라면 누구든 '사회적 충동'에 지배된다."(Hookway, 1985: 48) 앞서 본 것처럼 실재론적 가설은 믿음들이 부합하게 되어 있는 외적 영속성이 있다는 것이었고, 과학은 믿음들이 외적 영속성에 의해 결정되도록 하는 유일한 방법이었다. 그런데 이런 식으로 사회적 충동을 옹호하는 것은 퍼스의 입장을

---

[9] 크리스토퍼 훅웨이는 퍼스의 수렴 논제를 보다 덜 절대적인 버전으로 수정하고 있다. 퍼스의 수렴 논제를 문자 그대로 읽으면 "만약 하나의 명제가 참이라면, '실재의 본성'을 (충분히 잘 그리고 충분히 오랫동안) 탐구하는 사람이라면 누구든지 그것을 믿게 될 운명에 있다."로 이해될 것이다. 그렇다면 실재의 본성을 탐구하는 모든 사람은 이상적인 조건만 갖춰진다면, 다시 말해 올바른 방법으로 충분히 탐구한다면 예외 없이 그 참된 믿음에 도달해야 한다. 훅웨이는 이 원래의 논제를 다소 수정하여 다음과 같이 제시한다. "만약 하나의 명제가 참이라면, 그 명제가 해답을 제공하는 어떤 문제를 탐구하는 사람이라면 누구든지 그것을 믿게 될 운명에 있다." 이 경우 우리는 적어도 두 가지 유보 조항을 갖게 된다. ⓐ 한 공동체에 속한 어떤 탐구자들은 그 문제와 대면하지 않거나 못할 수도 있다. ⓑ 어떤 탐구자들은 그 문제의 해답에 도달할 만큼 그 문제를 충분히 잘 그리고 오랫동안 탐구하지 못할 수도 있다(Hookway, 2004: 130~131). 훅웨이는 퍼스의 수렴 논제에서 실재의 문제를 유보한 채 진리 문제만을 논리적으로 다루기 위해 이처럼 수정된 버전을 제시한다. 나는 이와 같은 훅웨이의 관점에 근본적으로 동의하는 것은 아니지만, 그가 수정한 방식대로 퍼스의 수렴 논제를 이해하는 것이 논의의 진행을 보다 매끄럽게 해준다고 생각한다.

순환적으로 만든다. 즉 사회적 충동이 우리를 독립적 실재에의 믿음으로 이끄는데, 이 믿음은 다시 우리가 사회적 충동을 갖도록 이끈다는 것이다. 하지만 훅웨이가 지적하듯, 이런 순환성은 논리적 문제의 전제를 확인한다는 목적의 견지에서 볼 때 필수 불가결하다고 할 수 있다(Hookway, 1985: 48).

하지만 사회적 충동의 표현인 실재론 가설이 과학적 탐구의 추구를 정당화한다는 사실을 증명하는 문제가 여전히 남는다. 칼 하우스만은 사회적 충동이 단순히 관찰에 의한 경험적 일반화가 아니라고 보고, 퍼스의 후기 사상과 일관적이라 할 수 있는 사변적인 근거를 제시한다(Hausman, 1993: 32~33). 그에 의하면 퍼스가 말하는 사회적 충동은 존재론적 토대를 갖고 있다. 후기의 퍼스에 의하면 우주의 모든 구성 요소는 모든 과정을 증대된 질서를 향해 몰아가는 목적론적 경향성을 갖고 있다. 이에 대해서는 이 장 2절에서 더 상세히 논의할 것이다. 여기서는 퍼스의 형이상학에 근거하여 사회적 충동이 근본적으로 파편화와 갈등으로부터 법칙성과 일관성을 향해 나아가려는 성향의 일환으로 설명될 수 있다는 것만 우선 지적해두자.

결국 퍼스에 의하면 어떤 개별 탐구자의 견해와도 독립적으로 존재하는 실재는 탐구 과정을 속박하는 구속력을 갖고 있다. "어떤 외부적인 힘"에 의해 모든 탐구자는 주어진 문제에 대해 충분히 오랫동안 탐구한다면 하나의 참된 믿음에 도달할 수 있다. 실재는 이 하나의 믿음의 대상이다. 단 오직 과학적 방법을 통해서만 탐구자들에 의해 궁극적으로 동의될 최종적 견해에 도달할 수 있다. 왜냐하면 사회적 충동의 발현이라 할 과학적 방법만이 탐구자들의 견해가 수렴되는 지점에 도달할 수 있는 방법이기 때문이다.

이제까지 살펴본 것처럼 퍼스에게 있어서 진리와 실재가 탐구자들의 이상적인 공동체와 실재론적 가설을 전제로 하는 과학적 방법을 통해 추구된다 할 때, 다양한 문제가 제기될 수 있다. 가령 리처드 로티는 퍼스의 수렴 논제에 대해 '탐지할 수 있는' 증거가 불충분하다고 반박한다(Rorty, 1991: 131, n. 12). 나는 퍼스의 수렴 논제에서 파생되는 철학적 문제들에 대해 쟁론하기보다는 그의 제안을 수용하는 차원에서 현재의 논의를 전개하고자 한다. 그런다 하더라도 퍼스가 제시한 최종적 견해와 그 대상인 실재가 도달 가능하고 접근 가능한 것인지 언급할 필요가 있다. 하우스만을 비롯한 많은 퍼스 논평자는 모든 탐구자의 최종적 동의를 이끌어내는 이른바 '실재'는 탐구 과정에서 규제적 이상으로 기능한다고 보고 있다. 가령 클라우스 욀러는 퍼스의 실재 개념에 대해 이렇게 설명한다. "퍼스에게 있어서 진리와 실재 개념은 칸트가 규제적 이념에 부여한 기능을 갖고 있다. …… 최종적 합의가 행동을 규범적으로 지배한다는 퍼스의 이상적 공동체 개념은 [칸트가 말한] 과학적 이성의 규제적 이념처럼 보인다."(Oehler, 1987: 13)

현실의 탐구에서 탐구자들은 하나의 참인 견해에 도달할 수도 있다. 다시 말해 특정한 때에 유한한 수의 탐구자에 의한 국지적인 수렴의 가능성은 충분히 있다. 하지만 이것은 어디까지나 국지적인 것이고 최종적인 것이 아니기 때문에, 원칙적으로 언제든 그것의 오류를 지적하는 반례가 나타날 수 있고 또 수정될 수 있다. 그런가 하면 퍼스가 말하는 최종적 견해는 현실적으로 도달되는 것이 아니다. 왜냐하면 실재란 아무리 탐구가 거듭된다 하더라도 혹은 아무리 해석이 지속된다 하더라도 해석되지 않은 채로 남아 있는 잔여물을 갖고 있기 때문이다. 따라서 최종적 견해는 "우리의 지속적인 탐구, 기꺼이 우리의 실수를 드러낼 수 있는 태도, 그리고 최종적 동의로 수렴하는 탐구를 추구하고자 하는 우리의 결정을 정당화하는 하나의 이상"이다(Hausman, 1993: 36). 이런 관점에서 보면 퍼스의 실재론적 프래그머티즘에서 더 강조되어야 할 점은 반드시 도달할 최종적 견해 자체가 아니라, 그것에 도달하는 과정이다. 진리에 이르는 무한한 과정은 현실적 해석의 오류 가능성을 인정하는 태도로부터 나온 것이기 때문이다.

탐구 과정을 견인하는 이상의 추구는 퍼스에게 있어서 근본적인 전제라 할 수 있는 사회적 충동에서 발원한 것이다. 퍼스는 다음과 같이 자기 초월적인 충동에 대한 생각을 표현하고 있다.

> 논리성은 엄연하게 우리의 관심이 제한되지 않을 것이라고 요구하는 것처럼 보인다. 우리의 관심은 우리 자신의 운명에서 멈춰서는 안 되고 전체 공동체를 포용해야 한다. 그 공동체는 제한되어서는 안 되고, 존재하는 모든 인류로 확대되어야 한다. 전 세계를 구하기 위해 자신의 영혼을 희생하지 않는 사람은 그의 추론 전체가 비논리적으로 보인다. 논리학은 사회적 원리에 뿌리내리고 있다(CP 2.654).

이처럼 퍼스의 진리 수렴 이론은 사회적 충동에 근거하고 있다. 나는 앞서 퍼스의 사회적 충동과 실재론 가설이 퍼스가 후기에 전개시키는 우주론의 원리와 일치하는 존재론적 토대를 갖고 있다고 지적하였다. 다시 말해 퍼스에 의하면 우주의 모든 구성 요소는 모든 과정을 증대된 질서를 향해 몰아가는 목적론적 경향성이며, 사회적 충동에 의해 최종적 견해로 수렴되어가는 과정은 그런 경향성을 표명하는 한 사례라 할 수 있다. 우리는 이처럼 사회적 충동을 존재론적으로 정당화하는 한편, 퍼스의 확률론에 근거하여 사회적으로 동의된 최종적 견해에 객관적 타당성을 부여할 수 있다.[10]

퍼스는 종래의 확률론이 다분히 주관주의적이라 보고 객관적인 확률론을 개발한다. 수학의 차원에서, 다시 말해 순수하게 이론적인 차원에서 증명된 개연성 개념은 무한하게 진리를 향해 수렴해가는 탐구 과정을 논리적으로 옹호하는 데 사용될 수 있다. 퍼스의 개연성 이론을 주머니에서 여러 색깔의 콩을 꺼내는 예를 통해 이해해보자(*CP* 2.621~623 참고). 주머니에 1,000개의 콩이 들어 있다. 그중 130개가 검은 콩이고 나머지가 흰 콩이다. 이 사실을 모른 채 우리가 무작위로 100개의 콩을 꺼낸다고 하자. 콩을 꺼낼 때 아무리 자주 다른 비율이 나타난다 하더라도, 빈도율은 100개의 콩 중 13개의 검은 콩이 나오는 객관적 개연성을 향해 수렴하게 된다. 단 이러한 과정이 무한하게 반복될 경우에만 어떤 특정한 값으로 수렴될 일련의 빈도율이 구축될 수 있다. 왜냐하면 우리는 객관적 개연성을 변화시킬 수 있는 객관적 우연을 염두에 두어야 하기 때문이다.

콩 주머니 사례는 연구 공동체 탐구 과정의 모델이 된다. 퍼스에

---

10 켈리 파커에 의하면 "('양적 귀납법'의 진행 과정에서 발견되는) 빈도율의 수렴과 (통계적 삼단논법 혹은 '개연적 연역법'에서 드러나는) 객관적 개연성의 관계는 지식의 사회적 구성과 객관적 진리의 관계에 대한 퍼스의 패러다임이다." (Parker, 1994: 54)

의하면 탐구는 수적·시간적으로 무제한적인 이상적 공동체에 의해 진행된다. 지속적으로 추구되는 최종적 견해는 단지 점진적으로 무한한 미래에 있는 영점을 향해 근접해갈 뿐, 결코 완전히 성취되지 않는 탐구의 이상적 극한이자 궁극적 목표이다. 이런 점에서 퍼스는 드물게나마 이러한 수렴의 형태를 '점근선적asymptotic'이라 말한다.[11]

이제 탐구의 목적으로서 최종적 견해의 대상은 무엇인가에 대해 고찰하기로 하자. 이것은 곧 퍼스가 실재적인 것으로 규정하는 대상은 무엇인가에 대한 고찰이다. 퍼스가 후기에 발전시킨 형이상학의 입장에서 영원히 현실화될 수 없는 이상적 극한의 조건이 되는 대상은 어떤 의미에서 실재적이라고 할 수 있는가? 퍼스의 '역동적 대상dynamical object' 개념을 그의 시네키즘Synechism의 관점에서 고찰해보는 것은 이 질문에 대답하는 데 도움이 될 것이다.

## 2. 진화적 실재론

늦어도 1906년경부터 퍼스는 대상의 종류를 즉각적인 것과 역동

---

[11] 수학에서 하나의 선 혹은 커브 A가 다른 하나의 선 혹은 커브 B에 무한하게 점차 근접해갈 때 A를 B의 점근선이라 한다. 퍼스는 '점근선'이란 표현을 *CP* 6.85와 기타 두어 군데에서 사용하고 있다. 그가 이 표현을 매우 드물게 사용하고 또 의견 수렴의 형태를 '점근선적'이라 단정 짓고 있진 않다. 하지만 퍼스가 말하는 견해의 수렴에서 중요한 점은 탐구가 최종적 견해라는 이상적 극한을 향해 점점 더 근접해간다는 것과, 탐구의 목표로서 그 이상적 극한은 현실적으로 성취되지 않는 규제적 이상이라는 것이다.

적인 것으로 구분한다. 이중 '역동적 대상'은 퍼스의 실재론에 대해 다음과 같은 사실을 알려준다. 첫째, 실재는 기호화 과정을 이끄는 정신 외부적 조건으로 기능하며, 그것을 가지적이게 하는 해석체들에 의해 소진되지exhausted 않는다는 점에서 역동적이다. 둘째, 퍼스의 프래그머티즘적 실재론은 사고와 그 대상의 이분법을 부정하며, 양자 간의 기호학적 관계를 근거로 하는 고유한 관념론적 색채를 띤다. 셋째, 실재적인 것은 무한하게 연속적인 과정이라는 의미에서 역동적인 것으로 파악된다. 실재의 이러한 면모는 퍼스의 우주론에서 시네키즘이란 신조어로 묘사된다. 이중 첫 번째 지점에서 논의를 출발해보자.

1) 역동적 대상으로서의 실재

퍼스는 기호 작용이 표상체, 대상, 해석체의 삼항 관계로 이뤄져 있다고 본다. 표상 관계의 두 번째 구성 요소인 대상은 퍼스의 체계를 소쉬르의 것과 결정적으로 다른 것으로 만든다. 지시 대상을 배제한 닫힌 의미 체계 내에서 의미를 정신적 개념으로 한정하는 소쉬르와 달리 퍼스는 기호 작용의 세계가 곧 실재하는 대상들의 세계라는 입장을 견지한다. 그의 기호학에서 의미 체계와 외부 세계의 이분법은 존재하지 않으며, 기호의 작용은 언제나 실재하는 대상과 실천적 상황에 기초하고 있다. 먹시는 바로 이런 이유에서 소쉬르의 기호론보다 퍼스의 기호학을 선호한다. 그러나 먹시가 "퍼스에게 있어서 …… '외부' 세계는 기호화 과정의 양 끝에서 세미오시스로 들어온다. 즉 첫째는 대상, 더 구체적으로는 '역동적 대상'

을 통해, 둘째는 최종적 해석체를 통해서이다."(Moxey, 1994: 32)[12]라고 한다면, 이것은 퍼스의 입장을 오해한 것이거나 독자로 하여금 오해하게 만들 소지가 있다. 퍼스에게 있어서 기호의 세계와 이른바 '외부' 세계는 분리된 두 세계가 아니다. 기호는 이미 세계에 속해 있는 실재의 한 부분이다. 또는 퍼스의 후기 사상을 따라 말하자면 "이 모든 우주는 전적으로 기호로만 구성되어 있지 않다 하더라도 기호로 가득 차 있다."(CP 5.448, n. 1) 그에 의하면 존재하는 어떤 것이든지 기호가 될 수 있다. 그렇기 때문에 퍼스의 기호학에서는 의미의 세계와 외부 세계 사이에 다리를 놓아야 할 필요성이 발생하지 않는다. 퍼스의 철학은 처음부터 데카르트주의에 대한 거부로 출발했고, 따라서 그에겐 사유와 연장의 이분법이 유효하지 않다.

그러므로 퍼스의 기호학에 대한 고찰을 통해 우리가 확인할 수 있는 것은 의미 체계가 이른바 외부 세계와 어떻게 '이미' 연결되어 있는가 하는 것이다. 이것을 잘 확인시켜주는 개념이 그의 대상 개

---

[12] 이 문장은 먹시가 영화비평가 드 로레티스의 책(de Lauretis, 1987: 41)에서 인용한 문장이다. 퍼스 기호학에 의지하는 여러 문화비평가 가운데 드 로레티스는 가장 정확하게 퍼스 기호학을 이해하고 있는 비평가 중 한 명이다. 그러나 먹시가 인용한 문장에서 엿보이듯이 퍼스 기호학의 고유한 실재론적 성격에 대한 그녀의 이해는 충분하지 못한 것 같다. 인용된 문장에서 오해의 소지는 '역동적 대상'뿐만 아니라, '최종적 해석체'에도 있다. 먹시나 드 로레티스는 '최종적 해석체'를 퍼스가 말하는 '습관'으로 해석한다. 그들과 달리 나는 탐 쇼트를 따라 하나의 해석체로서의 습관을 '궁극적인 논리적 해석체'로 보고자 한다. 왜냐하면 퍼스는 습관을 기호학적 용어로 '최종적 해석체'라고 표현하기도 하지만, 이런 경우는 매우 드물기 때문이다. 그러므로 습관을 '궁극적인 논리적 해석체'로 보는 것이 퍼스의 기호학을 보다 일관적 체계로 만든다고 판단된다(해석체의 분류에 대해서는 4장 1절을 참고하라).

념이다. 후기의 퍼스는 대상을 그가 자주 '실재적 대상'이라고도 부르는 '역동적 대상'과 기호에 표상된 대상인 '즉각적 대상'의 두 종류로 구분한다.

즉각적 대상에 대한 퍼스의 언급은 1868년의 「인간에 대해 주장되는 특정한 능력에 대한 물음」에서 일찍이 나타난다. 이 논문에서 그는 모든 인식이 포함하고 있는 표상된 어떤 것을 "인식의 객관적 요소"이자 즉각적 대상이라고 한다(CP 5.238). 1860년대 인식론 시리즈에서 이미 퍼스는 모든 인식이 하나의 사고가 선행 사고를 해석하고 후속 사고에서 해석되는 일련의 과정에서 발생한다고 보았다. 1906년 퍼스는 즉각적 대상을 "기호가 표상하는 것으로서의 대상이며, 따라서 그것의 존재는 기호 안에서의 그것의 표상에 의존적"이라고 규정한다(CP 4.536). 2장에서 살펴본 것처럼 무한한 세미오시스에서 해석체는 기호를 통해 매개적으로 대상을 지시한다. 해석체는 선행 기호를 해석한 결과 생성된 또 하나의 기호로서 선행 기호와 동일한 대상을 표상한다. 그러나 최초의 기호—가령 지표—가 아닌 이상, 대상을 직접적으로 지시하는 기호는 있을 수 없기 때문에, 거의 모든 기호는 선행 기호가 표상하는 대상을 지시한다고 할 수 있다. 바꿔 말하자면 기호의 해석자는 그 기호가 지시한다고 생각되는 대상을 해석할 수밖에 없다는 것이다. 그러므로 퍼스가 '관념' 혹은 '정신적 표상'이라고 하는 즉각적 대상은 관찰의 주체에 따라 달라질 수 있는 '내적' 대상이다. 예를 들어 고대 희랍의 화가 제욱시스가 붉은 장미꽃을 그렸다고 하자. 그리고 벌 한 마리가 장미 그림을 실제 장미꽃으로 착각하고 그림으로 달려들었다고 하자. 이때 동일한 붉은 장미 그림을 본다 해도 벌의 즉각적 대상과 인간의 즉각적 대상은 다를 수밖에 없다. 왜냐하면 자외선을 볼 수 있는 벌은 내게 붉게 보이는 장미꽃을 완전히 다른 색으로 혹은 완전히 다른 방식으로 지각할 것이고, 따라서 양자에게 표상된 이미지는 상이할 것이기 때문이다. 그러므로 개별적 정신의 인식 대상은 언제나 즉각적 대상이며, 그때마다 기호의 해석체에 표상되는 대상도 즉각적 대상일 수밖에 없다.

이와 달리 역동적 대상은 대상 자체이며, 어떤 표상과도 무관한 "실재로서 어떤 수단을 통해 기호를 그것의 표상으로 결정하는 것이다."(CP 4.536) 퍼스에게 있어서 실재는 내가 혹은 어떤 개별적 정신이 그것이 어떻다고 생각하는 것과 무관하게 존재하는 어떤 것으로(CP 5.565), 외적이고 영속적이다. 다시 말해 한 해석 주체가 그 장미꽃 그림을 붉은색으로 보건 혹은 더 큰 파장을 지닌 어떤 빛깔로 보건 간에 실재하는 어떤 대상이다. 이러한 대상은 기호화 과정 전체를 추동하는drive 기계 혹은 동력 장치와 같은 것으로, 기호 작용을 강요하는compel 대상이다. 기호는 "그것의 임무를 완수하고 그것의 잠재력을 현실화하기 위해서 반드시 대상에 의해 추동되어야" 한다(EP 2: 380). 즉각적 대상이 내적이라면 역동적 대상은 외적이고, 전자가 특수한 반면 후자는 일반적이다. 퍼스가 즉각적 대상과 역동적 대상을 구분하는 이유는 실재가 개별적인 정신적 표상과 무관하기 때문이다. 그렇다고 해서 퍼스가 실재를 표상과 전적으로 무관하다고 보지도 않았다. 단 이때의 표상은 무한한 공동체의 집단적 표상을 의미한다.[13]

---

[13] 이에 대해서는 이 장 1절, 특히 각주 6을 참고하라.

이와 같이 기호의 지시 대상을 어떤 것으로 상정하느냐에 따라 세미오시스는 다음 그림과 같이 두 가지 방식으로 파악될 수 있다. 그러나 퍼스 기호학을 정확하게 이해하려면 퍼스의 기호 정의에서 두 번째 항으로 기술되는 대상은 역동적 대상, 즉 실재라는 사실을 놓치지 않는 것이 중요하다.

⟨그림 7⟩ 무한한 세미오시스: 역동적 대상(DO)과 즉각적 대상(IO)

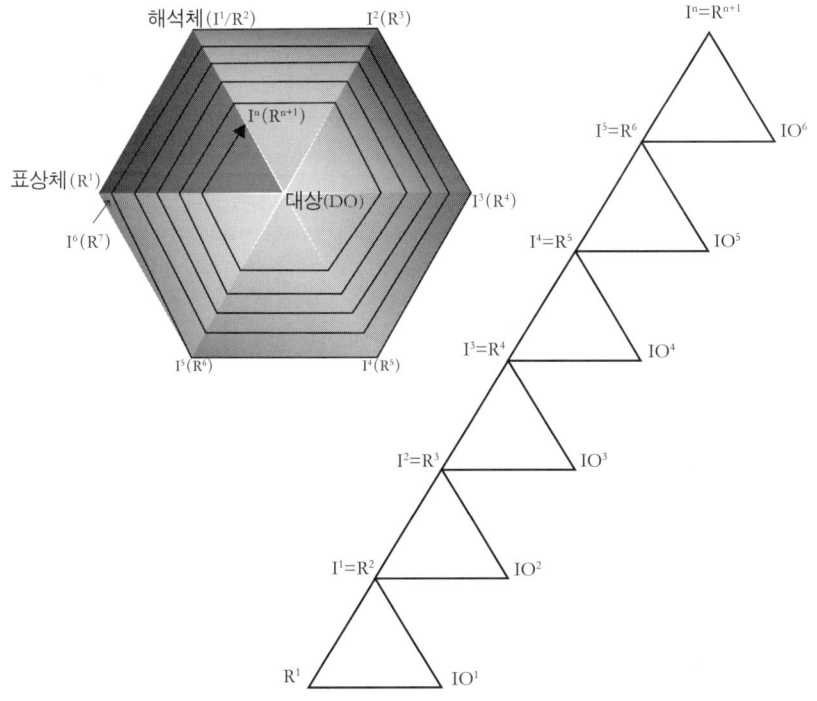

즉각적 대상은 기호의 표상 작용에 의존하는 대상이기 때문에 기호 작용 과정에서 변화하게 된다. 그런가 하면 역동적 대상은 개별적인 표상과 독립적으로 존재하는 대상, 즉 실재로서,[14] 세미오시스를 추동하는 동력 장치이고 기호의 결정자이다. 기호가 대상을 표상한다면, 대상은 기호를 결정한다. 이때의 결정은 "인과적·결정론적 과정이 아닌 속박하기 constraining로 이해되어야 한다." (Liszka, 1996: 23) 역동적 대상은 기호가 작용하도록 강요하는 것이다. 여기서 '강요'는 마치 상사의 명령이 부하로 하여금 진위 여부를 따지지 않고 그 명령에 복종하도록 강요하는 것과 매우 유사하다(CP 5.554).

이런 관점에서 칼 하우스만은 역동적 대상을 "해석에 부과된 속

[14] 퍼스가 역동적 대상을 실재적인 것과 동일시하는 경향이 있다는 것은 사실이다. 하지만 이것이 일관적으로 나타나진 않는다. 제임스 리츠카는 전반적으로 볼 때 퍼스가 실재적인 것과 역동적 대상 간의 차이를 분별하길 원했다고 판단한다(Liszka, 1996: 21~22). 퍼스는 '실재적인 것'과 '허구적인 것'을 대조시킨다. "만약 우리가 어떤 것에 대해 생각하는 방식이 그것이 존재하는 방식을 변화시킬 수 있다면" 그것은 허구적이다(CP 6.328). 반면 실재적인 것은 우리의 사고나 견해와 독립적으로 존재하는 것이다(CP 5.408). 그런가 하면 역동적 대상으로 기능하는 것에는 허구적인 것으로서의 하나의 가능성도 포함될 수 있다. 가령 셰익스피어가 만들어낸 캐릭터로서 햄릿은 역동적 대상으로 작용할 수 있다. 햄릿이란 허구적 인물이 "결국엔 도달할 어떤 정보에 대한 최종적 결정을 향해 기호학적 과정을 인도하는 보이지 않는 손"으로 기능한다면 말이다. 요컨대 '실재적인 것'과 '역동적 대상'은 동연적이지 않다. 하지만 '허구적인 것'을 제외한다면, 양자의 외연은 거의 동일하다. '역동적 대상'의 외연은 '실재적인 것'의 외연을 포함한 보다 넓은 것이므로, '실재적인 것'이 참으로 만드는 명제에 '실재적인 것' 대신 '역동적 대상'을 사용해도 언제나 참이다. 그런가 하면 '역동적 대상' 개념은 퍼스의 고유한 프래그머티즘적 실재론의 맥락에서 실재적인 것을 설명하기에 유용하다. 이런 판단하에 나는 퍼스의 실재 개념에 대하여 기호학적 용어인 '역동적 대상'을 중심으로 논의를 진행시키고자 한다.

박들의 조건" 혹은 "모든 해석과 탐구를 유인하고 근거 짓는 조건" 이라 파악한다(Hausman, 2002: 14, 21). 그에 의하면 역동적 대상은 최종적 견해의 대상으로, 혹은 탐구의 목적이나 목표로, 혹은 목적론적으로 추동되는 해석의 최종인 final causation으로 이해될 수 있다. 그것은 "그것의 어떤 특수한 국면과도 상관없는 그것 자체인"(CP 8.183) 대상이며, 거기에는 해석 과정이 무한하게 진행된다 해도 여전히 해석되지 않은 잔여물이 있다. 다시 말해 실재적인 것은 끊임없이 해석된다 하더라도 완전하게 해석될 수 없다는 것이다. 이런 의미에서 실재는 역동적이다. 그러므로 해석은 확정적 대상에 대한 확정적 사고 안에서 종결되지 않는다. 퍼스에게 있어서 의미는 언제나 불확정적이다. 역동적 대상은 언제나 해석되지 않은 국면을 가지고 있다. 그것은 전前 해석적으로, 비매개적으로, 즉 삼항 관계가 성립되기 이전에 존재하는 것이며, "세미오시스의 시작이자 기초로 기능하는 대상"이다. "그러므로 해석에 선행하는 대상의 초기화 작용을 특징화하는 것은 원칙적으로 불가능하다. 그것은 자기모순적이다. 왜냐하면 그런 특징화의 결과는 즉시 이미 해석된 대상을 지시할 것이기 때문이다."(Hausman, 2002: 14~15)

이처럼 실재를 역동적인 것으로 보는 관점은 일찍이 퍼스가 스콜라철학적 실재론의 한 형태를 받아들이고 프래그머티시즘을 개진하면서 일반자의 실재를 주장했던 것과 일관된다. 일반자는 정적이지도 않고 완전하게 확정적일 수도 없다. 모든 일반자는 미래에 예시될 무수한 개별 사례를 향해 열려 있는 불확정적인 실재이다. 이런 점에서 일반자로서의 실재는 역동적이고 발전적인 국면을 갖고 있다 하겠다.

그렇다고 해서 개별적인 정신이 역동적 대상을 파악할 기회가 전혀 없는 것은 아니다. 퍼스는 우리가 부수적collateral 경험을 통해 역동적 대상을 대면하게 된다고 말한다.

> 우리는 즉각적 대상—기호에 표상된 대상—과 실재(대상이 전적으로 허구적일 수도 있으므로 다른 용어를 취해야 한다. 그러므로) 혹은 역동적 대상이라고 할 것을 구분해야만 한다. 역동적 대상은 사물의 본성상 기호가 표현할 수 없고, 기호가 단지 지적할indicate 수밖에 없는 대상으로, 기호는 해석자가 부수적 경험을 통해 그것을 발견하도록 할 뿐이다. 예를 들어 나는 내가 의미하는 것을 내 손가락으로 가리키지만 만약 그가 그것을 보지 못한다면 나는 내가 의미하는 것을 내 동료가 알게 만들 수는 없다. 혹은 그가 내가 의미하는 것을 보고 있다면 그것은 그의 정신에서 그것 자체와 시각장 안에 있는 주변 대상들을 분리시키지 않는다(CP 8.314. 강조는 원저자).

역동적 대상은 어떤 기호에 의해서도 표상될 수 없다. 그것은 단지 지적될 뿐이다. 이때 지적indication은 곧 지표의 지시 기능이라 하겠는데, 퍼스가 제시하는 사례에서처럼 지표는 '내가 의미하는 것'을 가리키는 나의 손가락과도 같은 것이다. 나는 단지 내 손가락(지표)으로 내가 의미하고자 하는 것(대상)을 지적할 뿐이다. 하지만 내가 그것을 기술하거나 설명하지 않더라도, 내 동료는 그것과 그것을 둘러싼 대상을 경험함으로써 그것을 이해하게 된다. 이런 의미에서 마이클 호프만은 퍼스가 언급하는 부수적 경험을 '콘텍스트

경험'으로 해석한다(Hoffmann, 2001: 3장).[15]

그런데 역동적 대상 혹은 실재는 오로지 지표를 통해서만 대면할 수 있는 것인가? 그렇다. 하지만 우리가 특정한 대상에 대해 기술하기 위해서는 지표적 지시 작용을 도상이나 상징의 의미 작용과 결부시켜야만 한다(Short, 2007: 192~194). 특정한 시공간을 점유하는 개별적 대상에 대한 기호인 지표는 일반자인 도상이나 상징과 구별된다. 일반자는 반드시 그 유형(삼차성)을 예시하는 혹은 그 성질(일차성)을 구현하는 개별자의 지표를 통해서만 부수적 경험을 제공할 수 있게 된다. 쉬운 예로 수학 개념 같은 고도로 추상적인 존재자를 생각해보자. 그런 개념의 속성은 개별적인 다이어그램을 그려볼 때만 드러난다. 다시 말해 물리적인 다이어그램으로 도해함으로써 우리는 이상적인 수학적 존재자에 대해 더 즉각적으로 인식할 수 있다는 것이다. 여기서 주의해야 할 것은 퍼스가 지표적 지시를 정당한 지식의 형태로 인정하지 않는다는 사실이다(Short, 2007: 49). 그것은 그가 부인하는 직관적이고 오류 없는 지식으로 간주될 수 있기 때문이다. 그 대신 강조되어야 할 것은 인식 과정의 지표적 요소이다. 일반적인 것은 기술되고 설명될 때에야 인식이 가능한데, 지표는 "사물을 기술하지 않고도 지시하기 때문에"(W 5: 163) 우리의 이해를 도와준다. 이처럼 지표적 의미 작용을 통해 역동적 대상

---

15 여기서 인용한 CP 8.314에 따르면 '콘텍스트 경험'이란 해석이 적절해 보인다. 하지만 퍼스가 이 인용문에서 말하고자 하는 종류의 지식은 우리가 통상 '콘텍스트'란 용어의 의미로 알고 있는 종류의 것과는 다소 거리가 있다. 퍼스는 지표의 해석을 통해서 가능한 역동적 대상의 대면을 부수적 관찰이라고 일컫기 때문이다. 그러나 퍼스의 의도를 염두에 두고 지표가 가리키는 대상의 콘텍스트에 대한 경험을 부수적 관찰로 간주해도 큰 무리는 없어 보인다.

을 대면할 수 있다. 그렇다 하더라도 부수적 경험은 해석 과정에서 발전되기 전까지는 기술되거나 확정적으로 될 수 없다.

역동적 대상은 즉각적 대상—해석하는 정신에 표상된 대상—의 관점에서 본다면 초월적이라 할 수도 있다. 하지만 그것은 물자체 Ding an sich처럼 독립적이진 않다. 퍼스는 '절대적으로 인식될 수 없는' 대상의 존재를 인정하지 않았다. 그에게 있어 실재와 가지성은 동일하다. 불가지적인 실재를 상정하는 것은 공허한 말장난일뿐더러, 형이상학적으로 무의미하다. "(가장 넓은 의미에서) 인식 가능성과 존재being는 형이상학적으로 동일할 뿐만 아니라, 유의어들이다."(CP 5.257)[16] 실재는 해석을 속박하는 반면, 해석은 역동적 대상에 대한 유일한 접근이다. 하우스만은 이렇게 말한다. "해석 행위가 시작될 때부터 실재적 대상은 진화하는 기호로 발전되는 해석체와 상호 의존적이다. …… 해석은 전前 의식적 경험으로 지속적으로 확장되는 연속체 내에서 모든 가지적 경험 속에 침투해 있다." (Hausman, 2002: 18)

퍼스 실재론의 두 번째 논점은 기호 작용을 인간의 정신적 활동보다 훨씬 광범위한 것으로 만드는 그의 고유한 관념론적 관점에서 이해되어야 한다. 퍼스에게 있어서 인간의 의식은 기호 활동의 필요조건이 아니다. 엄밀히 말해 기호의 표상 작용은 각기 다른 역할

---

[16] 퍼스의 "모든 사고는 기호 안에 있다."는 사상의 한 귀결은 절대적으로 인식될 수 없는 대상은 없다는 것이다. 앞서 언급했듯 현실적·잠재적으로 존재하는 모든 대상은 기호가 될 수 있다. 그리고 실재하는 모든 대상은 언젠가는 알려질 수 있다. 수렴 논제는 정신과 독립적으로 존재하는 실재를 물자체로 환원시키지 않으면서 그러한 실재가 어떻게 우리의 개별적인 견해와 무관한지 알려준다. 이런 점에서 퍼스의 입장은 칸트의 입장과 명백히 다르다.

을 담당하는 세 사물 간의 관계에서 발생한다. "기호는 한편으로는 그것의 대상과의 관계에, 다른 한편으로는 해석체와의 관계에 있는 대상으로, 해석체가 기호 자체와 그 대상과의 관계와 일치하는 관계를 갖도록 하는 것이다."(CP 8.322) 이러한 퍼스의 '일반적인' 기호학은 정신이 기호 활동의 소산이지 그 역은 아니라는 신념에 기초하고 있다. 그에 의하면 "우주는 전적으로 기호로만 구성되어 있지 않다 하더라도 기호로 가득 차 있다."(CP 5.448, n. 1) 퍼스가 관념론자라면, 이는 퍼스가 존재와 실재가 인간의 정신적 상태 안에 있다고 보기 때문이 아니다. 그는 세계가 기호 활동으로 가득 차 있으며, 그것의 한 파생물이 인간 의식의 인식 능력이라고 보는 기호학적 토대에서 고유한 관념론을 펼치고 있다.

퍼스의 관념론을 이해하는 하나의 방식은 그가 만든 유형type과 증표token의 구별을 사고thought와 사유thinking에 적용하는 것이다.[17] 사유는 개별적인 인간 의식 안에서 일어나는 시·공간적 사건이다. 사고는 현존적으로 오직 사유 안에서만 발생하지만, 개별적인 사유보다 훨씬 넓은 일반적인 것이다. 사고는 유형이고, 사유는 증표다. 퍼스에게 있어서 인간의 사유는 유적 사고의 한 종이다. 사

---

17 유형과 증표는 퍼스의 기호 유형학에서 표상체에 의거하여 분류하는 기호의 종류이다. 표상체는 그것이 일차성이냐, 이차성이냐, 혹은 삼차성이냐에 따라 성질, 개별적 대상, 혹은 일반적 유형이 된다. 만약 표상체가 이차성일 경우, 기호는 개별기호sinsign 혹은 증표가 되며, 표상체가 삼차성일 경우, 기호는 법칙기호legisign 혹은 유형이 된다. 2장 2절에서 고찰한 것처럼 법칙기호가 기호로 작용하기 위해서는 존재하는 사물로 예시되어야 한다. 그러나 예시는 기호의 성격에 영향을 주지 않는다(CP 2.43~46; 퍼스의 유형-증표 논의에 대해서는 CP 4.537을 참고하라).

고-사유가 유형-증표의 관계에 있다는 것은 양자가 일반자-개별자 관계라는 것이다. 사고는 사유로만 발생하지만, 모든 사유의 집합이 곧 사고는 아니다. 다시 말해 일반자 사고는 개별자 사유의 모든 사례에 의해 소진되지 않는다는 것이다. 1868년에 이미 퍼스는 자신의 사상을 다음과 같이 정식화한 바 있다. "우리가 움직임이 몸 안에 있다 하지 않고, 몸이 움직임 안에 있다고a body is in motion 말하는 것처럼, 우리는 사고가 우리 안에 있다고 해서는 안 되며 우리가 사고 안에 있다고we are in thought 해야 할 것이다."(CP 5.289)

사고는 순간적으로 현전하지 않는다. 어떤 한 순간의 사고는 의미를 갖고 있지 않다. 사고가 사유로 예시될 때, 그것은 정신의 한 상태에서 그다음 상태로의 연속으로 나타난다. 의미는 사고들의 연속, 즉 기호 추론sign-inferring에서 발생한다. 퍼스가 "무제한적 세미오시스"와 "무한한 탐구 공동체"를 상정하는 것은 초기의 사고기호 독트린에 함축된 연속성 관념의 필연적 귀결이라 할 수 있다. 무한성과 연속성 관념은 퍼스가 후기에 정립한 우주론에서 시네키즘 원리로 집대성된다. 아래에서는 퍼스의 우주론의 맥락에서 실재 개념에 접근해보자.

### 2) 시네키즘: 무한성과 연속성

하우스만에 의하면 "최종적인 역동적 대상이 될 것would-be final dynamical object은 역동적이기 때문에 무한하게 과정 중에 있다." 하우스만이 '과정 철학'이라 명명한 퍼스 실재론의 핵심 원리는 시네키즘이다. 시네키즘은 퍼스의 진화적 우주론의 한 부분이다. 퍼스는 기계론에 반대하여 다윈의 진화론을 물리적 우주의 전개에 적용시킨 진화적 우주론을 제시한다.

퍼스의 우주론은 정신 혹은 의식의 진화에 관한 이론이다. 퍼스는 이렇게 말한다. "우주에 관한 유일하게 가지적인 이론은 객관적 관념론, 즉 물질은 쇠퇴한 정신이요, 물리적 법칙이 되어가는 만성적 습관이라는 이론이다."(CP 6.25) 퍼스는 일차성, 이차성, 삼차성의 범주들을 우주론에 적용하여 각각 타이키즘Tychism, 아가피즘Agapism, 시네키즘이라 명명한다. 현상학의 세 범주와 마찬가지로 우주론의 요소들도 서로 환원 불가능하다. 간단히 말하자면 타이키즘은 순수한 우연chance이 실재적으로 우주에서 작동한다는 이론이고, 아가피즘은 하나와 다른 하나의 연관 혹은 매혹으로서의 사랑이 세계에서 실재적 영향력을 갖는다는 이론이며, 시네키즘은 연속성이 우주에 편재하고 연속성에 대한 가정이 철학에서 방법론적으로 커다란 중요성을 갖는다는 이론이다.

타이키즘은 우주의 본질적 요소가 우연, 즉 순수한 혹은 절대적인 우연이며 단순한 인식론적 무지가 아니라는 것이다. 퍼스는 이렇게 설명한다.

> 우연-자발성spontaneity이 발견되는 곳이라면 어디서나 동일한 비율로 느낌feeling이 존재한다. 사실상 우연은 단지 그 자체 안에 느낌이 있는 것의 외적 국면일 뿐이다. …… 간단히 말해 다양화는 우연-자발성의 흔적이며, 다양성이 증가하는 곳에서는 어디서나 우연이 반드시 작동하고 있다(CP 6.265~267).

우주의 시초에는 아무것도 존재하지 않았다. 무에서 생겨난 순수한 운동을 상상해보라. 어떤 규칙성(삼차성)도 없고 다른 것과의 연관성(이차성)도 없는 한갓된 현상(일차성)이 존재할 때, 그때는 어떤 개별자도 타자도 혹은 법칙도 없었다. 퍼스는 이러한 시초적인 상태를 "절대적으로 정의되지 않고 제한되지 않은 가능성, 즉 무한한 가능성"이라고 말한다(CP 6.217). 이러한 가능성은 어떤 강제력이나 법칙에 매이지 않은 무한한 자유다. 우주론적 일차성의 요소는 존재의 모든 국면에 현존한다. 우리는 무언가를 발견할 때마다, 그것이 어떤 존재자든지 간에 일차성 요소를 인식하게 된다. 순수한 일차성은 정신의 출현을 충분히 설명하지 않지만, 가장 일반적인 의미의 인간의 정신과 의식의 필요조건이다. 이처럼 일차성의 요소는 필요한 것인 반면, 다른 두 범주가 없다면 충분한 것은 아니다.

아가피즘은 "창조적 사랑에 의한" 우주론적 진화의 양태이다(CP 6.302). 분노, 연민, 두려움, 기쁨 등 모든 감정emotions이 대상 지향적이라는 것을 고려한다면, 아가피즘이 이차성의 우주론적 표명임을 이해할 수 있다. 퍼스는 이 원리를 진화의 동기가 되고 있는 힘을 설명하는 데 사용한다. 사랑 혹은 에로스, 즉 "충일한 사랑 exuberance-love"은 우주가 이제껏 어떻게 발전되어왔는지를 우연한 변화나 기계적 필연성보다 잘 설명해준다. 우연적인 변화나 기계적 법칙과 달리, 사랑은 목적이 있고 목표를 향해 있다. 어떤 면에서 진화적 사랑의 원리는 우주가 목적론적이라고 말하는 퍼스의 종교적 방식이기도 하다.

퍼스에 의하면 우주의 목적은 다양성과 조화이다. 사랑의 감정은 단순한 느낌이 아니라, 논리적 판단의 발생기적nascent 상태이다(Forest, 2000: 82). 퍼스에게 있어서 감정은 합리적인 사고의 복잡한 술어에 대한 대용어로 기능할 수 있는 단순한 술어이다. 사랑의 감정적 반응은 단순히 주관적이고 사적인 느낌으로 간주되어서는 안 된다. 퍼스의 시각에서 볼 때 경험의 감정적, 질적 국면을 이성적이지 않다는 이유로 무시하는 것은 실증주의자들의 계량적 사고의 유산이다. 퍼스는 이러한 이분법을 전적으로 거부한다. 감정은 대상을 갖고 있기 때문에 지향적이다. 다시 말해 그것은 대상을 지시한다는 것이다. 단 그것은 지표가 그러하듯 이항적인 관계에서 그 대상을 지적한다.

아가피즘은 다양한 존재를 조화로 이끌고 합리적 사고를 예표豫表함으로써 서서히 시네키즘으로 변화한다. 연속성의 원리인 시네키즘은 삼차성의 우주론적 표현이다. 퍼스는 시네키즘의 주요 개념들이 되는 무한성과 연속성 관념을 참된 연속체에 대한 수학적 작업을 통해 도출했다. 퍼스는 연속체를 "그 모든 부분이 동일한 종류의 부분들을 갖고 있는 것"이라고 정의한다(CP 6.168). 그는 칸트의 '무한한 분리 가능성' 관념으로부터[18] "[연속체의] 모든 점을 차지하고 있는 입자들은 절대적 동일성을 갖고 있지 않다."(NEM 3: 748)는 결론을 도출하였다(Forest, 2000: 69). 그리하여 퍼스는 무한하게 작은

---

18 칸트는 『순수이성비판』에서 다음과 같이 '무한한 분리 가능성'에 대해 언급한다. "공간과 시간은 연속적인 양quanta continua이다. 왜냐하면 공간과 시간의 어느 한 부분도 극한치들(점들 혹은 사례들) 사이에 놓이지 않은 채 주어질 수 없고 따라서 이 하나의 부분 자체가 또 하나의 공간이나 시간이 되는 방식으로만 주어지기 때문이다. 그러므로 공간은 오로지 공간에 의해서만, 그리고 시간은 시간에 의해서만 구성된다."(Forest, 2000: 69, n. 18에서 재인용)

크기magnitudes가 실재한다는 것과 부분들이 직접적으로 연관되어 있다는 것을 옹호하게 된다.

> 완벽한 연속체의 본질적인 특성에 대한 내 생각은 [그것이] 절대적 일반성이라는 것이다. 거기에는 다음의 두 가지 법칙이 작동한다. 첫째, 모든 부분은 부분들을 갖고 있다. 둘째, 충분히 작은 모든 부분은 다른 모든 것과 마찬가지로 다른 것들과 직접적으로 연관되어 있는 양태를 띠고 있다(CP 4.642).

연속체 내의 어떤 부분이든지 그것의 부분들을 갖고 있으므로, 부분의 크기는 무한하게 작을 수 있다.[19] 또한 연속체의 두 부분은 즉각적으로 연관되어 있기 때문에, 연속체 내에서 그것들의 위치는 객관적으로 불확정적이다. 켈리 파커의 설명을 보자.

> [연속체 내의 두 점] A와 B 사이의 크기는 결정할 수 없을 만큼 작다. A와 B는 객관적으로 비결정적인 양들이고, 연속체에서 그것들이 발생한 위치는 일반자다. 퍼스는 배중률이 일반적 항들에는 적용되지 않는다고 말한다(CP 5.448, 505). 여기 연속의

---

[19] 퍼스는 무한하게 작은 크기의 실재를 옹호하면서, 실수real number 체계에 무한소를 도입하는 것이 체계와 정합적임을 자신이 증명했다고 주장한다. 퍼스가 소개하는 새로운 체계에는 0과 등치되지 않는 무한하게 많은 존재자가 있으며, 0과 등치되지 않는 어떤 실수 r이 아무리 작다 하더라도 r보다 작은 무한한 수가 있다. 현대적 용어로 '비아르키메데스적으로non-Archimedean 순서가 매겨진 영역'의 존재 증명이라 할 수 있는 이런 논변이 퍼스가 진정한 연속체라고 부른 영역에 대한 것이다(Burch, 2006 참고).

수학에서 우리는 배중률의 예외 사례를 만난다. 두 직접적으로 연관된 연속체의 부분들이 위치를 포함하여 모든 관점에서 동일하다고 말하는 것은 완전히 참도 거짓도 아니다(Parker, 1998: 91).

이러한 수학적 연속체 개념으로부터 퍼스는 형이상학적으로 원초적인 개별자들이 존재하지 않는 연속적인 세계에 대한 가정을 도출해낸다. 그러한 세계는 불연속적인 부분들의 유한한 집합들로 구성되지 않는다. 이처럼 수학적 연속체 관념을 발전시킴으로써 퍼스는 철학에서 연속성 개념을 정식화할 수 있었다. 퍼스는 윌리엄 제임스에게 보내는 편지에서 '시네키즘', 즉 그의 연속성에 대한 철학적 독트린을 "아치의 종석"이라 불렀다(CP 8.257). 1897년 퍼스는 연속성에 대해 다음과 같이 말한다. "그것은 모든 과학적 사고에서 대단한 역할을 수행하며, 그 사고가 과학적일수록 그 역할은 더 대단하다. 그것은 철학의 난해성arcana을 풀어주는 마스터키다."(CP 1.163)

무한성과 연속성에 관한 관념들은 퍼스의 진화적 관점과 우주론에 직접 영향을 주었다. 진화에 대한 퍼스의 논의들은 무한한 세미오시스와 무한한 탐구 공동체에 대한 우주론적 표현이며, 정신과 질료의 관계에 대한 퍼스 식의 설명이다. 퍼스에 의하면 실재의 모든 국면에서 발전의 원리가 발견된다. 가령 기호학의 문맥에서 그는 "상징들은 성장한다. 그것들은 다른 기호들로부터 발전된다. …… 상징은 일단 존재하게 되면 사람들 사이에 퍼진다. 사용되고 경험되면서 그것의 의미는 자란다."(CP 2.302)고 언급한다. 상징은 표상체와 그 대상의 관계라는 측면에서 기호들을 분류했을 때 세 번째의 것이다. 상징은 일반성, 무한성, 연속성, 확산, 성장, 지능과 같은 삼차성의 제 특성을 나타낸다(CP 1.340). 요컨대 성숙한 퍼스의 기호학에는 그의 존재 이론에 본질적인 진화적 국면이 통합되어 있는 것이다.

그러므로 우리는 우주론적 진화 원리인 시네키즘을 따라 퍼스 기호학의 주요 특징인 무한한 과정 개념을 설명할 수 있다. 퍼스에게 있어서 탐구 과정은 무제한적 세미오시스의 한 양태로 이해되며, 이때 해석 혹은 탐구는 확정적 대상에 대한 확정적 사고 안에서 종결된다고 상정될 수 없다. 무한한 탐구 공동체의 최종적 견해인 진리는 언제나 잠재태로 상정되어야 한다. 그것은 일시적으로 현실태가 될 수 있지만 원칙적으로 언제든지 새로운 견해에 의해 수정될 수 있다. 그러므로 최종적 견해는 탐구에 실재적 압력을 행사하는 규제적 이상으로 간주되는 것이 타당하다. 역동적 대상, 즉 최종적 견해의 대상은 탐구의 진화적 발전 과정의 이상적 한계에 놓인다. 그러나 이상적 한계가 결코 완전히 성취되지 않는다는 것은 탐구 공동체가 구성해낸 진리에의 근사치가 단순히 주관적이거나 내적이거나 상대적이라는 의미는 아니다. 진리 탐구의 무한한 진화 과정에 대한 퍼스의 관점은 오류 가능주의에 근거를 두고 있다. 어떤 탐구자도 진리에 도달했다고 완전한 확신을 가지고 주장할 수 없다. 왜냐하면 무한한 미래의 어느 시점에 새로운 증거나 정보가 나타나 가장 확고한 사실들과, 더 나아가 우리의 신념 체계 전체를 흔들어놓을 수도 있기 때문이다. 그러므로 언제든지 현재 도달한 잠정적 진리에 대한 반박 가능성을 열어두어야 한다.

하우스만은 최종적 견해의 대상이 결코 성취될 수 없는 이상적 극한에 놓인다 하여 그것이 비가지적인 것이라고 단언할 수 없다고 말한다(Hausman, 1993: 217). 그가 제시하는 이유는 두 가지이다. 첫째, 최종적 견해를 이상적인 개념으로 보는 것은 그것을 단순히 비가지적인 것으로 취급하는 것이 아니라 타이키즘과 일관되게 해석하는 것이다. 앞서 언급했듯 타이키즘은 우주의 모든 구성 요소에 작동하는 우연의 원리이다. 어떤 우발적인 요소가 우리 탐구의 장애물이 될지 혹은 탐구를 진척시킬지는 예측할 수 없다. 둘째, "최종적 견해라는 관념의 개방된 국면은 원칙상 비가지적이지 않은데, 이는 우리가 일반자가 그 사례들에 개방되어 있다는 것 — 개별자들이 아무리 많아도 일반자를 소진시킬 수 없다는 것 — 을 인식할 때 일반자의 개념이 비가지적이지 않은 것과 마찬가지이다."(Hausman, 1993: 217) 우리가 어떤 일반자, 가령 '삼각형'이라는 개념을 이해하려 한다 하자. 삼각형의 개념과 그 사례들은 유형(일반자)과 증표(개별자)의 관계에 있어서 삼각형의 개념이 현존하는 모든 삼각형 사례의 집합과 등가적이라고 할 수 없다. 삼각형 개념과 등가인 것은 무한한 삼각형 사례의 집합인 것이다. 하지만 우리는 삼각형의 모든 사례를 섭렵하지 않는다 하더라도 그 개념을 이해할 수 있다. 이와 마찬가지로 최종적 견해라는 이상은 비결정적이지만 비가지적이지는 않다.[20]

---

20 클라우스 욀러는 퍼스의 기호학을 "모호성vagueness의 기호학"이라고 부른다 (Oehler, 1987: 4). 모호성은 퍼스가 「프래그머티시즘의 쟁점들」에서 자신의 비판적 상식론의 특성 중 하나로 제시한 것이다(EP 2: 350~351 참고). 그에 따르면 일반자, 즉 개념은 결정적determinate이지 않다는 의미에서 모호성을 특징으로

하우스만에 의하면 퍼스에게 있어서 최종적인 역동적 대상, 즉 탐구의 최종적 목표는 단순한 이상에 그치는 것이 아니다.

> 퍼스는 최종적 목표를 희망으로 보았다. 희망은 가능성에 대한 순수하게 지적인 개념 이상의 것이다. 이것은 기대되는 현실적, 구체적 상태가 있다는 것을 제시한다. …… 그것[최종적 목표]의 이상성은, 탐구자의 삶에서 한 회 분을 취할 때 현실성에서의 그것의 역할과 융합된다(Hausman, 1993: 219).

퍼스가 「관념을 명석하게 하는 방법」에서 "과학의 모든 추종자는 탐구 과정이 충분히 추진되기만 한다면, 각각의 문제에 대해 하나의 확실한 해결책을 가져다줄 것이라는 희망으로부터 생기를 얻는다. …… 이 위대한 희망은 진리와 실재 개념으로 구현된다."(CP 5.407)고 썼을 때, 탐구의 최종적 목표로서의 실재가 단지 하나의 이상으로 제시된다는 것을 의미하지는 않았을 것이다. 결국엔 해결책에 도달할 것이라는 희망이 탐구 과정을 지속적으로 추진시키는 실재적인 힘으로 작동한다는 것이다.[21]

한다. 풀어 말하자면 한 개념의 의미는 언제나 잠정적으로만 결정될 수 있을 뿐 그것의 진위 여부의 판단은 끊임없이 유보되므로 무한하게 새로운 해석이 가능하다는 것이다.

21 CP 5.407의 첫 문장은 퍼스가 1878년에 "과학의 모든 추종자는 탐구 과정이 충분히 추구되기만 한다면, 그것이 적용될 수 있는 모든 문제에 대해 특정한 해답을 주리라는 사실을 완전히 납득하고 있다."로 썼던 것을 1903년에 수정한 것이다. 이에 대해 크리스토퍼 혹웨이는 퍼스가 초기의 '절대적인' 실재 개념을 후기에 이르러 덜 절대적인 판본으로 수정했다고 보는데, 그 증거를 "완전히 납득하고 있다."를 "희망으로부터 생기를 얻는다."로 바꾼 데서 찾는다

이상에서 살펴보았듯이 퍼스에게 있어서 실재는 탐구 과정을 속박하고 근거 짓는 정신 외부적 조건으로 기능하는 것이다. 그것은 탐구의 궁극적 목표이자 이상적 한계로서, 현실적 탐구들이 점진적으로 수렴해가는 지점에 위치한다. 모든 일반자가 그 개별적 사례들의 집합에서 소진되지 않는 것과 마찬가지로 최종적인 역동적 대상은 국지적인 수렴들에 의해 완전히 해명되지 않으며 해명될 수 없다. 또한 실재가 무한하게 진화하는 과정 중에 있다는 데서 그것의 역동적 국면을 파악할 수 있다. 하우스만에 의하면 "실재적인 것은 사건들 혹은 실제성들의 흐름으로 일시적으로 퍼져 있는 것이다. 실재의 과정들 안에서 유일한 안정성은 사건들 간의 관계 속에 있다."(Hausman, 2002: 13) 퍼스가 실재론자라면, 그 이유는 그가 세계가 존재하는 한 방식이 있으며 우리가 그것을 발견하고 알 수 있다는 사실을 제시했기 때문이다. 만약 일종의 순수한 본체계의 영역에 존재하는, 사고와 완전히 단절된 어떤 것이 존재한다는 의미에서, 혹은 오직 개별적이고 물리적인 대상들만 존재한다는 의미에서 실재에 대해 말한다면, 그는 실재론자라 할 수 없을 것이다.

이제까지 우리는 퍼스의 실재 개념을 두 방향에서 고찰하였다. 우선 그의 프래그머티즘적 탐구 이론에서 실재는 탐구자 공동체가

---

(Hookway, 2004: 134~135). 그러나 나는 초기의 퍼스가 모든 탐구자가 현실적으로 도달할 수 있는 것으로서의 실재를 상정했다고 보지 않는다. 초기부터 그는 하나의 규제적 이상으로 실재를 상정했던 것이다. 그러므로 퍼스가 후기에 프래그머티즘을 재정비하면서 탐구자들의 탐구 과정에 생기를 부여하는 희망에 대해 언급한 것은 그의 실재 개념을 어떤 식으로든 변경시킨 것이라 할 수 없다. 달라진 것이 있다면, 후기의 퍼스가 잠재성의 실재를 증명하게 되었고 덕분에 초기 이론의 미흡한 점들을 보완할 수 있게 되었다는 것이다.

궁극적으로 도달할 공동 견해의 대상으로 정의되었다. 진리의 대상으로서의 실재는 기호학의 맥락에서 해석체의 무한한 연속을 추동하는 역동적 대상과 동일시된다. 둘째로 퍼스가 후기에 집대성한 우주론의 맥락에서 실재는 시네키즘의 속성, 즉 무한성과 연속성을 가진 것으로 규정되었다. 실재가 '무한한 연속체' 개념을 통해 정의되고 정태적이지 않고 역동적인 것으로 간주된다는 점에서 첫 번째 접근과 두 번째 접근이 근본적으로 다르다고 말하긴 어렵다. 두 접근의 차이는 전자가 퍼스의 프래그머티즘적 인식론의 맥락에서 초기에 등장한 것인 반면, 후자는 그의 형이상학의 맥락에서 후기에 등장했다는 점에 있다.

　퍼스 기호학의 실재론적 구조는 미술사 연구를 포함한 탐구의 과정에 대한 하나의 설득력 있는 설명을 제공한다. 미술사 연구는 일차적으로 텍스트에 대한 해석 과정이다. 이는 비단 미술사학의 사정만이 아니다. 암세포의 발생 원인을 연구하는 의학자들도 각자 다른 분석 결과를 제시한다. 하지만 우리는 각각의 해석과 분석이 그저 임의적인 것이라고 간주하지 않는다. 하나의 미술 작품에 대한 연구는 특정한 암세포에 대한 연구와 마찬가지로 궁극적인 진리를 목표로 하고 있다. 미술사학자 공동체는 그 미술 작품이 제시하는 문제에 대한 정확한 답변을 제시하기 위해 탐구를 지속할 것이고, 의학자 공동체는 그 암세포와 관련된 문제를 해결하기 위해 탐구를 지속할 것이다. 이처럼 의미의 해석 이론인 동시에 진리의 탐구 이론이기도 한 퍼스의 프래그머티즘은 자연과학적 탐구뿐만 아니라 미술사 연구에 대해서도 적절한 설명을 제시할 수 있다. 퍼스의 기호학이 신미술사를 위한 철학이 될 수 있는 가능성을 보다 구체적으로 논의하기 위해 이어지는 4장에서는 퍼스의 역사 및 의미 개념에 대해 고찰하도록 하겠다.

# 4장
# 퍼스의 기호학과 역사

앞서 3장에서 우리는 퍼스의 실재론적 프래그머티즘—즉 프래그머티시즘—에 대해 고찰하면서 퍼스 철학에서 의미 이론 및 진리 이론에 대해 살펴보았다. 제임스가 '개념의 실천적 효과'를 진리로 간주한 것과 달리, 퍼스는 그런 개별적인 의미 효과의 무한한 집합이 점진적으로 향해가는 지점을 진리라고 생각한다. 요컨대 제임스는 의미와 진리를 동일시한 반면, 퍼스는 의미와 진리를 구별하고 있다. 퍼스가 세미오시스라고 일컬은 무한한 탐구 과정에서 개별적인 탐구자가 성취하는 것은 제아무리 참되어 보인다 하더라도 잠정적인 해석일 뿐이다. 퍼스는 현재 해석의 설득력을 의심함으로써, 즉 궁극적인 진리를 무한한 미래에 유보함으로써 더 진전된 탐구를 추구하고자 했다. 그 결과 퍼스의 프래그머티시즘에서 실재는 확정적인 실체가 아니라 유동적인 과정이 되고 있다.

이제까지의 고찰을 바탕으로 이 장에선 보다 구체적으로 미술사에서 지식이 어떻게 성립하는지 설명할 모델로 퍼스의 기호학에 접근하고자 한다. 그럼으로써 미술사의 의미와 진리의 문제에 접근할 이론적 틀로서 퍼스 기호학의 설득력을 진단해볼 것이다. 이를 위하여 퍼스의 의미 이론과 탐구 이론의 주요 논점을 중심으로 고찰하고자 한다. 의미와 진리에 관한 퍼스의 이론에 대해서는 앞선 장들에서 퍼스의 기호학과 프래그머티즘을 다루면서 어느 정도 살펴보았다. 2장에서는 기호 표상의 삼항 구조를 중심으로 기호학의 기본 윤곽을 그리는 데 집중했고, 3장에서는 퍼스 기호학과 프래그머티즘의 실재론적 본성을 소개하는 데 초점을 맞추었다. 4장에서는 퍼스 기호학을 통해 미술사의 진리 탐구 과정에 대해 어떻게 설명할 것인가 하는 문제에 집중하고자 한다. 이를 위해 퍼스의 의미 이론이라 할 해석체 이론과 탐구의 방법론인 가추법을 중심으로 논의를 전개할 것이다.

## 1. 의미 이론

퍼스의 의미 이론은 해석체 이론으로 간주되어야 한다. 퍼스 기호학에선 의미 영역이 대상과 해석체 두 부분으로 나뉘어 있다. 거칠게 말해 퍼스의 대상은 프레게의 지시체Bedeutung/reference와, 해석체는 의미Sinn/sense와 상응한다. 가령 '금성'의 지시체는 유일하지만, 그것의 의미는 저녁엔 개밥바라기, 새벽엔 샛별로 두 가지다. 이와 유사한 차이가 퍼스의 대상과 해석체 간에 발생한다. 프레게는 의미의 여러 종류를 정확하게 지적한 반면, 퍼스는 지시 대상이 동일하더라도 해석의 맥락에 따라 그 의미가 달라질 수 있다는 사실을 적절하게 설명하였다. 무한한 세미오시스를 추동하는 대상(역동적 대상)은 의미 작용의 필수 불가결한 요소이다. 하지만 퍼스에게 있어서 대상은 그의 기호학적 실재론의 중핵을 이루는 요소이므로 의미론보다는 존재론의 맥락에서 다루는 것이 더 적당하다. 그런가 하면 해석체 및 해석의 문제에서 파생하는 여러 개념은 그의 기호학적 의미론의 가장 핵심적인 부분을 차지한다.

퍼스는 한 개념의 의미를 그것이 초래할 미래의 효과에 대한 믿음으로 규정한다. 개념의 실천적 효과에 대한 믿음으로서의 의미는 습관과 유사하다. 다시 말해 우리가 어떤 개념의 의미를 알고 있다는 것은 그것이 어떤 현실적인 결과를 초래할 것이라는 사실을 믿고, 예상되는 결과에 따라 행동하려는 경향성, 즉 습관을 갖는다는 것이다. 그런가 하면 퍼스의 기호학에서 습관은 해석체의 일종으로, 다시 말해 '궁극적인 논리적 해석체ultimate logical interpretant'로 간주된다. 초기의 프래그머티즘적 의미론에서 습관으로 규정된 의미가 후기의 기호학에서 일종의 해석체로 간주되는 이유를 이해하기 위해서는 퍼스의 해석체 분류법을 우선 고찰할 필요가 있다.

1) 해석체의 종류

퍼스는 수차례 다양한 방식으로 해석체의 분류를 시도하였고, 해석체의 각 종류를 지시하는 여러 용어를 때때로 비일관적으로 사용하였다. 그렇기 때문에 퍼스의 논평자들은 해석체 이론을 설명하는 데 있어서 일치점을 찾지 못하고 있다.[1] 퍼스의 해석체 이론에 대한 여러 해석 중 나는 탐 쇼트의 것을 따르고자 한다. 쇼트의 해석체 분류를 따를 때 퍼스 기호학을 하나의 일관적인 체계로 이해할 수 있다고 판단하기 때문이다. 쇼트는 퍼스가 제시한 다양한 해석체를 두 종류의 삼분법으로 구분한다(Short, 2004: 214~237). 그중 하나는 즉각적, 역동적, 최종적 해석체의 삼분법이고, 다른 하나는 감정적, 활력적, 논리적 해석체의 삼분법이다. 다시 말해 쇼트에 의하면 퍼스는 적어도 두 가지의 해석체의 삼분법을 제시했고, 이 둘은 전적으로 상이한 분류라는 것이다. 첫 번째 분류법은 세미오시스의 목

---

[1] 가령 피츠제럴드는 즉각적, 역동적, 최종적 해석체의 삼분법을 기본적인 것으로 제안한 후, 감정적, 활력적, 논리적 해석체를 역동적 해석체의 하위 분류로 간주한다(Fitzgerald, 1966: 78). 그는 이 세 해석체가 모두 해석자에게 미친 현실적 해석 효과라고 보기 때문이다. 이와 달리 탐 쇼트는 즉각적, 역동적, 최종적 해석체가 각각 감정적, 활력적, 논리적 해석체로 다시 구분될 수 있다고 판단하고 있다. 쇼트에 의하면 즉각적 해석체는 감정적, 활력적, 논리적 해석체 중 하나가 될 수 있다는 것이다. 역동적, 최종적 해석체도 마찬가지다. 예를 들어 최종적 해석체는 그 기호의 해석이라는 목적을 가장 잘 성취시킬 느낌, 행동, 사고, 혹은 습관 형성일 수 있다. 한편 리츠카는 피츠제럴드와 쇼트의 분류법이 퍼스의 원문에 얼마나 충실한가 분석하고 나서, 이 두 종류의 삼분법보다 더 주목해야 할 의도적intentional, 효력적effectual, 소통적communicational 해석체의 삼분법에 대해 언급한다. 1906년경 등장하는 이 삼분법에서 의도적 해석체는 발화자의 정신의 결정으로 규정되고 있다. 다시 말해 의도적 해석체는 효력적 해석체와 소통적 해석체의 소통이 이뤄지기 위해 발화자와 해석자의 정신들이 융합되어야 하는 정신의 결정인 것이다. 효력적 해석체와 소통적 해석체의 차이는 전자가 화자의 언명에 대한 청자의 이항적 반응 관계에서 발생하는 반면, 후자는 화자와 청자가 제3의 공통의 요소로 연관된 삼항적 관계에서 생산된다는 것이다(Liszka, 1990: 24). 이에 대해 쇼트는 리츠카의 분석에 대한 답변을 동일한 학술지에 게재해, 자신의 분류법이 퍼스 사상의 진화 과정을 잘 설명할 뿐만 아니라, 전체 사상과 일관된 맥락에서 해석체 이론을 성립시킬 수 있다는 것을 보여준다(Short, 1996: 488~541 참고).

적론적 구조에 따른 것이고, 두 번째는 퍼스의 범주론을 해석체의 분류에 적용한 것이다. 퍼스는 자주 '최종적 해석체'와 '궁극적 해석체'를 동일시하여 독자들을 혼돈스럽게 한다. 그러나 쇼트가 고찰한 바와 같이 우리는 퍼스의 최종적이지 않은 궁극적 해석체와, 그리고 궁극적이지 않은 최종적 해석체에 대해 지적할 수 있으므로 양자의 구분은 충분히 유효하다(Short, 2007: 179). 우선 첫 번째 삼분법부터 고찰해보자.

**(1) 즉각적, 역동적, 최종적 해석체**

퍼스는 기호를 표상체, 대상, 해석체의 삼항 관계로 구성되는 현상으로 규정하고, 해석체를 "해석하는 정신에 떠오른 의미 효과이자 더 발전된 기호"(CP 2.228)라고 한다. 하나의 해석체는 새로운 표상체로 작용하여 그 자신의 해석체를 가질 수 있다. 그러므로 퍼스에게 있어서 의미 작용은 원칙상 무한하게 지속되는 해석 과정으로 상정된다. 퍼스는 무한한 기호 해석 과정을 '세미오시스'라는 신조어로 명명하였다. 세미오시스 개념은 퍼스가 1860년대의 인식론 시리즈에서는 사고기호의 연속성을, 1870년대의 프래그머티즘 시리즈에서는 탐구 과정의 무한성과 연속성을 설명하면서 발전시킨 것이다. 퍼스에 의하면 모든 사고는 예외 없이 선행의 사고를 해석하고 후속 사고에서 해석되는 연속적인 과정이고(CP 5.284), 탐구자 공동체의 탐구 과정은 무한한 미래에 최종적 견해에 도달하기까지 지속될 것이다. 세미오시스가 원칙적으로 무한하게 지속될 수밖에 없는 이유는 퍼스가 시종일관 견지하는 오류 가능주의에 있다. 오류 가능주의는 과학적 방법의 자기 수정적 절차에서 나왔다. 현재 도출한 결론이 아무리 그럴듯하더라도, 미래의 어떤 반대 증거에 의해 번복될 수 있는 가능성을 열어놓은 것이다. 다시 말해 오류 가능주의는 믿음의 습관에 도전하는 저항과 속박을 만났을 때 기꺼이 사유를 수정하려는 태도에서 생긴 것이다. 이러한 사유 과정의 개방성이 세미오시스에 함축된 퍼스 기호 개념의 핵심이다.

그런데 세미오시스에서 해석체는 반드시 현실적이어야 하는가? 다시 말해 기호는 항상 현실적으로 해석되어야 하는가? 그렇다면 기호가 잘못 해석될 가능성은 없는가? 퍼스의 오류 가능주의가 일관적으로 적용되기 위해선 기호가 잘못 해석될 가능성이 열려 있어야 한다. 퍼스가 1905년 이후 모종의 가능성, 즉 잠재성이 실재한다는 것에 대해 증명하기 전까진 이 문제가 해결되지 않았다.

> 실상 프래그머티시즘이 가장 고수하고자 하는 것은 어떤 가능성들의 실재이다. …… 만약 독자가 원래의 프래그머티시즘 준칙으로 돌아가본다면, 그는 문제가 무엇이 발생했는가가 아니라는 것을 알게 될 것이다. 문제는, 다이아몬드가 그것에 흠집을 내려는 시도에 과연 저항할would 것인가 여부에 그 성공적인 결과가 의존하는 어떤 행동의 노선에든지 그것[여기서는 '단단하다' 혹은 '단단하지 않다'라는 술어]이 잘 사용되어왔는가 하는 것이다. 혹은 그것이 어떻게 분류되어야 하는가를 결정하는 다른 모든 논리적 수단이 "유일하게 **충분히** 수행된 탐구의 결과일 수 있는 믿음"이 될 결론으로 과연 인도될would 것인가 하는 것이다(CP 5.453. 강조는 원저자).

말년의 퍼스는 잠재성의 실재를 인식함으로써 자신의 프래그머티즘적 의미 정의를 수정할 수 있었고, 더불어 해석체(즉 의미)의 종류를 구분하는 하나의 방식을 마련하여 사고기호 독트린을 유지할 수 있었다. 퍼스의 첫 번째 해석체의 삼분법을 이해하기 위해선 퍼스 프래그머티즘의 실재론적 면모에 주목할 필요가 있다. 앞서 살펴본 것처럼 퍼스는 스콜라철학적 실재론의 영향을 수용하여 자신의 프래그머티시즘을 정립한다. 간단히 말해 프래그머티시즘은 보편자로서의 개념의 실재를 증명하기 위한 탐구이다. 퍼스의 실재론은 보편자의 존재를 인정한다는 점에서 유명론과 대조되며, 따라서 관념론적 색채를 띤다. 퍼스는 개별적이고 물리적인 사물만 존재하며 일반적이고 보편적인 것(가령 법칙, 개념)은 단지 이름에 불과하다는 유명론적 관점을 부정하는 스콜라철학적 실재론의 입장을 취하고 있다.

1905년 퍼스는 「프래그머티시즘의 쟁점들」에서 프래그머티즘 준칙을 재정식화하면서 가능성에 대한 실재론적 개념을 발전시킨다. 이 논문에서 퍼스는 순전한mere 가능성이 아닌 실재적real 가능성, 즉 잠재성potentiality에 대해 설명하기 위해 비판적 상식주의와 스콜라철학적 실재론에 대해 고찰하고 있다. 1896년경부터 퍼스는 현실적 사례들로 환원될 수 없는 일종의 'would-be'로서 법칙의 실재에 대해 설명하기 시작했다(*CP* 1.420; 5.467; 6.327; 8.216~217 참고). 만약 법칙이 실재적이라면, 성향적 속성들, 즉 습관도 실재적이라 할 수 있고, 또한 잠재성도 실재적이라 할 수 있다. 왜냐하면 성향이나 잠재성도 법칙과 마찬가지로 'would-be'의 종류이며 실재하는 일반자이기 때문이다. 그리하여 퍼스는 "어떤 가능성들의 실재"에 대해 언명하기에 이르렀고, 의미를 현실적 해석이 아니라 잠재적 해석 혹은 해석 가능성과 동일시하게 되었다. 퍼스는 초기와 마찬가지로 "모든 기호는 반드시 그 자신의 해석체를 갖는다."고 말하지만 이때의 해석체는 잠재성이다. 쇼트의 표현을 빌리자면 "어떤 것을 기호로 만드는 것은 그것이 해석되었다는 사실its being interpreted이 아니라, 그것이 해석될 가능성이 있다는 사실its being interpretable"이다(Short, 2004: 225). 퍼스가 잠재성의 실재를 증명하기 전에는 세미오시스 원리가 고수되기 위해 모든 기호가 실제로 해석되어야 한다는 가정이 필요했다. 그때는 양립 불가능한 현실적 해석들을 모두 참으로 받아들여야 하는 모순을 해결할 수가 없었다. 그러나 이제 잠재적 해석체의 존재가 설명되자, 기호 작용의 무한한 진행이 반드시 현실적 해석체의 생산을 요구할 필요가 없어진 것이다.

이러한 사유 과정을 거쳐 말년의 퍼스는 현실적 혹은 역동적 해석체와 즉각적 해석체를 구분하게 된다. 1909년 그는 즉각적 해석체에 대해 다음과 같이 말한다. "나의 즉각적 해석체는 모든 기호가 해석자를 갖기 전에 반드시 고유한 해석 가능성을 갖고 있다는 사실에 암시되어 있다. 즉각적 해석체는 하나의 추상이며, 어떤 가능성 안에 있다."(SS: 111) 같은 단락에서 그는 역동적 해석체를 해석자에 미치는 현실적 해석 효과로 기술한다. "역동적 해석체는 단일한 현실적 사건이다." 다시 말해 한 기호가 어떤 고유한 방식으로 해석될 가능성이 있다는 사실이 즉각적 해석체를 성립시킨다면, 역동적 해석체는 실제로 생산된 해석 효과인 것이다. 역동적 해석체는 한 기호의 즉각적 해석체를 어떤 특정한 방식으로 현실화한 결과인 셈이다. 그렇다면 현실적 해석 효과로서 역동적 해석체는 동일한 기호의 해석에서 나온 것들이라 할지라도 서로 다를 수밖에 없다. "나의 역동적 해석체는 각각의 해석 행위에서 경험된 것으로 각각 서로 다르다."(SS: 111)

즉각적 해석체와 역동적 해석체의 구분은 한 기호가 잘못 해석될 가능성을 열어놓는다. 기호의 의미를 개별적·현실적 해석에 국한하지 않고 잠재적 해석으로 확대시킨다면, 기호가 오해될 여지가 허용된다. 다시 말해 기호의 의미는 그것의 현실적 해석 효과와 단순히 동일시되어선 안 된다는 것이다. 그렇다고 해서 한 기호의 모든 해석 가능성이 곧 그것의 의미가 될 순 없다. 퍼스가 즉각적 해석체를 "한 기호의 고유한 해석 가능성"이라 할 때, 그는 기호의 의미를 결정하는 어떤 것의 존재를 상정하고 있는 것이다. 그것은 퍼스가 기호의 '기반ground'이라 말하는 것으로, "그 기호와 대상 간에 이미 주어진 관계"라 할 수 있다(Short, 2007: 165). 2장에서 설명했듯이 기호와 대상의 관계는 양자가 공유하는 어떤 성질에 '기반하여' 성립된다. 퍼스에 의하면 기호는 "모든 관점에서가 아니라 내가 종종 표상체의 기반이라고 부르는 것에 의거하여"(CP 2.228) 대상을 지시한다. 상이한 근거들로 인해 동일한 사물이 서로 다른 기호로 작용한다. 가령 산 위에 피어오르는 연기는 단순한 산불의 기호일 수도 있지만, 전쟁의 신호일 수도 있다. 그러므로 기호의 의미는 어떤 한 유형의 해석체들을 정당화해줄 어떤 것에 기반한 잠재성으로 보는 것이 적절하며, 이때야 어떤 해석이 잘못될 가능성이 허용된다. 즉 어떤 해석체가 그 기호의 기반에 기초하지 않는다면 그것은 잘못된 해석이다.

퍼스가 한 기호의 의미를 근거 있는 해석 가능성으로 규정하고 있다면, 그는 각각의 기호 해석 과정을 통해 도달해야 할 목적을 상정하고 있는 것이다. 하나의 기호가 오해될 가능성은 충분히 열려 있지만, 그 세미오시스의 목적을 성취하기 위해서는 그 기호의 기반에 기초하여 정확한 해석을 해야 한다. 그리하여 퍼스는 최종적 해석체를 "그 기호가 충분히 고찰되었을 때 모든 해석자가 도달할 운명인 해석적 결과"(SS: 111)로 기술한다. 1907년 퍼스는 기호 해석 과정, 즉 세미오시스의 목적 지향성에 대해 언급한다(CP 5.472~473, 484). 쇼트는 즉각적, 역동적, 최종적 해석체의 삼분법을 퍼스가 1902년 확립한 최종인final causation 이론에 기초하여 설명하고 있다 (Short, 2004: 230~235; 2007: 117~150).[2] 각각의 세미오시스는 그 자체의 목적을 갖고 있다. 하나의 세미오시스를 다른 것들과 구별할 수 있게 해주는 것은 바로 그것의 목적이다. 즉각적, 역동적, 최종적 세 가지 해석체는 세미오시스가 최종적으로 그 목적을 성취하기까지 거치게 되는 상이한 단계들이다. 왜냐하면 역동적 해석체는 즉각적 해석체를 현실화한 결과이며, "현실적인 것은 최종적 해석체를 향해 가기"(SS: 111) 때문이다. 최종적 해석체에 도달함으로써 무한한 세미오시스는 종결된다고 할 수 있다.[3] 그러나 퍼스의 오류 가능주

---

2 쇼트는 해석체들을 두 가지 삼분법으로 분류하면서 '최종적' 해석체를 퍼스의 최종인 이론과 관련시킨다. 하지만 퍼스가 최종인 이론으로 세미오시스를 설명한 것은 대단히 파편적이어서, 많은 부분 쇼트 자신이 공백을 메우는 방식으로 재구성해야 했다(CP 1.203~231, 250, 267~269; 2.149; 8.272 참고). 이러한 최종적 해석체와 관련된 이론을 고찰하는 것은 이 책의 목적을 위해 필수적이라고 판단되지 않으므로 논외로 하고자 한다.

3 실제로 퍼스의 '최종적' 해석체 개념은 과학적 탐구 과정을 설명하기에 가장 적

의를 고려할 때, 최종적 해석체의 생산이 더 진전된 사고를 완전히 차단한다고 할 수 없으며, 최종적 해석체는 언제나 잠정적으로만 언급될 수 있을 뿐이다.

### (2) 감정적, 활력적, 논리적 해석체

이상에서 보았듯이 퍼스는 해석체들을 세미오시스의 목적의 성취라는 관점에서 즉각적, 역동적, 최종적 해석체로 분류한다. 탐구는 탐구자 공동체가 최종적 해석체의 성취를 향해 무한하게 나아가는 과정이다. 다른 한편 하나의 해석체는 존재론적 관점에서 다양한 유형이 될 수 있다. 퍼스의 의미 이론에서 더 주목해야 할 것은 이 두 번째 해석체의 삼분법이다. 퍼스는 그의 1907년 논문에서 감정적emotional, 활력적energetic, 논리적logical 해석체의 삼분법을 다음과 같이 소개하고 있다.

> 모든 경우에 해석체는 느낌을 포함한다. 왜냐하면 그것은 적어도 기호의 의미를 파악하는 감각이어야 하기 때문이다. 만약 해석체가 단순한 느낌 이상의 것을 포함한다면 그것은 틀림없

---

절하다. 무한한 미래의 모든 탐구자가 무한하게 진행하는 탐구의 과정은 동일한 궁극적 목적, 즉 진리를 향해 수렴한다. 그러나 과학적 진리의 발견이 아닌 좀 더 단순한 세미오시스에선 종종 최종적 해석체 개념이 필요하지 않다. 가령 문 두드리는 소리의 의미를 해석하는 과정은 굳이 "모든 해석자가 최종적으로 도달할" 목적을 상정하지 않아도 된다. 노크 소리를 들으면서 나는 "누가 왜 내 방문을 두드리는가."를 궁금해하며 하나의 해석, 즉 역동적 해석체를 떠올리지만, 문을 여는 순간 그 해석의 진위가 밝혀진다. 이 경우, 퍼스가 말하는 최종적 해석체 개념은 필요하지 않으며, 해석의 문제는 단지 그 기호의 즉각적 해석체를 현실화하는 문제에 국한된다.

이 모종의 노력effort을 환기시킬 것이다. 해석체는 그 이외에 현재로선 "사고"라고 모호하게 불릴만한 어떤 것을 포함할 수도 있다. 나는 이 세 종류의 해석체를 "감정적", "활력적" 그리고 "논리적" 해석체라 명명한다(EP 2: 409; MS: 318).

이러한 분류는 해석체의 존재론적 유형화라 할 수 있다. 해석체는 단순한 느낌이거나 실제적 노력이거나 추상적 사고일 수 있으며, 각각은 일차성, 이차성, 삼차성 범주에 속한다. 세 가지 해석체는 이처럼 상이한 존재 양태를 취하지만 서로 무관하지 않다. 퍼스에 의하면 논리적 해석체는 활력적 해석체의 효과이며, 활력적 해석체는 또한 감정적 해석체의 효과이다(EP 2: 412). 후기에 이르러 퍼스는 이처럼 초기의 사고기호 원리를 수정하여 기호의 해석체가 단지 개념에 국한되는 것이 아니라, 느낌이나 행동이 될 수도 있다고 말한다. 단 느낌이나 노력은 지적 개념의 의미라 할 수는 없는데, 그 이유는 느낌이나 행동은 일반적인 것이 아니라 일회적이고 특수한 것이기 때문이다. 일반적인 사고 혹은 개념만이 지적 개념의 의미 효과라 할 수 있다. 퍼스가 인식론의 맥락에서 기호의 정상적인 해석체로 간주해온 것은 논리적 해석체, 즉 개념이었다. 그러나 행동 그 자체나 단순한 느낌이 개념보다 정확한 해석체가 되는 경우들이 있다.

퍼스의 사례를 보자. "항복하라!ground arms!"는 명령에 군인은 무기를 땅에 내려놓는 행동으로 반응한다. 다시 말해 "항복하라!"라는 기호는 무기를 내려놓는 행동으로 해석된 것이다. 이 명령을 들은 병사는 그 동작과 항복의 개념을 머릿속에 떠올릴 수도 있다. 이

때 그의 생각, 즉 "난 지금 항복하라는 명령을 듣고 있어."라는 사고는 이 기호의 논리적 해석체이다. 하지만 대부분의 경우 군인들은 상사의 명령에 대한 숙고의 과정을 거쳐 복종하지 않고, 거의 반사적인 행동으로 복종한다. 물론 잘 훈련된 군인은 상사의 말을 개념적으로 잘 이해해야겠지만, 대체로 단순히 복종함으로써 임무를 완수한다. 그러므로 군대의 명령을 해석하는 군인의 행동은 대표적인 활력적 해석체이다(CP 5.475). 퍼스가 감정적 해석체의 전형적 사례로 간주하는 것은 음악 공연에서 환기되는 느낌이다. "콘서트에서 음악 연주는 …… 작곡자의 악상을 전달하려는 의도를 가지고 있다. 그런데 이 악상은 보통 순전히 일련의 느낌으로 이뤄지곤 한다."(CP 5.475) 악상이나 느낌이 감정적인 언어로 표현될 수도 있다. 가령 하나의 악상은 기쁨, 슬픔, 즐거움, 두려움 등 언어로 그 느낌이 기술될 수 있으며, 그것은 그 악상의 논리적 해석체라 하겠다. 그러나 그런 기술이 작곡가의 악상 혹은 느낌의 구체성, 복잡성, 풍부성을 적절하게 표현한다고 할 수 없다. 그러므로 베토벤 교향곡에 표현된 악상을 가장 적절하게 해석하는 것은 연주 당시에 청중이 환기한 느낌이라 하겠고, 바로 그 느낌이 곧 그 곡의 감정적 해석체가 된다.

퍼스의 해석체 및 기호 분류는 초기의 사고기호 이론의 몇몇 결점을 수정하여 보다 완전한 기호학 체계를 성립시키기 위한 그의 노력의 성과다. 앞서 2장에서 보았듯이 퍼스는 초기 인식론 논문들에서부터 "모든 사고는 기호"라는 사상을 고수했고, 그의 무한한 세미오시스 원리는 이 초기의 사고기호 독트린에서 유래하였다. 세미오시스는 최초의 기호나 최후의 해석체를 상정할 수 없는, 무한 진행과 무한 퇴행의 과정으로 상정된다. 그런데 퍼스의 프래그머티즘이 진화하면서 후기의 퍼스 저작에서는 사고기호의 무한한 연속의 원리가 포기되거나, 적어도 수정되는 것처럼 보인다.

가령 1903년경 지표의 재발견은 최초의 기호의 존재를 상정할 수 있는 근거를 마련하였고, 이에 따라 세미오시스의 무한 퇴행 원리가 수정될 수 있었다(Short, 2004: 219~222 참고). 사고기호 원리에 의하면 최초의 인식을 상정하는 것이 불가능하다. 퍼스는 기호를 대상과의 관계를 기준으로 도상, 지표, 상징으로 분류한다. 이중에서 도상은 표상체만으로도 성립하는 기호이고, 대상과 직접적으로 연관되어 있는 지표는 해석체가 없어도 성립하는 기호이다. 모든 기호가 표상체, 대상, 해석체의 삼항을 반드시 필요로 하지 않는다는 사실과, 현실적 대상과 직접적으로 접촉하고 있는 지표가 존재한다는 사실은 최초의 인식을 상정할 수 있는 근거가 되었다. 결국 지표 개념 덕분에 모든 기호가 반드시 선행하는 기호를 해석해야 한다는 원리를 수정할 수 있었다.

한편 최종적 해석체 개념은 세미오시스의 종국적 지점을 상정함으로써 기호 작용의 무한 진행이—잠정적으로나마—중단될 수 있다는 사실을 암시한다. 이제 살펴볼 궁극적인 논리적 해석체, 즉 습관 개념은 세미오시스의 무한 진행 원리를 결정적으로 수정하는 계기가 된다. 1904년에서 1907년 사이 퍼스의 사유는 논리적 해석체 중엔 기호가 아닌 것, 즉 그 자신의 해석체를 갖지 않는 것도 있다는 쪽으로 향해 간다. 퍼스는 기호가 아닌 논리적 해석체를 '궁극적인 논리적 해석체'라 부르고 그것을 '습관'과 동일시한다. 습관은 개념이 아니라 동일한 행동의 패턴이다. 습관으로서의 해석체는 더 이상 논리적 해석체, 즉 개념을 생산하지 않는다는 의미에서 궁극적이다. 일찍이 1870년대에 퍼스는 프래그머티즘적 인식론을 개진하면서 개념의 의미를 일정한 방식으로 행동하려는 성향 혹은 습관으로 규정한 바 있다. 1907년경 궁극적인 논리적 해석체 개념을 확립함으로써 퍼스는 프래그머티즘을 기호학과 동일한 것으로 만들게 된다.

### 2) 습관으로서의 의미

「믿음의 고정」에서 퍼스는 개념의 의미를 행동의 경향성으로서 믿음으로 규정하고 믿음은 습관의 본성을 갖고 있다고 말한다. 간단히 말해 의미란 행동을 이끄는 습관이다. 퍼스는 탐구 이론의 맥락에서 다음과 같이 습관 개념을 제시한다.

> 우리로 하여금 주어진 전제들에서 다른 추론이 아닌 어떤 하나의 추론을 도출하도록 하는 것은—타고난 것이건 획득된 것이건—정신의 어떤 습관이다. 습관은 그것이 참인 전제들로부터 참인 결론을 낳느냐 여부에 따라 좋거나 그렇지 않다. 그리고 하나의 추론은 그 결론의 참 혹은 거짓에 따라 타당성 여부가 결정되는 것이 아니라, 그 추론을 결정하는 습관이 일반적으로 참인 결론을 생산하느냐 아니냐에 따라 타당하거나 그렇지 않은 것으로 간주된다(*CP* 5.367).

어떤 방법으로든 일단 믿음을 고정시키게 되면 사람들은 그 믿음에 묶이게 되고, "습관의 힘은 매우 강력해서 때로는 사람들이 오래된 믿음의 토대가 전혀 건전하지 않다는 것을 알게 된 후에도 그 믿음을 견지하게 한다."(CP 5.387) 퍼스에 의하면 우리의 믿음이 항상 참인 것은 아니다. 그러나 거짓 믿음이 아닌 참인 믿음 안에서 만족감을 누리는 것이 응당 바람직하다. 그러기 위해선 우리의 추론을 타당하게 이끌 습관을 가질 필요가 있다. 퍼스는 이런 습관을 갖는 방법, 다시 말해 참인 믿음을 고정시키는 방법으로 과학적 방법을 추천한다. 그리고 그가 생각하는 과학적 방법을 1년 후에 쓴 논문에서 '프래그머티즘 준칙'으로 정식화한다.

요컨대 퍼스에게 있어서 습관은 넓은 의미에서 행동의 규칙이며 확정된 믿음의 본질이다. 한 개념의 의미로서의 습관은 우리가 그 개념을 특수한 주제에 적용할 때 형성되는 것이다. 퍼스의 사례를 하나 살펴보자. 가령 우리가 난로가 뜨겁다는 사실을 믿는다면, 난로에 손이 데지 않도록 조심하는 성향을 형성하게 된다는 것이다. 그러므로 우리가 '열' 개념을 갖는다는 것은 곧 뜨거운 것에 손이 데지 않도록 조심하는 성향을 형성할 태세를 갖추는 것이라 할 수 있다. 이것이 퍼스가 프래그머티즘적으로 개념의 의미를 정의하는 방식이다.

다시 기호학의 맥락으로 돌아가보자. 퍼스는 후기 저작에서 습관을 '궁극적인 논리적 해석체'와 동일시하는 언급들을 하고 있다.

> 한 개념의 취지import 혹은 적절한 궁극적 해석은, 행해질 어떤 행위 혹은 행위들에 함축되어 있지 않고, 행동의 습관에, 혹은 어떤 절차가 발생하든 간에 그 절차에 대한 일반적인 도덕적 결

단에 함축되어 있다고 말하는 것은 내가 프래그머티스트라고 말하는 것과 다름없다(*CP* 5.504. 강조는 원저자).

쇼트에 의하면 퍼스는 해석체 이론을 발전시켜나가면서 습관에 대해 재조명하게 된다. 다시 말해 프래그머티즘적 의미 이론에서 퍼스가 습관의 '개념'에 관심을 집중시키고 있었다면, 1900년대 중반을 기점으로 그는 관심의 초점을 습관 자체로 옮기고 있다는 것이다. 그리하여 퍼스는 '궁극적인 논리적 해석체'를 상정하게 되었고, "어떤 개념의 해석체가 습관의 개념이 아니라 습관 자체"일 수 있다는 사실을 깨닫게 되었다(Short, 2004: 228).

모든 경우에 일정한 예비 작업을 거친 활동은 내부 세계에서 이뤄지는 실험의 형태를 취한다. (확정적 결론에 관해 말하자면) 결론은 이러하다. 즉 주어진 조건들하에서 해석자는 그가 주어진 종류의 결과를 희망할 때마다 주어진 방식으로 행동하는 습관을 형성할 것이다. 실재적이고 살아 있는 논리적 결론은 습관이다. 언어적 정식화는 단순히 그것을 표현할 뿐이다.
나는 하나의 개념, 명제 혹은 논증이 논리적 해석체일 수 있음을 부인하지 않는다. 나는 단지 그것이 궁극적인 논리적 해석체일 리가 없다고 주장할 뿐이다. 왜냐하면 그것은 그 자신이 논리적 해석체를 갖는 그런 종류의 기호이기 때문이다. 습관이 비록 어떤 다른 방식으로 기호가 될 수도 있지만, 오로지 습관만이 논리적 해석체의 기호가 기호가 되는 방식으로는 기호가 되지 않는다. 동기 및 조건들과 결합된 습관은 그것의 활력적 해석체로서 행동을 갖고 있다. 하지만 행동은 일반성을 결여하기 때문에 논리적 해석체일 수가 없다. 논리적 해석체인 개념은 단지 불완전하게만 그러하다. 개념은 다소 언어적 정의의 본성을 갖고 있어서 습관보다 열등한데, 이는 언어적 정의가 실재적 정의보다 열등한 것과 마찬가지이다. 공교하게 형성된 자기분석적인 습관은—그것을 조성한 실행들의 분석을 통해 형성되었기 때문에 자기분석적이다—살아 있는 정의요, 진실되고 궁극적인 논리적 해석체이다. 결론적으로 말해 단어들이 전달할 수 있는 개념에 대한 가장 완벽한 설명은 그 개념이 생산하리라고 예측되는 습관의 기술에 있다. 하지만 조건들과 동기에 대한 구체적 설명과 함께 습관이 야기하는 종류의 행동에 대해 기술하지 않고 어떻게 달리 습관에 대해 기술할 수 있겠는가?(*EP* 2: 418; *MS*: 318)

습관은 개념(논리적 해석체)과 유사하다. 행동(활력적 해석체)이나 느낌(감정적 해석체)과 달리, 하나의 습관이나 개념은 아무리 많은 사례가 발생한다고 해도 그 사례들의 집합과 동등한 것이 될 수 없다. 기호 유형론 안에서 설명하자면, 습관과 행동의 관계는 유형과 증표의 관계와 동일하다. 퍼스는 습관을 "조건적이고 일반적인 행동하려는 결심resolution to act"(*CP* 5.402, n. 3)이라고 한다. 그런데 그는 행동의 경향성으로서의 '습관'뿐 아니라, 그런 경향성의 수정으로서의 '습관 변화habit-change'에 대해서도 빈번하게 언급하고 있다(*CP* 5.476~477). 프래그머티즘의 맥락에서 우리가 어떤 단어 혹은 문장의 의미를 이해하게 되었다는 것은 그것을 사용할 때 우리가 기존의 행동 패턴을 수정하게 되었다는 것이므로, 퍼스에게 있어서 새로운 지식의 습득은 습관의 형성일 뿐만 아니라 '습관의 변화'인 것이다. 습관 혹은 습관의 변화는 일회적 행동이 아니라 행동의 성향이며, 따라서 개별자들의 유한한 집합으로 환원되지 않는 일반적인 것이다. 습관은 논리적 해석체의 한 유형이지만, 삼단논법이 논리적인 것과 같이 그것이 논리적이거나 연역적 추론 과정의 결과이기 때문에 논리적인 것은 아니다. 그것이 논리적인 것은 "공교하게 형성되고 자기분석적"이라는 점에서, 혹은 "선행하는 감정과 근육적·정신적 노력을 그 노력에 대한 개념적 표상을 제공함으로써 의미 있게 만든다는"(de Lauretis, 1987: 41) 점에서 그러하다(CP 5.476 참고).

이제 프래그머티즘은 궁극적인 논리적 해석체의 독트린이라 할 수 있다(Short, 2004: 229). 이렇게 재정식화된 프래그머티즘은 협소한 의미의 실천의 독트린이 아니다. 퍼스의 프래그머티즘에 의하면 우리는 단지 행동하기 위해 사고하지 않는다. 그 대신 우리는 우리의 이론을 시험하기 위해, 그리하여 참된 사고에 도달하기 위해 행동한다. 습관을 궁극적인 논리적 해석체로 재정의하게 되자 퍼스의 기호학과 프래그머티즘은 동일한 공리에 기초하여 함께 묶이게 된다. 그리하여 퍼스의 프래그머티즘적 기호학에서 의미는 습관으로서의 해석체로 규정된다.

앞의 인용문에서 퍼스는 논리적 해석체를 잠정적인 것과 궁극적인 것으로 구분할만한 단서를 제공한다. 전자는 일반적으로 기호의 해석체로 간주되던 사고 혹은 개념이며, 후자는 개념이 아닌 습관이다. 퍼스는 궁극적인 논리적 해석체로서의 습관이 개념으로서의 논리적 해석체가 제시하는 것보다 우월한 정의를 제시한다고 말한다. 왜냐하면 습관은 "실재적이고 살아 있는living 정의"인 반면, "언어적 정식화는 불완전한 표현에 불과하기" 때문이다. 즉 개념으로서의 논리적 해석체는 궁극적이지 않고 잠정적이다. 기호의 정당한 의미는 궁극적인 논리적 해석체인 습관이라 할 수 있다.

습관이 생산하는 것은 개념이 아니라 행동이다. 퍼스는 다른 곳에서 습관을 다음과 같이 정의한다. "한 사람의 행동을 향한 경향성의 수정으로, 이는 이전의 경험들이나 이전의 노력들에서 결과한다."(CP 5.476) 이렇듯 퍼스의 해석체 이론은 사고 혹은 개념의 순환적 고리를 깨뜨리고 비언어적인 경험의 세계를 향해 열려 있다. 기호의 의미가 "주어진 조건들과 동기에 따른 행동의 습관"으로 해석된다면 의미 해석의 문제는 실천적 삶과 불가분의 관계 속에서 해결되어야 할 것이다. 따라서 습관으로서의 의미를 제시하는 퍼스의 기호학 체계는 실천적 삶을 향해 열려 있는 의미 구조를 제시한다 하겠다. 먹시나 드 로레티스같이 기호학을 분석 전략으로 채택하는 시각예술 이론가들이 퍼스의 기호학에서 문화 이론의 가능성을 발견하는 이유는 바로 그러한 열린 구조에 있다.

드 로레티스의 지적대로 퍼스가 "감정과 근육적·정신적 노력 과정의 결과로 습관에 대해 말할 때, 그는 그러한 과정의 주체로서 개별적 개인"을 염두에 두고 있다(de Lauretis, 1987: 41). 여기서 주의해야 할 점이 있다. 퍼스가 말하는 개별적 주체는 자족적이고 독립적인 사유의 주체가 아니라, 연속체 안에서 타자들과 경험을 공유하는, 말하자면 상호주관적인intersubjective 주체성이다.[4] 그러므로 퍼스에게 있어서 개인의 행동 성향, 행동할 채비, 행동에 대한 기대로서의 습관은 개인의 사회적 실천과 불가분하게 연관되어 있다고 하겠다.

이러한 습관으로서의 의미는 믿음과 동일하다. 그러나 퍼스는 모든 믿음이 언제나 참은 아니라고 말한다. 실상 참인 믿음, 곧 진리는 언제나 미래를 향해 있다. 그러나 현재의 우리는 잠정적일지라도 참인 믿음 혹은 옳은 습관을 갖는 것이 바람직하며, 따라서 올바른 추론을 하기 위한 방법을 추구할 필요가 있다. 이렇게 퍼스의 탐구 이론은 의미 이론의 연장선상에서 출발한다. 퍼스의 프래그머티즘에선 의미, 진리, 실재, 탐구에 관한 이론들이 서로 별개로 취급될 수 없다. 각각의 이론들을 일정한 한도 내에서 독립적으로 다룰 수도 있다. 하지만 그것들은 서로 긴밀하게 연관되어 있어서 퍼스 철학의 어느 한 부분을 이해하기 위해서는 다른 부분들 또한 필수적으로 이해해야 한다. 탐구 이론은 의미 이론과 마찬가지로 프래그머티즘 준칙에서 출발한다. 퍼스 탐구 이론의 기초적인 사상들은 모두 초기의 프래그머티즘에 이미 배태되어 있던 것을 더 정교하게 발전시킨 것이다. 퍼스는 프래그머티즘의 맥락에서 탐구의 논리학을 발전시켰고, 전통 논리학의 연역법과 귀납법 외에 가추법이라는 새로운 추론 방법을 추가하였다. 다음 절에서는 탐구의 방법

---

4 앞서 3장에서 살펴본 연속성의 원리는 퍼스의 주체 개념에서도 동일하게 적용된다. 퍼스는 자아가 불연속적이고 자족적인 사물 혹은 사유로 존재한다고 보지 않았고, 공동체 안에서 자아와 타자가 연속체로 존재한다고 본다. 그에 의하면 두 정신 사이에는 단절이 없으며, 넘나들 수 있는 흐름stream이 있다. 그러므로 자아는 늘 유동적이고 확정적으로 규정될 수 없다. 따라서 퍼스에게 있어서 사적인 의식의 가장 기본적인 특징은 보편적인 의사소통 가능성이다(퍼스의 자아 개념의 상호주관적 본성에 대해서는 Colapietro, 1989를 참고하라).

론으로서 가추법에 주목하면서 퍼스의 탐구 이론을 고찰하고자 한다. 이때 논의의 초점은 역사 탐구에 대한 퍼스의 관점에 맞춰질 것이다.

## 2. 탐구 이론

역사 탐구에 관한 퍼스의 이론은 탐구의 일반론과 다르지 않다. 퍼스는 역사학을 특수과학의 한 분과로 파악한다. 퍼스의 학문 체계에서 역사는 심리과학Psychics의 하위에 있는 기술적 심리과학의 첫 번째 분과이다.[5] 역사는 다른 개별 과학과 마찬가지로 과학적 추론 방법을 통해 탐구된다. 「고대 문서에서 역사를 도출하는 논리에 관하여On the Logic of Drawing History from Ancient Documents」(1901)에서 퍼스가 발전시키는 역사 탐구의 방법론은 단지 역사적 사실의 탐구를 위한 것이 아니라 모든 과학 탐구를 위한 것이기도 하다. 퍼스는 다른 분야와 마찬가지로 탐구 방법론과 가추법을 평생에 걸쳐 지속적으로 수정하고 보완했는데, 1901년 논문에서 완성된 형태를 제시한 것이다.

1) "역사는 가설적이다"

퍼스는 모든 과학적 명제를 가설로 취급한다. 따라서 퍼스에 의

---

5 2장 각주 3을 참고하라.

하면 한 명제의 의미와 진리는 미래의 행동과 관련하여 결정된다. 가령 '다이아몬드는 단단하다.'라는 명제의 의미는 그것이 여러 번의 실험 행위에서 쉽게 깨지지 않는다는 결과와 등치된다. 미래의 실험 혹은 탐구에서 진위 여부가 판명되기 전까지 모든 과학적 명제는 가설적으로 취급되어야 한다. 보다 정확하게 말해 모든 과학적 사실을 가설적이라고 보는 것은 설혹 특정한 실험이나 개별적 탐구에서 참으로 판명된 명제라 해도 언제든지 그것이 거짓임이 입증될 수 있다는 가능성을 열어두는 태도이다. 그러므로 "모든 합리적 명제의 의미는 미래에 있다."(CP 5.427)는 퍼스의 관점은 그의 철학 전반에 속속들이 침투해 있는 오류 가능주의에서 비롯된 것이라 하겠다. 역사적 명제는 추상적인 개념을 다루는 수학이나 물리학의 명제와 달리 개별적인 사실에 관한 것이다. 비록 종류가 다르긴 하지만, 퍼스는 역사적 명제도 가설적 추론의 대상으로 간주한다. 그렇기 때문에 역사학을 개별 과학의 한 분과로 간주하고 '역사적 사실을 도출하는 논리'를 전개한다.

퍼스에게 있어서 '역사'는 두 가지 의미를 갖는다. 하나는 시간의 연속 내에서 발생하는 사건들의 현실성으로서의 역사이고, 다른 하나는 그런 연속적인 사건들을 가설적으로 재구성한 것으로서의 역사이다. 전자가 이차성으로서의 역사라면 후자는 삼차성으로서의 역사라 할 수 있는데, 역사학의 탐구 대상은 물론 후자다. 왜냐하면 전자의 의미의 역사는 현재 사건의 당사자가 겪는 현실적 경험을 가리키기 때문이다. 역사 탐구를 통해 우리가 도출해낼 수 있는 것은 후자의 역사, 즉 가설적으로 추론한 사실로서의 역사이다. 그래서 퍼스는 "크리스토퍼 콜럼버스가 아메리카를 발견했다는 믿음은 실재적으로 미래를 지시한다."고 말한다(*CP* 5.461). 과거의 존재 양태는 "현실성[이차성]의 양태"(*CP* 5.459)이고 "과거는 우리의 모든 지식의 저장소이다."(*CP* 5.460) 반면 역사적 진술의 의미는 미래를 향해 있다. 퍼스에게 있어서 명제의 의미는 "합리적 행동의 모든 일반적 양태의 총합"이며 "그 명제의 단언이 예측하는 모든 실험적 현상에 대한 일반적 기술"이다(*CP* 5.427). 이 실험적 현상들은 미래 조건문의 형식을 취한다. 예를 들어 "나폴레옹 보나파르트는 1804년에서 1815년까지 프랑스의 황제였다."는 문장은 "만약 우리가 문제의 기간 동안 공식적으로 기록된 프랑스 문서들을 탐색한다면, 우리는 나폴레옹이 황제였다는 참조물을 발견할 것이다."라는 문장으로 재진술되어야 한다. 그리고 나폴레옹에 대한 원래 명제의 의미는 미래 조건문으로 표현될 수 있는 합리적 행동의 모든 가능한 일반적 양태에 있다.

이와 같이 퍼스는 과거에 관한 문장의 의미가 그 문장이 함의하는 모든 가능한 일반적 양태를 표현하는 미래 조건적 명제들의 집합에 있다고 본다. 그렇다면 우리는 과거 사건에 관한 명제가 미래에 일어날 사건에 대한 우리의 믿음이나 기대와 관련되어 있다고 이해할 수 있다. 그러므로 "나폴레옹 보나파르트가 이 세기[19세기]가 시작될 즈음에 참으로 살아 있었다는 가설은 우리가 수백 가지의 회고록, 공식적 역사 기록들, 그리고 수많은 기념물 및 유물과 일치하는 증언을 설명하기 위해 채택한 가설이다."(*CP* 5.589) 맥스 피시Max H. Fisch는 "역사는 가설적이다"(1869)라는 제목으로 다음과 같은 메모를 남기고 있다.[6]

논리학자는 그것들[역사적 진술들]을 모두 추론으로 간주하여야 한다. …… 모든 역사는 가설적이고 관찰할 수 없으며 오로지 그 결과들이 유효하기 때문에 채택된다. 실증주의는, 이 모든 것이 다른 가설들을 통해서가 아니라면 결코 검증될 수 없다는 이유로 그것을 거부할 것이 틀림없다. 치명적이다! 그것은 누구라도 반드시 믿을 가설들을 배제한다.

개별 과학에서 채택된 가설들은 논리적인 절차를 통해 그 타당성 여부가 검증된다. 퍼스는 가설의 타당성을 검증하는 추론 과정을 가추법이라 부른다. 우리는 합리적인 추론을 통해 가설이 제시하는 예측된 사실의 타당성을 공고하게 한다. 그러나 미래의 어느 순간에 새로운 정보가 발견되어 현재 우리가 진리로 간주하는 사실의 진리가를 전복시킬 수 있다. 가능성이 아무리 희박하다 하더라도 현재 우리가 확보한 사실의 오류 가능성은 배제할 수 없다. 명제의 의미를 미래의 행동과 관련시키는 퍼스의 프래그머티즘적 사유는 가설적 추론법을 연역법, 귀납법과 함께 하나의 논증 형식으로 성립시켰다.

---

6  2세대 퍼스 연구자 중 선도적 인물이었던 맥스 피시는 퍼스의 초고들과 각종 출판물, 서한을 고증적으로 연구하고 메모들을 목록화하였다. 현재 이 자료들은 IUPUI(Indiana University and Purdue University in Indianapolis)의 미국사상연구소의 퍼스 출판 프로젝트에서 소장하고 있다.
피시는 인용문의 출전을 퍼스의 수강생이었던 피바디Peabody의 영국 논리학자 강연 14강(1870년 1월 14일)에 대한 강의록으로 밝히고 있으나, 현재 그의 강의록 전문은 찾을 수 없고 피시의 메모에만 부분적으로 남아 있다. 피바디가 수강한 강의에 관한 정보는 『찰스 퍼스 전집 제2권Writings of Charles S. Peirce: A Chronological Edition, vol. 2』에 기록되어 있다(*W* 2: 533 참고).

## 2) 가추법: 탐구의 방법

가추법은 퍼스가 1860년대부터 하나의 논증 형식으로 이해하고 있었던 가설법hypothesis의 발전된 형식이다. 다른 모든 사상과 마찬가지로 퍼스의 가추법에 대한 사상은 그가 초기부터 갖고 있던 입장을 평생의 연구를 통해 더욱 정교하고 완성된 체계로 다듬은 것이다. 가추법에 관한 퍼스의 견해는 비일관적으로 보일 수도 있다. 하지만 그의 진화적 관점에서 접근한다면 가추법을 퍼스가 평생에 걸쳐 추구한 '짐작guessing의 논리'로 이해할 수 있다. 여기서 퍼스의 가추법에 대한 설명은 초기의 가설법이 후기의 가추법으로 진화해가는 과정을 따라 진행될 것이다. 그러나 우리의 목적에 비추어볼 때 그 모든 과정을 세밀하게 기술할 필요가 없다고 판단되므로, 여기서는 가추법이 무엇인가에 초점을 맞추어 요약적으로 제시하는 방식을 취할 것이다.

1861년에 퍼스는 추론을 인식으로 결과하는 데이터의 조작이라 쓰고 있다. 그는 가설법 또한 인식으로 결과하는 데이터의 조작 중 하나라고 보면서 연역법과 귀납법뿐만 아니라 가설법도 추론에 포함된다는 결론을 내린다(Santaella, 2005: 176). 그러나 이후에도 한동안 퍼스는 가설법을 귀납법의 한 종류로 간주했고 가설법이 독자적인 추론 형식임을 증명하지 못했다. 가설법이 연역법, 귀납법과 함께 자율적인 논증 형식이라는 결론에 도달했을 때, 퍼스는 가설법을 다음과 같이 정의한다. 가설법은 "발생 시에 조명받긴 했으나 선택되지는 않은 특정한 수의 특성들을 필연적으로 포함하는 하나의 항이 이 모든 특성을 가진 어떤 대상을 지시할 수도 있다고 가정하

는 하나의 논증이다."(CP 2.515)

퍼스가 세 종류의 추론 형식이 서로 환원 불가능하다고 결론을 내린 것은 1867년에 이르러서이다. 가설법을 독자적인 추론 형식으로 확립하던 시기에 퍼스는 "모든 사고는 기호"라는 사상을 정식화한다. 만약 모든 인식이 선행 인식에 의해 결정된다면, 새로운 항의 도입은 가설적 추론의 결과로 이해할 수 있다. 후기의 퍼스는 가추법을 "그것의 대전제가 알려져 있고 결론이 사실인 삼단논법을 위한 가설적 해결로서 소전제를 수용 혹은 창조하는 것"이라고 정의한다(CP 7.249). 그러므로 논리학적으로 말해 가설은 소전제의 도입에 대한 답변인 셈이다. 그런가 하면 기호학적으로 말해 가설은 대상과 기호를 매개하는 해석체에 해당한다. 요컨대 퍼스는 가추법을 기호학과 동시에 발전시켰다. 기호학적 사유와 가설적 추론에 관한 사상은—데카르트의 직관과 경험론자들의 감각자료 같은—본유관념에 의지하지 않고 인식의 문제를 설명하기 위한 퍼스의 노력의 결실이었다. 근대 철학의 토대주의를 반대하면서 퍼스는 사고기호 독트린에 의해 지지되는 인식의 추론적 본성을 상정하게 된다. 따라서 가추법은 퍼스의 탈근대적인 기호학적 관점의 핵심부에 자리잡고 있다고 하겠다.

퍼스는 1867년에 발표한 「논증의 자연 분류법 On the Natural Classification of Arguments」에서 추론의 세 형식이 삼단논법의 세 격과 관련된다고 주장한다. 이러한 주장은 큰 변화 없이 1878년의 논문 「연역법, 귀납법, 가설법 Deduction, Induction, and Hypothesis」으로 이어진다. 퍼스는 연역법, 귀납법, 가설법의 세 형식을 구별하여 다음과 같이 표현하고 있다.

**연역법**

법칙[대전제] 이 주머니에서 나온 콩은 모두 하얗다.

사례[소전제] 이 콩들은 이 주머니에서 나왔다.

결과[결론] 이 콩들은 하얗다.

**귀납법**

사례[소전제] 이 콩들은 이 주머니에서 나왔다.

결과[결론] 이 콩들은 하얗다.

법칙[대전제] 이 주머니에서 나온 콩은 모두 하얗다.

**가설법**

법칙[대전제] 이 주머니에서 나온 콩은 모두 하얗다.

결과[결론] 이 콩들은 하얗다.

사례[소전제] 이 콩들은 이 주머니에서 나왔다(CP 2.623).

그렇다면 가설법은 법칙(대전제)과 결과(결론)로부터 사례(소전제)를 도출해내는 추론 형식이다. 가설법은 법칙과 사례로부터 결과를 추론하는 연역법과, 사례와 결과로부터 법칙을 추론하는 귀납법과 구별된다. 가설법은 "그 대전제 혹은 규칙이, 이미 알려져 있는 자연의 법칙 혹은 규칙이거나 아니면 다른 일반적인 진리인 삼단논법이다. 여기서 소전제 혹은 사례는 가설이거나 역추법적 retroductive 결론이고, 결론 혹은 결과는 관찰된 사실이다."(CP 1.89)

가설법의 구조를 다음과 같은 정언적 삼단논법 제1격으로 설명해보자.

M is P (대전제)

S is M (소전제)

∴ S is P (결론)

알려진 법칙은 중간항 'M'을 결론의 술어 'P'와 관련시키고, 가설은 주어 'S'가 'M'의 특성을 가졌다고 제안한다. 해결해야 할 것은 'S is P'라는 결론과 'S is M'이라는 소전제 간의 관계이다. 'S is P'가 주어져 있기 때문에 우리가 할 일은 대전제와는 다른 어떤 근거에서 'P'와 관련되어 있다고 믿고 있는 'M'을 발견하는 것이다. 퍼스의 사례를 보자.

나는 한 사십대 여인을 바라보고 있다. 그녀는 거의 비정상적으로 보일 정도로 칙칙한 안색에 잔뜩 찌푸린 표정을 하고 있어서 별로 여성적인 매력이 없다. 게다가 혹독한 훈련의 세월이 남긴 두 개의 주름이 굳게 다문 입술 양옆에 있어서 추해 보인다. …… 이 모든 것의 조합은—처음엔 별로 놀라워 보이지 않았을지라도—면밀한 탐사를 거쳐 매우 특이한 것이 된다. 여기서 우리의 이론은 어떤 설명이 요구된다고 선언한다. 그리고 나는 그리 오래지 않아 그 여인이 전직 수녀였음을 짐작한다(*CP* 7.196).

이 사례에서 제안된 설명, 즉 '전직 수녀'는 술어들의 집합—사십대이다, 칙칙한 안색을 하고 있다, 혹독한 훈련을 받았다 등—을 통합시키는 중간항 'M'이다. 우리는 그 중간항이 '전직 수녀'라는 가설에서 제시된 술어들이 관찰의 대상인 사십대 여인과 결합되리라는 개연성을 추론해낼 수 있다.

퍼스는 연역법, 귀납법, 가설법 세 유형의 추론 형식을 해설적 explicative 형식과 확장적 ampliative 형식의 두 부류로 구별한다. 연역법은 순수하게 해설적이라 간주되었는데, 왜냐하면 그것은 새로운 지식을 추가하는 논증 방식이 아니기 때문이다. 반면 귀납법과 가설법은 비결정적인 미래에 대한 개연적이고 가능한 지식을 추가하는 확장적 추론 형식이다. 가설법은 검증 과정을 통한 지식의 확장이라는 점에서 귀납법과 유사하다. 그러나 그가 가설법─1900년 이후 가추법으로 발전한다─을 독자적인 추론 형식의 하나라고 본 이유는 그것이 귀납법과 일견 유사해 보이지만 그렇지 않기 때문이다. 앞으로 밝히겠지만 귀납법으로는 가설적 추론의 결론에 도달할 수가 없다. 왜냐하면 가설의 진위는 개별적이고 직접적인 관찰로 밝혀지지 않기 때문이다. 더욱이 가설적 추론의 일반성 때문에 우리는 가설법을 통해 귀납적 결론에 도달할 수가 없다(Gallie, 1966: 97).

과학적 지식의 진화에 관심이 많았던 퍼스는 일찍부터 확장적 추론에 관심을 기울였다. 귀납법은 하나의 사실들의 집합으로부터 유사한 사실들의 집합을 추론해내고, 가설법은 한 유형의 사실들로부터 또 다른 유형의 사실들을 추론해낸다. 그는 시간이 지날수록 귀납법과 가설법의 차이를 점점 더 강조하는데, 그 이유는 가설법만이 유일하고 참되게 확장적인 능력을 가지고 있다는 사실을 깨달았기 때문이다. 자신의 관점을 발전시키기 위해 퍼스는 초기에 취했던 삼단논법의 틀을 벗어나기 시작한다. 동시에 그는 가

설법의 창조적인 기능을 발굴하는 데 더욱 열중한다(Santaella, 2005: 181~183).[7]

가설법이 귀납법과 구별되는 가장 근본적인 지점은 전자가 새로운 가설을 선택하는 기능을 가졌다는 데 있다. "가설에서 우리는 대단히 궁금한 어떤 상황을 발견하고, 그 상황은 다음과 같은 가정으로 설명된다. 즉 그 상황은 어떤 일반적 규칙의 한 사례라는 가정이다. 그리하여 우리는 그 가정을 채택한다."(CP 2.624) 가설법을 가추법으로 발전시키면서 퍼스가 더욱 집중적으로 추구하는 것은 이런 유형의 추론에서 나타나는 가설 선택의 문제이다. 1900년 이후 퍼스가 도달한 가추법 개념은 전적으로 '가설의 채택을 위한 추론'을 의미한다. 이 시점 이후 가추법적 타당성은 귀납법적 타당성과 완전히 다른 것이 된다. 1900년 이전에 가설법이라 불렀던 것은 귀납법의 여러 유형 중 하나, 즉 질적 귀납법이 되고, 전에 귀납법이라 불렀던 것은 이제 양적 귀납법이 되었다. 이때부터 퍼스는 귀납법을 순전히 가설을 시험하는 과정으로 취급한다. 한편 연역법은 가설의 개연적이고 필연적인 결과를 추론하는 과정으로 재해석된다. 그리하여 1900년 이후 퍼스는 가추법, 연역법, 귀납법의 추론들을 순서대로 탐구의 방법론적 단계들로 간주하게 된 것이다.

퍼스가 가추법에 대한 성숙한 사고를 처음으로 명확하게 제시한 것은 그의 1901년 논문 「고대 문서에서 역사를 도출하는 논리에 관

---

[7] 많은 논평자가 퍼스의 가추법에 대해 논의할 때 세 가지 추론을 전적으로 삼단논법의 틀 안에서만 다루는 1878년의 논문 「연역법, 귀납법, 가설법」만을 참고하는 경향이 있다. 그러나 이런 관점으로는 퍼스의 가추법 개념이 진화적으로 발전했다는 사실과, 가추법의 창조적 기능을 적절히 이해하기 어렵다.

하여」에서이다. 놀라운 사실이 출현하면 설명이 요구된다.

설명은 관찰된 사실들에 대한 예측에 도달할 명제여야 한다. 여기서 예측이란 필연적인 귀결이거나 적어도 주어진 상황에서 매우 개연적인 것을 말한다. 그러므로 그 자체로 그럴듯하고 사실들을 그럴듯하게 만드는 가설이 채택되어야 한다. 그런 사실들이 암시하는 가설을 채택하는 단계를 나는 가추법이라 부른다(CP 7.202).

가설이 채택되자마자 최초로 해야 할 것은 가설의 필연적이고 개연적인 실험적 결과들을 추적하는 것이다. 이 단계가 연역법이다(CP 7.203).

정당하게 귀납법이라 할 수 있는 것은 가설에 기초한 예측들을 시험하는 실험들에서 나온 이런 종류의 추론이다(CP 7.206. 강조는 원저자).

예기치 못한 놀라운 사실에 대해 과학적으로 설명하기 위해선 관찰된 사실이 어떤 필연적이고 개연적인 귀결에 도달할지 예측해야 한다. 가추법은 이러한 예측의 단계로서 가설을 채택하는 추론 과정이다. 이것이 탐구의 첫 번째 단계이다. 탐구자가 두 번째로 해야 할 일은 선택한 가설이 도달할 필연적인 실험 결과를 도출해내는 연역법적 추론이다. 마지막으로 귀납법의 단계가 온다. 탐구자는 실제 실험의 결과들을 가지고 가설에서 도출해낸 예측들을 비교함으로써 가설을 시험한다. 예측들이 실험을 통해 검증될 때 가설은 과학적 결과들 가운데 자리 잡게 된다.

이제 가추법과 귀납법의 구분은 보다 명확해졌다. 가추법은 순수한 가능성으로서 가설을 발견하는 과정이고 귀납법은 가설을 시험하고 타당화하는 과정이다. 그러므로 가추법이 이론을 추구하는 반면 귀납법은 사실을 추구한다고 하겠다(CP 7.217~218). 또한 양자는 탐구 과정의 반대 극단에 있는 추론 형식이다. 가추법은 탐구의 초보적이고 예비적인 단계인 반면, 귀납법은 마지막 단계이기 때문이다. 전통적으로 귀납법은 개별적인 사실들의 경험적 증명으로부터 새로운 이론을 확립하는 발견의 논리로 간주되어왔다. 그러나 퍼스에 의하면 진정한 발견의 논리는 가추법이다. 귀납법은 현재의 지식에 어떤 새로운 정보도 추가하지 못한다. 귀납적 추론의 기능은 가설을 타당화하는 것이다. 귀납법이 지식의 발전에 기여하는 점은 단지 이미 고려 중인 가설을 조금 수정하는 것에 지나지 않는다.

앞에서 가추법을 '짐작의 논리'라고 소개했다. 가추법은 짐작의 논리이고 발견의 논리이자 우연의 논리이다. 가설은 우연히 발견된다. 가설을 발견하는 추론의 단계는 추측conjecture, 짐작guessing, 상상imagination 같은 능력을 요구한다. 이러한 능력들은 이제까지 논리학자들이 고려의 대상으로 삼지 않았던 것이다. 그런 능력들은 통상 논리학보다는 심리학의 영역에 속한다고 간주되어왔다. 그래서 대부분의 논리학자는 가설을 발견하는 과정에 대한 논리가 있다는 것을 부정한다. 그들은 어림짐작 같은 것은 과학적인 방법이 아니라고 생각한다.[8] 이와 반대로 퍼스는 과학에서의 새로운 발전이 성취되기 위해서는 짐작과 추측의 논리가 발휘되어야 한다고 주장한다. 그렇지 않고서는 과학의 발전을 이룬다는 것이 불가능하다. "참신하고 대담한 가추법을 통해서만 우리는 새로운 진리에 도달할 수 있고 …… 새로운 가정을 통해서만 우리는 실재에 대한 우리의 시야를 확대시킬 수 있다."(에코 외, 1994: 287) 이런 이유에서 퍼스는 세 가지 추론 방법 중에서 가추법의 중요성을 특히 강조한다. 가추법은 과학의 창조성을 설명하는 논리학이다. 퍼스는 케플러, 뉴턴, 아인슈타인이 단지 운이 좋은 사람들이라고 간주하고 넘어가는 것은 부조리하다고 생각했다. 그는 우연한 발견에도 논리가 있다고 보고 우연과 결정을 매개하는 어떤 논리를 찾고자 했다. 그렇다면 발견의 논리는 어떤 종류의 논리학인가? 그것은 누군가에겐 전혀 논리적이지 않을 수도 있다. 하지만 퍼스에게 있어서 그것은 연역법의 논리에 제한되지 않고 과학과 예술에서의 창조성뿐만 아니라 일상생활의 창조성도 설명할 수 있는 살아 있는 논리학이다 (Santaella, 2005: 188). 퍼스에 의하면 "가추법은 새로운 관념이 출발하는 유일한 종류의 논증이라는 점에서 시원적origianry이다."(CP 2.96) 가추법적 추론은 창발적이고 기원적이고 자발적이며 자유로운 것이다.

가추법은 모든 경이로운 상황에 대한 잠정적인 설명을 종합적

---

[8] 가령 칼 포퍼는 『과학적 발견의 논리The Logic of Scientific Discovery』(1934)에서 과학적 발견의 최초의 단계, 즉 이론을 착상하거나 발명하는 행위는 논리적 분석을 요구하지도 그러한 분석에 적합하지도 않다고 말한다. 그는 관념의 착상과 상상은 심리학의 영역이라 간주한다. 포퍼를 비롯한 여러 과학철학자에게 있어서 '발견의 논리'는 이론에 더 많은 개연성을 부여하는 사실들에 대한 경험적 증명, 즉 귀납법이다(Santaella, 2005: 186~187).

으로 공식화한 것이다. 만약 가추법적 논증이 없다면 그런 상황들은 설명되지 않은 채 남아 있을 것이다. 우리가 놀라운 사실에 직면했을 때 우리는 가설 혹은 추측을 하나의 가능한 답변으로 제시한다. 가추법은 이러한 추론 과정을 가리키며, 마치 섬광 같은 통찰 속에서 나타나는 추론 형식이다. 가설적 추론이 지닌 이러한 자연스러운 본성 때문에 퍼스는 가추법을 합리적일 뿐만 아니라 본능적이라고 말한다. '본능'이란 말로 퍼스가 의미하는 것은 자연의 기획design을 정확하게 추측하는 것이다.

> 사람은 삼차성, 즉 자연의 일반적 요소들에 대한 어떤 통찰력을 갖고 있다. …… 이 능력은 …… 동물의 본능을 닮은 본능의 일반적 본성을 지녔다. 그것은 실수에 대한 책임이 작다는 점에서도 본능을 닮았다. 왜냐하면 그 능력은 옳을 때보다는 틀릴 때가 더 많지만 그것이 옳은 경우가 상대적으로 빈번하다는 사실은 전반적으로 우리의 체질에서 가장 경이로운 것이기 때문이다(CP 5.173).

가추법은 관찰의 단계에서 설명의 단계로 가는 추론 과정이다. 전자에서 후자로의 진행은 그다지 매끄럽지 않다. 가추법적 추론은 다소 비약적이어서 취약한 논증 형식처럼 보일 수도 있다. 하지만 가추법의 취약성과 창의성은 동전의 양면과도 같다(Santaella, 2005: 188~189). 가추법이 논리적이라면 자연적이고 본능적이라는 점에서 그러하다. 퍼스는 인류가 이 본능으로서의 논리를 발전시켜왔다고 말한다. "인간 정신이 자연 법칙의 영향하에서 발전해왔기 때문

에 자연적으로 자연의 패턴을 따라 사고한다는 것에는 어떤 합리적인 의심도 있을 수 없다."(CP 7.39)

새로운 설명을 제시하기 위해서는 가추법적 추론이 요구된다. 그 과정에서는 일견 논리적 비약으로 보일 수 있는 추론이 포함되지만, 그러한 발견의 논리를 거치지 않고서는 참신하고 대담한 이론이 발견될 수 없다. 이는 역사적 설명에 있어서도 마찬가지이다. 퍼스가 역사적 진리 탐구에 대해 어떻게 생각했는가에 대해 고찰하는 한 방식은 그의 관점을 다른 관점들과 비교하는 것이다. 이하에선 칼 헴펠Carl Hempel 및 R. G. 콜링우드Collingwood의 역사관과 퍼스의 역사관을 비교, 고찰할 것이다. 이제까지 살펴본 가추법적 추론 형식이 역사 탐구 방법론으로 어떻게 사용될 수 있는지 알아보자.

### 3) 퍼스의 역사 이론

앞으로 살펴볼 테지만 역사 탐구를 가설적 추론 과정으로 간주하는 퍼스의 관점은 객관주의와 주관주의의 양극단을 지양한다. 하지만 퍼스가 추구했던 것은 과학적 방법을 통한 지식의 객관성 확보가 아니었던가? 그렇다. 퍼스는 역사 탐구를 보편적 법칙과 실험적 검증을 포함하는 객관적인 절차라고 본다. 하지만 그의 입장은 실증주의적 관점과는 구분된다.

가령 칼 헴펠은 역사적 탐구의 방법은 하나의 사건을 일반적인 법칙으로 포섭시키는 것이라고 본다. 그의 과학적 설명에 대한 포섭법칙 모델을 보자. 그에 의하면 문제의 사건 E에 대한 과학적 설명은 다음과 같은 것들로 구성되어 있다.

(1) 특정한 시간과 장소에서 발생한 특정한 사건들 $C_1, \ldots\ldots C_n$ 에 대한 일련의 진술들
(2) 다음과 같은 일련의 보편적인 가설들
　ⓐ [$C_1$에서 $C_n$ 사이에서 무작위로 추출된] 두 그룹의 진술이 모두 경험적 증거에 의해 합리적으로 잘 확증된다.
　ⓑ 두 그룹의 진술들로부터 사건 E의 발생을 단언하는 문장이 논리적으로 연역될 수 있다(Burbidge, 1981: 16에서 재인용).

ⓐ와 ⓑ는 상호 연관되어 있다. 하나의 설명이 어떤 사건 E의 발생을 연역적으로 증명한다면, 그 설명은 그것이 제공하는 근거들의 논리적 귀결을 경험적으로도 검증할 수 있다는 것이다. 헴펠의 포섭법칙 모델은 과학적 설명 이론의 연역적 방법론을 귀납적 검증과 결합시키고 있다. 헴펠은 과학적 설명이 요구하는 보편적인 가설이 다음과 같은 유형의 규칙성에 대해 단언한다고 말한다. "특수한 종류 C의 사건이 특정한 장소와 시간에 발생하는 모든 사례에 있어서 특수한 종류 E의 사건이, 최초의 사건이 발생한 장소와 시간과 특수한 방식으로 관련된 장소와 시간에 발생할 것이다." (Burbidge, 1981: 17에서 재인용) 헴펠에게 있어서 역사 연구는 관찰된 개별적인 사건들 가운데서 일반적인 법칙을 도출하는 일이다. 개별적인 관찰 결과들은 상호 독립적이다. 왜냐하면 'C'와 'E'는 개별적인 사건들의 관찰 결과가 아니라 사건들의 종류를 구분하며, 각각은 서로 분리되어 있는 개별적인 관찰 결과들의 집합이기 때문이다. 이러한 데이터의 독립성은 하나의 개연성으로서 일반적 법칙을 수학적으로 정식화하기 위한 충분조건이며, 왜곡되지 않은

양화를 위한 필요조건이다. 그렇다면 여러 가지 성질을 가진 하나의 사건에 대한 가장 정확한 설명은 그 사건이 다양한 법칙에서 사례가 된 수량을 단순히 곱함으로써 그 개연성을 계산하는 일이 될 것이다(Burbidge, 1981: 17~18).

그러나 관찰된 데이터들은 헴펠이 가정하는 독립성을 갖고 있는가? 이런 가정들은 자연과학의 방법들에는 적절할지도 모른다. 하지만 역사의 문제들에는 적절해 보이지 않는다. 예를 들어 한 역사가가 예기치 못한 사태를 보고하는 사료를 갖고 있다고 하자. 그는 사료의 작성자가 그 사건을 실제로 발생할 가능성과 반대되게 허위로 보고할 수도 있는 개연성을 단순히 계산할 수 없다. 헴펠이 요구한 데이터들의 독립성은 존재하지 않는다. 퍼스를 따라 J. W. 버비지는 이렇게 말한다. "사료의 작성자가 진리를 말하는가 아닌가는 그 사건의 특성이 무엇인가와 더불어 그가 그 특성에 대해 갖고 있는 주관적인 기대에 의존하고 있다."(Burbidge, 1981: 18) 역사 서술에 정신의 개입은 불가피하며 데이터들은 주관적으로 관련된다. 이처럼 데이터들이 헴펠이 가정하는 것처럼 독립적이지 않다면, 그가 기대하는 정확한 설명의 계산은 불가능하게 된다. 헴펠은 역사적 설명에서 발생하는 모호성을 인식하고 있다. 그는 모든 법칙이 수학적 개연성에 의해 진술될 수 있다고 논증하고자 하지만, 그럼에도 불구하고 그는 어쩔 수 없이 "기초적인 가정들을 충분히 정확하게 그리고 동시에 그것들이 모든 관련된 경험적 증거와 일치되도록 명확하게 정식화하는 것은 때로는 매우 어렵다."고 인정한다 (Burbidge, 1981: 18에서 재인용).

퍼스의 역사 이론은 일견 헴펠의 포섭법칙 모델과 유사하다. 헴펠과 동일하게 퍼스는 과학적 설명이 논리적인 추론을 가능하게 하는 보편적인 가설―또는 일반적 진리―과 사건의 특수한 사례를 동시에 요구한다고 본다. "하나의 설명은 그 대전제 혹은 규칙이, 이미 알려져 있는 자연의 법칙 혹은 규칙이거나 아니면 다른 일반적인 진리인 삼단논법이다. 여기서 소전제 혹은 사례는 가설이거나 역추법적 결론이고, 결론 혹은 결과는 관찰된 사실이다."(CP 1.89) 하지만 퍼스의 설명 모델은 헴펠의 것과 결정적으로 다르다. 헴펠이 초점을 맞추는 것은 이미 알려져 있는 자연의 법칙으로서의 대전제이다. 반면 퍼스가 주목하는 것은 소전제로서의 가설이다. 그가 역사적 설명을 통해 밝히고자 하는 것은 소전제 'S is M'의 중간항 'M'이다.[9] "설명이란 …… 복잡한 술어 혹은 비개연적이거나 특이해 보이는 술어를 단순한 술어로 대체하는 것인데, 이 단순한 술어로부터 복잡한 술어가 이미 알려져 있는 원칙에 근거하여 따라 나온다."(CP 6.612) 왜냐하면 가설로 제시되는 'M'은 주어에 대해 참이라고 밝혀진 술어들의 집합을 합리적으로 통합시키기 때문이다. 요약하자면 헴펠과 퍼스의 차이는 일반적인 원리 혹은 보편적인 가설을 얼마나 절대적으로 보는가에 있다. 대전제에 초점을 맞추는 헴펠은 역사적 설명이 "그것이 전제하는 일반적 규칙성에 대한 명시적인 진술을 포함해야" 한다고 본다. 그러나 퍼스는 반드시 대전제가 명시적일 필요가 없다고 본다. 그는 헴펠과 달리 역사적 설명은 잠정적이고 불완전하다고 본다.

---

[9] 앞서 설명했듯 가추법은 정언적 삼단논법 제1격에서 중간항 M을 발견하는 논리이다(이 책 246~247쪽을 참고하라).

또한 퍼스는 법칙들을 수학적으로 정식화하지 않으며 개연성을 계산하기 위한 필요충분조건으로서의 데이터들의 독립성을 가정하지 않는다는 점에서도 헴펠과 다르다. 퍼스는 연구자들이 항상 일반적인 법칙을 수학적으로 정식화할 수 없으며, 종종 주관적인 일반화에 의존한다는 사실을 인식하고 있다(CP 7.176). 역사적 기록에서 사건들은 외부적이고 관찰이 가능한 관계들로 서로 연관되는 것이 아니라, 기록자의 사건에 대한 의식적 반응, 사건의 참여자의 다른 사건들에 대한 의식적 반응을 통해 관련된다.

역사적 사건이 상호 독립적인 데이터를 일반적 법칙 안에 포섭시킴으로써 설명되는 것이 아니라면, 그것은 데이터를 상호 연관시키는 정신의 주관적인 일반화를 통해 설명되는가? 퍼스는 가추법에 대해 기술하는 맥락에서 설명의 대상이 인간의 정신적 기능과 유사하다는 언급을 한다. "인간 정신이 제한된 횟수의 추측에서 올바른 가설을 알려줄 것이라는 의미에서 진리와 유사하다는 것은 모든 가추법의 기초가 되는 일차적인 가설이다."(CP 7.220) 가추법에 대한 퍼스의 견해는 어떤 점에서 콜링우드의 "역사는 역사가의 정신에서 과거의 사고를 재법규화하는 것"이라는 주장과 상당히 유사하다.

콜링우드에 의하면 "자연의 과정들은 정당하게 단순한 사건들의 연속이라 기술될 수 있지만, 역사 과정들은 그렇지 않다. 그것들은 단순한 사건들의 과정이 아니라 행동들의 과정이고, 내적 국면을 갖고 있으며 사고 과정들로 구성되어 있다. 역사가가 찾고자 하는 것은 바로 이런 사고의 과정들이다."(Burbidge, 1981: 19에서 재인용) 현재의 역사가는 각각의 기록을 독립적인 사건들로 취급하지 않고,

그 사건들에 함축된 사고를 재법규화함으로써 사건들을 서로 관련시킨다. 헴펠은 이런 내적 관계를 간과하고 있다. 콜링우드는 이렇게 말한다. "사고의 독특성은 사고가 이 맥락에서 여기 지금 발생할 뿐더러, 맥락을 바꾸어 유지될 수 있고 다른 맥락에서 재생할 수도 있다는 것이다." 그러므로 사고는 즉각적 현존이 아니라 매개적 관계이다. 사고는 문제의 사건들—또는 행동들—을 서로 엮어 일관적인 전체가 되게 하는 연속성을 발견할 수 있다.

퍼스도 콜링우드와 마찬가지로 설명의 목적이 사건들의 근저에 있는 연속성을 발견하는 것이라고 본다. "정당한 설명에 대한 요구는 결코 단 하나의 독립적인 사실을 참조하지 않는다. 하나의 독립적인 사실은 언제나, 그것을 비개연적으로 만드는 것처럼 보이는 다른 사실들과 연관되어 있는 어떤 사실에 적용된다."(CP 7.200) 퍼스는 역사 탐구를 우리의 정신 활동과 설명될 구조 간의 근본적인 연속성을 전제하는 합리적 사고의 과정으로 간주한다. "우리는 다음과 같이 희망할 수밖에 없다. 사실들에 대한 가능한 설명이 수없이 많을지라도 우리의 정신은 어느 정도 유한한 횟수의 추측들에서 그 사실들에 대한 유일하게 참된 설명을 추측할 수 있을 것이다." (CP 7.219) 퍼스에 의하면 이러한 희망은 어느 정도 경험적으로 확증되어왔다. "만약 인간 정신이 어느 정도 그런 능력을 갖고 있다는 가설을 귀납적 시험에 붙인다면, 우리는 그런 진리에 대한 본능적 직감에 대해 증명할 두 부류의 주제를 발견한다. …… 사실 인간 과학의 커다란 두 지류, 즉 물리과학과 심리과학은 귀납법의 수정 행위를 통해 그런 추측 본능을 개발해왔을 따름이다."(CP 6.531)

퍼스는 인간의 정신과 탐구 대상 간에 연속성을 설정한다는 점에서 콜링우드와 유사하다. 하지만 퍼스는 심리과학(역사가 포함된다)과 물리과학을 동일하게 취급한다는 점에서 콜링우드와 다르다. 콜링우드에게 있어서 역사는 자연과학과 엄격하게 구분되는 반면, 퍼스는 양자가 동일한 구조를 갖고 있다고 본다. "자연현상에 대한 모든 과학적 설명은 자연에는 인간의 이성과 유사한 어떤 것이 존재한다는 가설이다."(CP 1.316)

또한 퍼스는 정신이 가능한 설명을 '짐작할' 수 있다고 말하는 반면 콜링우드는 실제로 발생한 것의 '재법규화'에 대해 말한다. 경험적 검증 과정을 탐구 절차에 포함시키는 퍼스와 달리 콜링우드는 역사적 설명의 시험이 정신 안에서 발생한다고 본다. "과거의 사고를 재법규화하고 비판하는 과정에서 역사가는 그것의 가치를 판단하고 자신의 실수를 교정한다. 이와 같은 비판은 사고의 역사를 추적하는 것에 비해 부차적이지 않다. 그것은 역사적 지식 자체의 불가피한 조건이다."(Burbidge, 1981: 21에서 재인용)

역사적 설명에 대한 양자의 결정적인 차이는 '증거'에 대한 시각에서 찾을 수 있다. 콜링우드가 옹호하는 적절한 설명의 절차는 '이미 주어진 증거'에 대한 비판적인 반성이다. 증거가 주목될 때, 다시 말해 사고가 주어진 증거의 의미를 엄격하게 탐구하고 면밀하게 검토했을 때 역사적 설명은 결정적으로 발전한다(Burbidge, 1981: 21). 콜링우드와 달리 퍼스가 주목하는 것은 가설을 검증할 때 필요한 증거이다. 그는 탐구의 출발점이 되는 증거와 가설의 검증 과정에서 발견하는 증거를 구분한다. 탐구자가 단순히 이미 주어진 증거만 참조한다면 그가 제안한 설명은 아직 관찰되지 않은 다른 데이터에도 적용될 수 있다는 사실을 가정할 수 없다. 탐구자는 이미 알려진 사실을 설명할 뿐만 아니라 새롭게 발견될 사실도 예견할 수 있는 일반적인 설명을 발견해야 한다. 퍼스가 말하는 가추법적 설명은 이러하다. 가설적으로 제안된 하나의 가능한 설명은 반드시 이미 주어진 증거들을 포함해야 한다. 하지만 여기에 그쳐서는 안 된다. 그 '가능한' 설명은 다른 사실들을 성공적으로 예측해야만 비로소 '실재적인' 설명이 된다. 그러므로 하나의 설명의 성공 여부는 미래의 경험적 증거를 예측하느냐 아니냐에 달려 있다. 퍼스는 이와 같은 성공적인 예측을 통한 검증을 물리과학과 심리과학 모두에 공통적인 절차로 간주한다.

헴펠의 포섭법칙 이론에서는 일반적인 법칙이 객관적이고 경험적으로 검증될 수 있다고 가정되었다. 헴펠은 역사적 사실들의 독립성을 전제함으로써 이와 같은 이론을 성립시켰다. 반면 콜링우드는 역사적 사실들은 사고에 의해 명료화되는 매개적 연속체라고 주장한다. 역사에 관한 퍼스의 입장은 헴펠의 객관주의적 모델과 콜링우드의 주관주의적 모델의 중간에 위치한다(Burbidge, 1981: 23). 퍼스는 일반적인 법칙의 검증 가능성을 주장함에 있어서 헴펠에 동의하고, 사고의 연속성을 주장함에 있어서 콜링우드와 유사하다. 그렇다면 역사 탐구에서 퍼스는 두 가지 목적을 설정하고 있는 것이다. 한편으로는 연속성으로서의 일반성의 구조를 확립하고, 다른 한편으로는 설명적 제안들을 경험적으로 시험하기 위한 절차를 요구해야 한다. 퍼스의 가추법적 논증은 이러한 양면적 요구에 부응한다.

퍼스가 가추법이라고 명명한 가설의 추측 행위는 역사 기획에 있어서 핵심적이다. 역사가는 특수한 사건이나 사건들의 집합과 관련된 여러 가지 사료를 가지고 있다. 관찰된 개별적인 사실이 예기치 않은 놀라운 것일 때 설명이 요구된다. "사실들이 우리가 기대하는 것과 반대일 때 설명이 요구된다. 따라서 설명은 필연적 결과로서 혹은 적어도 그 상황에서 매우 개연적인 것으로서 관찰된 사실들의 예측으로 인도될 명제여야 한다."(EP 2: 94) 연구자는 추측을 통해 예기치 않은 사실을 다른 증거들과 관련시킴으로써 연속성을 도입하는 가설을 제안해야 한다. 이런 이유에서 퍼스는 헴펠과 달리 대전제가 아닌 소전제의 역할에 더 주목한다. 중요한 것은 "일반적 규칙성에 대한 명시적 진술을 포함하는" 역사적 설명이 아니라 관찰된 특성들을 정합적인 연속체 안에 통합시키는 역사적 설명을 제시하는 것이다. 퍼스에게 있어서 설명의 일차적 임무는 소전제와 중간항을 제시하는 데 있으므로 대전제는 핵심적이지 않다.

역사적 설명은 단지 가능한 것일 뿐이다. 그것은 귀납적으로 증명되기 이전에는 실재적인 것으로 확립되지 않는다. 가설을 검증하는 과정에 대해 퍼스가 설명하는 방식을 보자.

우리가 한 남자가 가톨릭 사제라는, 즉 가톨릭 사제들의 공통적이고 독특한 특성들을 모두 가졌다는 가설을 시험한다고 하자. 특성들은 단위가 아니다. 그것들은 단위들로 구성되어 있지도 않고 셀 수도 없다. 다시 말해 특성들은 이 계산은 옳고 다른 계산은 그르다는 식으로 간주될 수 있는 것이 아니다. 특성들은 그 중요성significance에 따라 추정되어야 한다. 결론적으로 말해 그런 귀납의 과정에는 어떤 어림짐작의 요소가 있을 것이다. 따라서 나는 그것을 가추적 귀납abductory induction이라고 부른다(CP 6.526).

　이 사례에서 고려 중인 특성들은 주어인 그 남자에게 적용될 술어들이다. '가톨릭 사제'라는 용어는 시험되어야 할 중간항으로 제안된 것이다. "그 남자는 가톨릭 사제이다."라는 가설을 검증하기 위한 첫 단계는 이미 관찰된 그 남자의 특성들 외에 일반적으로 가톨릭 사제에게 귀속되는 다른 특성들을 연역하는 것이다. 두 번째 단계는 그 남자에게서 그런 증거들이 관찰되는지 탐색하는 귀납적 절차이다. 그러나 "표본이 무작위로 결정되지도 않고 하나의 특수한 시험이 다른 시험과 수적으로 동등한 값을 갖지도 않기 때문에, 이 귀납적 절차는 개연성 계산의 규준canon을 따르지 않는다."(Burbidge, 1981: 25) 그 대신 특성들은 "그 중요성에 따라 추정되어야" 하기 때문에 개연성 계산 과정이 아니라 모종의 반성적 평가 과정이 요구된다. 이 과정은 어떤 의미에서는 주관적이라고 할 수 있으며 엄밀한 의미에서 객관적이라고 할 수 없다. 그것은 "가추법적인" 본능적 사고 능력―짐작의 논리―의 요소를 포함한다.

　퍼스에 의하면 역사 탐구가 "결코 완전히 종결되지 않을 것"인데, 왜냐하면 "과학적 관심은 우리가―당신과 나 혹은 어떤 세대의 사람들이 참 혹은 거짓이라고 생각하는 것과는 무관하게―대체로 참인 일반성 혹은 합리성 혹은 법칙이라 부르는 것을 발견하는 데 있기 때문이다."(CP 7.185~186) 역사 탐구는 "한 사람의 일생의 작업이 아니라 무한하게 세대에서 세대로 이어지는 작업"이다(CP 5.589). 역사 연구에 대한 이와 같은 장기적인 조망은 오류 가능성에 대한 고려에서 나온다. 연구 과정에 개입되는 우발성은 피할 수도 없을

뿐더러 그렇다고 해서 나쁘지도 않다. 현재 관찰된 증거에 대한 잘못된 평가에서 나온 잘못된 결론이 때에 이르면 수정되리라는 예견은 연구를 추진시키는 원동력이기도 하다.

역사 연구에 대한 퍼스의 이론은 미술사 연구에도 동일하게 적용된다. 미술사의 사실들을 설명하는 데 있어서도 가설의 채택이 핵심적인 역할을 한다. 적절한 가설을 발견하기 위해서는 미술사학자의 창조적 능력이 요구된다. 가설을 발견한 미술사학자는 타당한 추론과 검증의 과정을 거쳐 자신의 가설을 입증하고자 할 것이다. 그리고 이러한 노력은 공동체적으로 주어진 문제의 진리에 도달해 가는 하나의 과정이 될 것이다.

다음 3절에서는 이제까지의 고찰을 바탕으로 미술사에서의 의미와 진리의 문제에 대해 퍼스 기호학의 관점에서 어떻게 설명할 수 있는지 사례 분석을 통해 고찰하고자 한다. 지금까지의 고찰은 주로 이론적인 차원에서 퍼스 기호학의 철학적 가능성을 발굴하는 데 집중해왔다. 이러한 고찰이 단지 공론에 그치지 않고 미술사학 연구에 기여할 수 있도록 하기 위해, 이어지는 절에서는 마네의 〈올랭피아〉의 탐구 과정에 대해 퍼스 기호학의 용어들로 어떻게 설명할 수 있는가 살펴볼 것이다. 그럼으로써 퍼스 기호학이 후기구조주의의 대안으로서 신미술사의 철학이 될 수 있는 이유가 보다 명확해질 것이다.

## 3. 미술사의 의미와 진리

　미술사 연구는 일차적으로 미술사 텍스트의 해석 작업이다. 텍스트는 작품일 수도 있고 선대 미술사학자의 저술이나 작품과 관련된 도큐먼트일 수도 있다. 가령 마네의 문제작 〈올랭피아〉를 해석하는 미술사학자를 떠올려보자. 그는 파리의 오르세 미술관을 방문하여 마네의 원작을 볼 것이고, 이 작품이 제작된 당시의 도큐먼트들—화가의 편지, 당시 신문 기사, 당대 비평가의 평문—과 이 작품에 대해 해석한 다른 미술사학자들의 텍스트도 참조할 것이다. 현대미술사의 첫 장면을 장식하는 〈올랭피아〉에 대해 오늘날 많은 미술사학자는 "모더니티의 재현"이라고 해석한다. 1장에서 고찰한 것처럼 T. J. 클락은 『현대적 삶의 회화』에서 〈올랭피아〉에 대한 사회사적 분석을 시도한다. 클락에 의하면 "〈올랭피아〉는 초기 자본주의 시대 대도시에 만연한 매춘 현상의 재현"이다. 이 작품은 19세기 중반 파리의 사회적·문화적 상황에 대해 알려준다. 이러한 클락의 해석 덕분에 〈올랭피아〉와 기타 모더니즘 미술 연구는 진일보하게 되었다.

　마네와 모더니즘 화가들에 대한 클락의 해석은 기존의 것들과 상이하다. 이제까지 다수의 미술사학자들은 마네의 작품에 대해 형식주의적 해석을 제시해온 경향이 있다. 예를 들어 H. H. 아나슨의 해석을 보자. 그는 〈올랭피아〉가 르네상스 거장 티치아노의 〈우르비노의 비너스〉에서 모티프를 차용해 왔으며, 누드화의 전형에서 일탈함으로써 당대의 아카데믹한 누드화의 관례를 비판하고 있다고 지적한다. 이어서 그는 〈올랭피아〉가 "어두운 벽을 등지고 앉은 누드 형상으로 만든 뛰어난 흑백의 디자인"이라고 평가한다(Arnason, 1986: 32). 형식주의 관점에서 볼 때 마네는 모더니티를 무엇보다도 단순화된 형태와 색채 그 자체로 재현하였다. 마네의 절친한 친구였던 에밀 졸라Emile Zola의 다음과 같은 기술은 아나슨의 형식주의적 해석에 대한 전거가 된다.

> [마네가] 그리는 것은 이야기나 감정이 아니다. 그에게는 극적인 구성이 존재하지 않으며, 그가 의도하는 것은 어떤 개념이나 역사적 행위를 묘사하는 게 아니다. 우리가 그를 도덕군자나 작가가 아니라 화가로 평가해야 하는 것은 그 때문이다. 그는 정물화를 다루는 것과 똑같은 방식으로 인물화를 다룬다.
>
> 하얀 시트 위에 누워 있는 올랭피아는 검은 배경과 대비되어 창백한 부분을 이룬다. …… 게다가 세부는 완전히 사라졌다. 여자의 얼굴을 보라. 입술은 두 개의 가느다란 분홍색 줄이고, 눈은 몇 개의 검은 선으로 표현되어 있다. 이제는 꽃다발을 보라. 노란색과 푸른색과 초록색 물감을 몇 번 가볍게 칠했을 뿐이다. …… 눈의 정확성과 손의 단순함이 이 기적을 일으켰다. 화가는 자연 자체처럼 빛의 넓은 평면과 명확한 매스를 통해 앞으로 나아갔다(루빈, 2001: 70~71에서 재인용).

퍼스는 기호의 의미를 '습관' 혹은 '궁극적인 논리적 해석체'와 동일시한다. "한 개념의 취지 혹은 적절한 궁극적 해석은, 행해질 어떤 행위 혹은 행위들에 함축되어 있지 않고, 행동의 습관에, 혹은 어떤 절차가 발생하든 간에 그 절차에 대한 일반적인 도덕적 결단에 함축되어 있다."(CP 5.504. 강조는 원저자) 그리고 이 습관이 얼마나 좋은가는 그것이 일반적으로 참인 결론을 생산하는 추론의 습관인가 아닌가에 달려 있다(CP 5.367 참고). 습관은 일회적 행동이 아니라 행동의 성향이다. 습관으로서의 의미는 추론의 결과로서 어떤 특정한 개념—즉 잠정적인 논리적 해석체—이 아니다. 미래에도 동일한 방식으로 합리적인 추론을 하는 습관을 형성하는 것이 궁극적인 의미이다. 그러므로 퍼스 기호학의 관점에서 〈올랭피아〉의 궁극적 의미는 아나슨과 클락이 그것을 해석하는 습관, 즉 방법론에 있다고 하겠다. 아나슨의 "〈올랭피아〉는 뛰어난 흑백의 디자인"이란 해석과 클락의 "〈올랭피아〉는 초기 자본주의 시대 모던한 삶의 재현"이란 해석은 각각 이 작품에 대한 잠정적인 의미이다. 그것은 습관처럼 "살아 있고 진실되고 궁극적인" 의미가 아니다(EP 2: 418). 〈올랭피아〉의 궁극적 의미는 그들의 미래의 실천과 연관되어 있다. 아나슨과 클락이 〈올랭피아〉를 해석한 것과 동일한 방식으로 다른 미술 작품에도 접근하도록 하는 습관, 달리 말해 그들의 방법론이 곧 올랭피아의 궁극적 의미라는 것이다. 아마도 아나슨과 클락은 〈올랭피아〉뿐만 아니라 다른 작품들—가령 〈풀밭 위의 점심〉(1863)—에 대해서도 각각 양식 분석과 사회사의 방법론으로 접근할 것이다. 해석의 타당성 여부는 궁극적으로 그들의 습관, 즉 추론의 방법에 의해 결정된다. 미래에 〈올랭피아〉에 접근하는 제3의 방법론이 등장하여 더 설득력 있는 해석을 제시할지도 모른다. 따라서 우리는 즉시 아나슨의 해석은 타당하지 않고, 클락의 것은 타당하다고 판단하지 않는다. 왜냐하면 습관이란 우리가 가진 믿음과 유사한 것이고, 우리는 때로 거짓된 믿음을 가질 수도 있기 때문이다. 우리가 어떤 상황에서는 어떻게 행동하는 것이 합리적이라는 믿음을 갖는 것은 일종의 습관과도 같다. 우리는 항상 옳은 믿음 혹은 좋은 습관을 가질 수는 없지만 합리적인 결과를 얻어낼 수 있는 믿음 혹은 습관을 갖는 것이 바람직하다. 그래서 퍼스는 좋은 습관을 형성하기 위한 논리학을 추구하였다.

가추법은 퍼스의 고유한 탐구 방법론이다. 가설을 채택하고 나서 연역적으로 그 가설을 검증하고 귀납적으로 시험하는 방법은 이미 갈릴레이 시절부터 사용하던 과학적 탐구 방법이었다. 그러나 퍼스에게서 '가설'은 고유한 의미로 재탄생한다. 가추법은 발견된 증거들을 설명할 일반적인 이론을 제시하는 추론 과정이다. 통상 가설을 채택하는 과정, 다시 말해 새로운 이론을 착상하는 단계는 논리적인 추론 과정으로 간주되지 않았다. 왜냐하면 가설의 발견이나 착상은 우연히 떠오르는 경우가 대부분이기 때문이다. 반면 퍼스는 우연의 논리요, 발견의 논리로서의 가추법을 추구하였다. 가설이 발견되고 나면 그 가설의 필연적이고 개연적인 결과들을 추적하는 연역적 추론의 단계가 이어진다. 그리고 귀납적 추론의 단계에선 가설에서 도출한 예측들을 실제로 시험한다. 탐구의 세 단계 중 퍼스가 가장 관심을 가지고 있던 것은 가추법이었다. 왜냐하면 우리는 참신하고 대담한 가추법을 통해서만 새로운 사실을 알게 되고 지식의 진보를 성취할 수 있기 때문이다.

마네의 〈올랭피아〉에 대한 형식주의적 해석은 현재까지 정설로 받아들여지고 있다. 그것은 마네의 예술의 현대성에 대한 미술사학자들의 일치된 견해 중 하나이다. 그러나 앞서 인용한 졸라의 설명이 지적하는 〈올랭피아〉의 형식적 요소들은 마네의 현대성에 대한 충분한 설명이라 하기 어렵다. 왜냐하면 "졸라의 이론은 마네의 충격적인 주제를 그 형식만큼 진지하게 논의하지 않았기 때문이다." (루빈, 2001: 71) 다시 말해 형식주의자들의 해석에서 〈올랭피아〉의 진리는 지극히 단편적으로만 설명되고 있다는 것이다. 마네의 누드는 "뛰어난 흑백의 디자인"일 뿐 아니라 그 이상의 다양한 의미를 함축한다. 마네가 신화 속의 비너스가 아닌 현실의 매춘부를 재현한 것은 단지 회화의 관례를 벗어나는 것 이상의 함의를 갖고 있다. 바로 이런 이유로 마네는 혹독한 비판에 시달렸다. 〈올랭피아〉와 기타 마네의 혁신적인 작품들에 따라다니던 비난 중 가장 전형적인 것은 "보들레르의 『악의 꽃』의 회화적 판본"이라는 평이었다. 마네의 절친한 친구였던 앙토냉 프루스트는 보들레르와 마네가 1860년경 가까운 사이가 된 것은 세간에 알려진 바와 달리 마네가 보들레르에게 미친 영향력 때문이라고 회고한다(마네 외, 2000: 23). 폴 발레리도 두 예술가의 친밀성과 유사한 사상에 대해 언급한다. "보들레르와 마네의 불안감은 근본적으로 동일하다. …… 그 다양한 의미가 한 권의 시집(『악의 꽃』)에 농축되어 있듯이, 마네의 작품 세계가 보여주는 다양한 모티프도 카탈로그에 집약되어 있다."(마네 외, 2000: 231) 평론가 장 라베넬은 "〈올랭피아〉는 파리의 신비와 에드거 앨런 포의 악몽에서 나온 …… 보들레르 일파의 그림이다. 그녀의 표정은 조숙하게 나이 들어버린 자의 환멸을 담고 있고, 그녀의 얼굴은 악의 꽃의 향내를 풍기고 있다."고 기술한다(애론슨, 2002: 58). 그러나 모더니즘 비평이 형식주의적으로 치우치면서 마네의 작품에 대해서는 주제보다는 형식의 혁신성이 더 강조되어왔다. 가령 클레멘트 그린버그는 그의 유명한 논문 「모더니스트 회화」에서 "마네의 그림들은 그 그림들이 그려진 평면을 공개적으로 나타낸 솔직성에 의해 최초의 모더니스트 그림이 되었다."고 언급함으로써 마네가 미술사에서 차지하는 위치를 선언한다(Greenberg, 1982: 6). 형식주의 방법론이 유행하면서 〈올랭피아〉의 주제에 대한 기존의 관심조차 가려지는듯했다. 현대미술의 선구자 마네의 공로는 마치 오로지 "평평한 표면"의 발견에만 있는 것 같았다.

반면 클락은 마네의 현대성을 주제의 측면에서 파헤친다. 모더니즘 미술에 대한 클락의 사회사적 접근은 인상주의 회화에 대한 우리의 시각을 크게 바꾸어놓았다. "〈올랭피아〉는 대도시 파리에 만연한 매춘 현상의 재현"이라는 클락의 주장은 하나의 가설이다. 클락은 『현대적 삶의 회화』에서 여러 가지 논증을 제시함으로써 이 가설을 뒷받침한다. 이러한 가설을 채택하기 전에 그는 이미 설득력 있는 논거들을 검토했을 것이다. 그러나 가설의 채택은 탐구가 시작되는 단계이다. 클락은 가설을 채택한 이후에도 자신의 주장이 옳다는 것을 증명하기 위해 새로운 증거를 발견하고 논증을 구축하고자 했을 것이다. 클락은 우선 자신의 가설을 필연적이고 개연적으로 만들 추론을 발견하고자 했을 것이다. 가령 "만약 19세기 중엽의 파리에 매춘 현상이 만연했다면 당시에 유흥 산업이 상당히 발달했을 것이다."는 그러한 추론들 중 하나일 것이다. 클락은 이러한 추론을 검증하기 위해 각종 문헌 자료와 시각 자료를 조사하고 가설의 정당성을 시험했을 것이다. 결과적으로 클락의 설명이 확보한 설득력은 마네의 미술에 대한 우리의 지식을 수정하고 확대시켰다.

〈올랭피아〉에 대한 미술사학자들의 해석이 엇갈리는 이유는 그들이 각각 상이한 〈올랭피아〉의 즉각적 대상을 갖고 있기 때문이다. 주지하다시피 이 작품이 지시하는 역동적 대상, 즉 실재는 단일하다. 그러나 동일한 하나의 유형에 각기 다른 무수한 증표가 존재하는 것처럼, 하나의 역동적 대상은 해석자들의 정신에 각각 다른 즉각적 대상들로 표상된다. 각 해석자들의 즉각적 대상들 간의 차이는 동일한 작품에 대한 색맹의 즉각적 대상과 정상안을 가진 사람의 그것 간의 차이만큼 크진 않을 것이다. 그러나 해석들 간엔 미묘하지만 의미심장한 차이가 존재할 것이다. 또한 역동적 대상의 한 면모를 파악하게 해주는 부수적 경험도 해석의 차이를 낳는 한 원인이 된다. 퍼스에 의하면 부수적 경험이란 기호가 지표적으로 표시하는 것에 대한 경험이다(CP 8.314). 각각의 해석자는 그 작품이 지적하는 바를 시공간적으로 주어진 각자의 상황과 함께 부수적으로 경험하게 되는데, 이러한 콘텍스트 경험은 해석하는 사람에 따라 다를 수밖에 없다.

앞서 3장에서 우리는 퍼스의 프래그머티즘이 단지 더 설득력 있는 해석을 위한 이론이 아니라 궁극적인 진리 탐구를 위한 이론임을 확인하였다. 퍼스에 의하면 진리는 개별적이 아니라 공동체적으로 성취되는 것이다. 〈올랭피아〉(기호)의 의미를 해석함에 있어서 (해석체를 생산함에 있어서) 그 작품과 관련된 역사적 사실들(대상)의 역할은 중추적이다. 이 작품과 관련된 사실들은 마네가 임의로 만들어낸 허구가 아니라 당대의 현실과 관련되어 있는 역사적 실재이다. 미술사학자들은 단지 〈올랭피아〉에 대한 하나의 가능한 해석을 제시하는 데 그치지 않고, 그것의 진실에 접근하고자 한다.

마네 미술의 현대성을 탐구하는 데 있어서 모더니즘 비평이 공헌한 바는 적지 않다. 그러나 오늘날 많은 미술사학자는 형식주의로 치우친 마네 비평에 만족하지 않고 맑스주의적으로 혹은 페미니즘적으로 〈올랭피아〉에 접근한다. 그들은 형식주의적 해석에 의해 〈올랭피아〉의 역동적 대상이 충분히 밝혀졌다고 생각하지 않는 것이다. 그들은 이 작품이 함축하고 있는 현대성에 대해 더 밝혀질 진리가 남아 있으며, 그것이 밝혀질 수 있다고 믿고 있는 것이다. 이러한 확신은 미술사학자들로 하여금 탐구를 진전시키도록 하는 규제적 이상으로 작용한다. 하지만 개별적인 맥락에서 도출된 하나의 해석은 진리가 될 수 없다. 더 나아가 유한한 수의 미술사가들의 해석의 집합도 진리라고 단정할 수 없다. 앞서 언급한 바와 같이 개별적인 해석들은 해석자의 경험과 지식에 따라 달라질 수밖에 없기 때문이다. 진리의 대상인 실재는 개별자(들)의 표상과 독립적으로 존재한다. 진리에 도달하는 과정은 무한하게 진행되는 공동체적 견해의 수렴 과정이다.

퍼스는 이상적인 탐구 공동체의 구성원들이 각각의 문제에 대해 충분히 탐구를 지속한다면 결국에는 하나의 동일한 결론에 도달하게 되어 있다고 말한다(CP 5.407). 탐구자들이 상이한 방법과 경로를 거친다 할지라도 충분한 기간 동안 탐구를 지속한다면 결국에는 모두 일치된 답변을 얻게 된다는 것이다. 퍼스의 수렴 논제는 어떤 면에서 모호하고 비현실적이다. 무한한 수의 구성원이 있는 이상적인 탐구자 공동체를 상정한다면, 우리는 어느 정도의 기간을 '충분하다'고 할 수 있는가? 모든 탐구자가 충분한 기간 동안 탐구할 수 있는가? 그리고 아무리 중요한 문제라 하더라도 공동체의 모든 탐구자가 필연적으로 동일한 문제를 탐구하게 되는가? 이러한 모호성을 극복하기 위해 나는 크리스토퍼 훅웨이가 제안한 수정된 버전을 참고하였다.[10] 그리하여 퍼스의 수렴 논제는 "만약 하나의 명제[가설]가 참이라면, 그 명제가 해답을 제공하는 어떤 문제를 탐구하는 사람이라면 누구든지 그것을 믿게 될 운명에 있다."로 재진술될 수 있었다. 훅웨이는 이 수정된 수렴 논제에 다음의 두 가지 유보 조항을 부가하였다. 첫째, 한 공동체에 속한 어떤 탐구자들은 그 문제를 대면하지 않거나 못할 수도 있다. 둘째, 어떤 탐구자들은 그 문제의 해답에 도달할 만큼 그 문제를 충분히 잘 그리고 오랫동안 탐구하지 못할 수도 있다.

　아마도 모든 미술사학자가 마네의 〈올랭피아〉의 주제가 무엇인가에 대해 탐구하지는 않을 것이다. 그리고 만약 어떤 미술사학자가 그것에 대해 탐구하더라도 충분히 잘 그리고 오랫동안 탐구하지 못할 수도 있다. 가령 아나슨은 이 작품의 주제에 대해 심도 있게 탐구하지 않았거나 그러지 못했다. 그는 이 작품이 전통에 반항하는 현대적인 주제를 재현하고 있다고 판단했지만, 그의 방법론은 양식 분석에 더 주의를 기울이는 것이었기 때문에 마네가 주제를 통해 드러낸 모더니티의 면모들을 클락만큼 소상하게 밝혀내지 못했다.

　그러나 우리가 퍼스의 수렴 논제를 훅웨이의 버전으로 수정한다 해도, 과연 얼마나 충분히 탐구해야 〈올랭피아〉의 최종적 견해에 도달할 것인가 하는 문제는 여전히 모호하게 남아 있다. 퍼스가

---

10 3장 각주 9를 참고하라.

그의 전 철학 체계에서 일관적으로 오류 가능주의를 고수하기 때문에, 최종적 견해의 대상으로서의 실재는 이상적 극한이 될 수밖에 없다. 퍼스에게 있어서 실재는 현실성(이차성)이 아니라 잠재성(삼차성)이고, 개별자가 아니라 일반자였다. 퍼스를 따라 우리가 인정할 수 있는 것은 유한한 수의 탐구자에 의한 국지적이고 일시적인 수렴뿐이다. 다시 말해 미술사 공동체는 〈올랭피아〉의 의미에 대한 일시적인 일치에 도달할 수 있다. 그러나 그것의 궁극적인 의미는 언제나 무한한 미래에 있다. 퍼스의 수렴 논제에서 우리가 초점을 맞추어야 할 것은 현실적으로 도달할 실재가 무엇인가가 아니라, 아직 도달하지 않은 실재가 탐구에서 수행하는 역할이 무엇인가이다. 최종적 견해가 현실적으로 성취되지 않는다는 것은 퍼스에게 인식론적 회의주의가 아니라 인간적 합리성의 유한성을 의미한다(번스타인, 1996: 139).[11]

〈올랭피아〉에 대한 미술사 공동체의 탐구 과정을 살펴보면 미술사 연구에서 '〈올랭피아〉의 진리'라는 규제적 이상이 수행하는 실재적 역할을 이해할 수 있다. 현재까지도 끊이지 않고 출판되고 있는 마네와 〈올랭피아〉에 대한 저술들은 이 작품이 얼마나 많은 논란의 여지를 안고 있는가를 알려준다. 저자들은 자기 나름의 추측과 해석을 제시하고 있기 때문에 종종 각각의 해석들이 상충하기도 한다. 그러나 〈올랭피아〉가 제작된 지 거의 150년의 세월이 흐른 오늘날 미술사학자들은 많은 점에서 일치된 견해를 보이고 있다. 앞

---

11 번스타인은 퍼스를 "인식론적 회의주의와 인간적 오류 가능주의를 가장 주의 깊고 통찰력 있게 구분하는 철학자"라 평가한다.

서 살펴본 바와 같이 비교적 오랜 기간 동안 마네의 회화들은 주로 형식주의적 관점에서 해석되어왔다. 그러나 마네의 현대성을 그의 형식적 혁신성에 국한시키는 것은 〈올랭피아〉에 관한 진리의 전면모라 하기 어렵다. 〈올랭피아〉의 진리를 밝히고자 하는 열망과 그것을 밝힐 수 있다는 희망은 미술사 공동체로 하여금 형식주의 비평을 넘어서게 하는 추진력이 되었다. 1990년대 이후 출판된 보다 최근의 저술들에서 마네의 현대성은 단지 형식적 혁신이라는 측면에서만이 아니라 주제의 차원에서도 평가되고 있다. 클락의 연구는 이러한 변화에 결정적인 기여를 하였다. "마네의 〈올랭피아〉는 모더니티의 재현"이라는 가설을 이제 보다 풍부한 논증들을 통해 더 설득력 있게 옹호할 수 있게 되었다.

제임스 루빈James Rubin은 〈올랭피아〉를 분석하면서 클락과 마찬가지로 1800년 중엽에 매춘이 얼마나 성행했으며, 파리 당국이 매춘 및 유흥업소를 어떻게 관리했는가에 대해 언급하고 있다(루빈, 2001: 66~68). 많은 비평가는 이 작품을 보들레르의 「현대적 삶의 화가」에 대한 회화적 표현이라고 평가해왔다. 올랭피아의 모델인 빅토린 뫼랑의 차림새, 검은 고양이, 흑인 하녀 등은 보들레르가 예찬한 당대의 현대적 풍속을 재현한 것이다. 보들레르는 미술은 감상자와의 커뮤니케이션이므로 화가는 창녀처럼 노련한 솜씨로 고객을 끌어당겨야 한다고 하면서 미술과 매춘을 결부시킨다. 루빈은 이러한 보들레르의 언급을 인용하면서 "〈올랭피아〉는 마네의 자화상"이라고 기술하고 있다(루빈, 2001: 67~68).

또한 루빈에 의하면 마네가 〈올랭피아〉에서 티치아노를 차용한 것도 모더니티를 재현하는 하나의 방식이었다. 마네가 여러 작품에서 고전적 명화를 차용한 것은 "무턱대고 숭배해온 전통에 반항하는 모더니티" 때문이라는 것이다(루빈, 2001: 63). 말하자면 마네가 티치아노의 여신의 누드를 벌거벗은 현실의 여인으로 치환함으로써 전통과 관례를 희화하고 조롱하고 있다는 것이다. 루빈과 마찬가지로 아나슨도 마네가 "고전적 고대의 신과 여신에 대해 경의를 표한다는 고상한 가면으로 위장하고 에로티시즘을 구사하던 아카데믹한 화가들의 뺨을 후려치고 있다."고 기술한다(Arnason, 1986: 32). 반면 루빈이나 아나슨과 달리 질 네레Gilles Néret는 마네가 티치아노와 다른 거장들의 그림을 차용한 것은 그가 구도에 약했기 때문이라고 말한다. 덧붙여 그는 마네가 "티치아노의 명성에 기대어 혹평을 피하고 싶어 했음이 틀림없다."는 확신에 찬 추측을 제시한다(네레, 2006: 21). 마네가 〈롤랑 드 발랑스〉(1862)에서는 고야의 〈알바 공작부인〉(1792)을, 〈스페인 발레〉(1862)에서는 당시 벨라스케스의 작품으로 전칭傳稱되던 〈작은 기사들〉을, 〈풀밭 위의 점심〉(1863)에서는 라파엘로의 〈파리스의 심판〉(연대 미상)을, 〈막시밀리안 황제의 처형〉(1867)에서는 고야의 〈1808년 5월 3일〉(1814)을 차용한 것을 고려해본다면, 마네가 단순히 모더니티의 효과적인 표현을 위해 고전의 구도를 빌려 왔다고 단정하기 어렵다. 가령 〈롤랑 드 발랑스〉는 정전과 관습에 대한 비틀기라기보다는 스페인풍에 대한 동경과 벨라스케스와 고야 같은 스페인 화가들에 대한 존경의 표현이라 보는 것이 더 적절하다. 마네의 스페인 여행과 수차례에 걸친 스페인 복장을 한 인물들의 재현은 이러한 해석에 대한 적절한 증거가 된다. 그렇다면 〈올랭피아〉가 단지 누드화라는 이유로 전통의 풍자라고 단정하는 것은 섣부른 판단일 것이다. 더욱이 마네가 살롱전에 입선하고자 그토록 열망했다는 사실과 인상주의 화가들의 우두머리로 불리기를 끝내 거부했다는 사실을 미루어볼 때, 전통에 대한 마네의 태도가 단순히 반항적이고 비판적이었다고 보기 어렵다.

그렇다면 '마네는 왜 〈올랭피아〉에서 티치아노를 차용했는가?'는 오늘날의 미술사학자들이 탐구해야 할 하나의 문제이다. 티치아노를 차용함으로써 마네는 고전을 풍자했는가 아니면 고전의 명성에 의지했는가? 해석자에 따라 다른 답변을 제시하는 것은 충분히 가능하다. 왜냐하면 개별적 해석자들은 해석과 무관하게 존재하는 실재적(역동적) 대상이 아닌 각자의 즉각적 대상에 대한 해석을 제시하고, 각자의 고유한 습관에 따라 결론을 도출하기 때문이다. 후기구조주의적 상대주의자들은 상충하는 해석들의 수렴을 요구하지 않을 것이다. 우리에게 주어진 것은 미술 작품 〈올랭피아〉를 비롯한 텍스트들뿐이다. 저자의 사망이 선고된 이후 텍스트의 주인은 독자가 되었고, 독자의 해석은 텍스트의 의미를 재창조한다고 간주되었다. 후기구조주의자들은 상이한 정치적 상황에 있는 독자들마다 서로 다른 해석을 제시하는 것은 당연할뿐더러 마땅히 그래야 한다고 생각한다. 그래야만 포스트모던한 해방적 기획이 성취된다는 것이다. 그러나 미술사학자들은 '마네는 왜 〈올랭피아〉에서 티치아노를 차용했는가?'라는 문제에 대한 상호 모순적인 두 가지 답변이 공존하는 상태에 만족하지 않을 것이다. 그들은 두 답변 중 어떤 것이 궁극적으로 정확한가 혹은 어떤 것이 실재를 표상하는가에 대해 탐구할 것이고, 더 설득력 있는 논증과 신뢰할만한 논거를 발견하고자 할 것이다. 미술사학자들은 이 문제의 최종적 답변에 도달할 수 있다는 확신을 가지고 상충하는 해석의 공존에 머무르지 않고 탐구를 진전시킬 것이며, 이런 과정을 통해 〈올랭피아〉에 관한 우리의 지식은 점점 더 성장하게 될 것이다.

# 나가면서: 퍼스의 기호학과 미술사

## 1

이 책의 문제의식은 신미술사가 제기한 '미술사란 무엇인가?'라는 근본적인 반성으로부터 시작되었다. 전통적으로 미술사는 위대한 예술 작품에 대한 객관적이고 공정한 기술이어야 한다는 암묵적인 가정을 견지해왔다. 그러나 지난 1970년대 이후 미술사학계의 포스트모더니즘으로 등장한 신미술사는 이러한 가정을 공격해왔다. 기존의 관념에 도전하면서 신미술사학자들은 미술사 서술의 새로운 형식들을 추구해왔다. 신미술사 저술은 대단히 방대하고 다양하지만 대체로 다음의 세 유형의 형식을 취하고 있다. 첫째, 미술사 진술들이 정치적으로 중립적일 수 없다는 관점에 근거한 새로운 미술사회사의 형식, 둘째, 미술사 외부에서 발생한 각종 이론을 적극적으로 수용하는 학제간 연구의 형식, 그리고 셋째, 미술사의 미학적, 역사적 가정들에 대해 의문을 제기하는 메타담론적 형식이 그것이다.

　이러한 신미술사는 주로 프랑스의 구조주의 및 후기구조주의 철학에서 비롯된 언어와 역사에 대한 근본적인 반성에서 시작된 것이다. 데리다와 푸코의 후기구조주의는 역사가가 언제나 언어의 매개를 통해서만 과거에 접근할 수 있다는 것과, 역사가의 언어가 언제나 불안정할 수밖에 없다는 사실을 알려주었다. 더 나아가 데리다는 해체론적 입장에서 서구 형이상학의 허구성을 폭로한다. 데리다는 전통 철학자들이 '로고스 중심주의'에 사로잡혀, 진리의 토대로 작용하는 어떤 것—가령 이데아, 신, 이성, 절대정신, 물질적 토대—의 존재를 상정하는 현전의 형이상학을 전개해왔다고 주장한다. 의식이 불변의 진리를 직접적으로 인식할 수 있다는 전통 철학의 토대론적 가정은 진리가 의식에 직접적으로 현전하며 언어가 진리를 투명하게 표상한다는 관점을 견지한다. 후기구조주의자들은 토대론을 부정하면서 의미 작용의 자율적 체계와, 주체와 실재를 구성하는 언어의 능력을 강조한다. 데리다의 "텍스트 외부에는 아무것도 없다."는 언급은 그들의 입장을 극적으로 표명한다. 우리가 언어 외부에 존재하는 어떤 실재를 상정할 수 없고, 또 언어는 불안정한 의미 체계를 갖고 있어서 필연적으로 의미 전달에 실패할 수밖에 없다는 자각은 역사에 대한 기존의 관점을 수정한다. 역사적 진술이 과거의 어떤 실재를 투명하고 직접적으로 표상한다는 생각은 더 이상 받아들여질 수 없다. 역사가들은 언어에 대한 새로운 자각을 가지고 각자의 문화적·정치적 입장이 표명된 해석적 기획을 추구할 수 있을 뿐이다.

　신미술사의 후기구조주의적 관점은 하나의 미술 작품에 대해 상이한 여러 해석이 제시될 가능성을 설명해준다. 전통 미술사의 진리 대응설적 가정은 해석 과정의 잠정성을 설명하지 못한다. 우리는 어느 한 미술사학자의 해석을 유일하게 타당한 것으로 간주하지 않는다. 자신이 처한 사회적, 정치적 상황에서 자유로운 해석자는 아무도 없다. 그렇기 때문에 우리는 하나의 해석이 다른 해석들에 의해 수정되고 보완될 가능성을 열어두고 해석의 다양성을 인정한다. 그러나 전통 역사의 토대론적 가정을 공격하면서 반토대론적 극단을 취한 신미술사와 포스트모던 역사의 지지자들은 그들의 입장이 회의주의적이라는 비판에 노출되어 있다. 그들의 상대주의적 인식론은 역사적 지식의 성립에 대해 회의적으로 볼 가능성을 함축하고 있다는 것이다. 아무리 신미술사학자들이 탈인식론 시대를 선언하고 역사 개념의 변화에 대해 역설한다 해도, 회의주의의 오명은 쉽사리 벗겨질 것 같지 않다. 왜냐하면 후기구조주의의 반실재론적 가정은 우리의 상식적인 역사 개념에 부합하는 것처럼 보이지 않기 때문이다. 우리는 통상 역사를 과거에 실제로 일어난 사건에 대한 진술이라고 생각한다. 역사에 대한 상식적인 견해는 역사적 진술과 과거의 실재 간의 모종의 대응 관계를 설정하고 있는 셈이다. 이와 달리 포스트모던 역사학은 이러한 대응 관계를 부정하는 반표상론적 관점을 전제한다. 만약 후기구조주의자들의 주장대로 주체와 실재가 모두 언어적 구성물이라면 역사적 진술이 어떤 식으로든 과거의 실재에 관한 것임을 어떻게 알 수 있는가? 역사적 진술이 해석자의 정치적 입장에 따라 달라질 수밖에 없다는 사실과, 역사적 진술이 어떤 식으로든 과거의 실재와 대응한다는 사실을 동시에 설명할 방법은 없는가? 퍼스 기호학을 신미술사의 철학으로 제안하고자 하는 이 책의 기획은 이러한 의문에서 시작되었다.

　나는 린 헌트와 그의 동료들을 따라 과거 역사학의 토대론적 관점과 포스트모던 역사학의 회의론적 입장을 넘어서는 대안을 프래그머티즘적 실재론에서 찾았다(Appleby et al., 1994: 247~282). 특히 나는 신미술사를 위한 철학으로 퍼스의 기호학에 주목하였다. 이 책에서 나는 퍼스의 프래그머티즘과 기호학 전반에 대해 개관하였으나, 특히 미술사적 지식의 성립에 대해 퍼스 기호학의 입장에서 어떻게 설명할 수 있는가에 초점을 맞추었다.

　우리는 2장에서 퍼스 기호학의 기본 구조와 원리에 대해 고찰하였다. 이러한 고찰은 퍼스의 세 가지 범주에 대한 고찰에서 출발하였다. 퍼스에게 있어서 기호는 현상의 범례적 형식이다. 기호학은 일차성, 이차성, 삼차성 현상의 세 범주에 대한 탐구이기도 하다. 기호의 표상 작용은 기호, 대상, 해석체의 삼항으로 구성되어 있다. 퍼스는 기호와 대상 간의 지시 관계에 제3의 항, 해석체를 도입하여 기호 해석 활동을 끊임없이 지속되는 과정으로 파악하였다. 그가 세미오시스라고 일컬은 기호 작용의 무한한 연속은 퍼스 철학 전반에 침투하고 있는 오류 가능주의의 기본 원리가 되고 있다. 이어 3장에서 퍼스의 실재 개념에 대한 고찰을 통해 우리는 퍼스 기호학이 후기구조주의의 대안으로 기능할 수 있는 이론적 가능성을 타진해보았다. 우리는 두 방향에서 퍼스의 실재 개념에 접근하였다. 첫째, 그의 프래그머티즘에서 실재는 탐구자 공동체가 궁극적으로 도달할 공동 견해의 대상으로 규정되었다. 퍼스의 프래그머티시즘에 대한 고찰은 그의 기호학이 단지 해석학적 기획에 그치는 것이 아니라 진리의 탐구 이론이라는 것을 알려주었다. 둘째, 퍼스가 후기에 집대성한 우주론의 맥락에서 실재는 시네키즘의 속성, 즉 무한성과 연속성을 가진 것으로 규정되었다. 퍼스 기호학에서 실재가 '역동적 대상'으로 간주되었던 것은 실재의 무한하고 연속적인 속성 때문이었다. 퍼스에게 있어서 실재는 불변의 진리의 토대가 아니다. 그것은 개별적인 해석들이 무한하게 연속적으로 생산되는 과정인 것이다. 4장에서는 퍼스의 역사 이론에 대해 집중적으로 고찰했다. 퍼스의 역사 이론은 그의 프래그머티즘 이론 일반과 크게 다를 바 없다. 하지만 우리는 이러한 고찰을 통해 미술사적 지식의 의미와 진리에 관한 퍼스의 관점을 보다 구체적으로 살펴볼 수 있었다. 더 나아가 퍼스의 의미 이론과 탐구 이론의 주요 개념들—기호, 대상, 해석체, 실재, 습관, 가추법—을 가지고 미술사 연구의 실천에 대해 고찰함으로써 우리는 퍼스 기호학이 신미술사를 위한 철학이 될 수 있는 가능성을 진단해볼 수 있었다.

## 2

미술사를 위한 철학의 대안을 왜 퍼스의 기호학에서 찾는가? 더욱이 동시대를 풍미하고 있는 세련된 회의론 철학에 대한 반응을 19세기 철학자 퍼스의 프래그머티즘에서 찾는 이유는 무엇인가?

그 이유는 우선 미술사와 미술비평에 등장한 '기호학적 전환 Semiotic Turn'에서 찾을 수 있다. 후기구조주의가 일깨워준 언어에 대한 반성 덕분에 우리는 모든 문화 현상을 기호 내지는 텍스트로 간주하게 되었다. 후기구조주의자들은 주로 소쉬르의 구조주의 기호론에서 이론적 틀을 가져왔다. 하지만 기호의 의미를 의미 작용의 자족적인 체계 안에 한정시키는 소쉬르의 이항 대립적 모델은 문화의 생산과 수용의 실천적 맥락을 잘 설명하지 못한다. 소쉬르식의 형식주의를 피하기 위해 많은 포스트모던 미술사학자는 퍼스의 삼항 모델에 주목한다. 키스 먹시도 그중 하나다. 먹시는 이른바 '외부' 세계가 기호화 과정의 양 끝―대상과 해석체―에서 세미오시스로 들어오게 하는 퍼스 기호학이 소쉬르 기호론보다 적절한 해석 모델이자 미술사를 위한 이론적 대안이라 보고 있다(Moxey, 1994: 32). 퍼스에 의하면 기호를 구성하는 두 요소, 대상과 해석체는 기호가 해석되는 콘텍스트와 밀접하게 관련되어 있다. 이러한 퍼스 기호학은 복잡한 문화적·사회적 상황의 전체 스펙트럼 내에서 의미 작용을 고찰할 수 있는 체계를 제시한다. 움베르토 에코와 드 로레티스는 특히 퍼스의 습관, 즉 '궁극적인 논리적 해석체' 개념에 주목하고 있다. 에코는 궁극적인 논리적 해석체가 의미 작용과 구체적 행동 간의 "잃어버린 링크"를 제공해준다고 언급한다(Eco, 1979: 194~195). 드 로레티스는 "누군가somebody에게, 어떤 신체에게some body, 한 개별적 주체에게 정박됨으로써 의미의 연쇄가 일시적으로라도 중지되는 …… 기호학적 산물로서의 개인의 습관은 사회적 의미 생산의 결과인 동시에 조건"이라고 기술한다(de Lauretis, 1987: 41). 따라서 습관은 의미 작용의 개별 주체의 구체적인 실천을 설명해준다. 앞서 고찰했듯 미술사학자들은 각자의 관점에 따라 동일한 작품, 〈올랭피아〉에 대한 상이한 해석을 제시한다. 여전히 양식 분석과 문헌 고증의 전통적인 방법을 고수하던 아나슨은

〈올랭피아〉의 혁신적인 양식을 집중 조명하는 해석을 제시한다. 반면 보다 최근의 신미술사의 영향을 받은 질 네레의 관심은 이 작품의 주제에 더 쏠려 있다. 그는 〈올랭피아〉의 모델이었던 빅토린 뫼랑이 당시 19세였다는 기록을 거론하면서 마네의 '소아성애증'이 문제시될 가능성에 대해 언급한다. 이와 같이 상이한 실천적 귀결들은 미술사가들 각자의 습관, 즉 방법론에서 기인한 것이며, 그들의 상이한 습관은 또한 각자의 상이한 문화적 콘텍스트와 관련이 있다.

퍼스의 기호학이 신미술사를 위한 이론이 될 수 있는 두 번째 이유는 퍼스가 취하고 있는 철학적 입장에서 찾을 수 있다. 퍼스의 기호학적 사유의 출발은 근대 철학의 토대론적 정향을 거부하기 위한 것이었다. 데카르트 식 직관 개념을 거부하기 위해 퍼스는 '모든 사고는 선행 사고를 해석하고 후속 사고에서 해석된다.'는 사고기호 독트린을 정립했다. 무한성과 연속성을 함축하는 세미오시스 원리는 퍼스 철학의 모든 부분에 편재해 있다. 만약 그의 기호학적 체계에서 진리와 실재의 토대가 있다면, 그것은 무한한 미래에 있다고 할 것이다. 탐구 과정이 탐구자 공동체에 의해 무한하게 진행된다는 가정은 해석 과정의 잠정성과 해석의 오류 가능성을 전제로 한다. 이러한 퍼스의 기호학은 데카르트주의와 같은 근대 철학에 대한 하나의 대안이다. 퍼스에게 있어서 인식의 토대는 데카르트의 의심할 수 없는 명석한 자아처럼 절대적이지 않다. 퍼스는 데카르트주의에 대한 현대 철학의 공격을 회피할 수 있는 하나의 방안을 제시한다. 그런가 하면 퍼스의 기호학은 반토대론적인 후기구조주의의 대안이기도 하다. 후기구조주의는 전통적 형이상학을 효과적으로 공격하기는 하였으나, 지식에 대한 상대주의적 귀결에 봉착함으로써 회의주의적이라는 비난을 피하기 어렵다. 후기구조주의는 전통 철학의 절대주의를 부정하면서 상대주의의 극단을 취하고 있어서, 그것이 부정하는 전통적 이분법 구도에서 자유롭다고 하기 어렵다(Appleby et al., 1994: 246). 반면 퍼스의 오류 가능주의는 전통적 토대론과 반토대론적 회의론이 묶여 있는 이항 대립적 구도에서 자유롭다. 요컨대 퍼스의 프래그머티즘은 토대론이나 반토대론 중 어느 범주에도 속하지 않으면서 진리와 실재에 대한 객관적인 설명 방식을 제공한다는 점에서 양자의 이항 대립을 넘어설 하나의 대안이 된다 하겠다(Hausman, 1993: 194).

## 3

나는 신미술사를 위한 철학의 제안이라는 소기의 목적을 위해 퍼스 기호학을 고찰하였다. 이러한 제안은 포스트모던 신문화사가 대두한 이후 역사학계에서 제시된 하나의 대안에서 비롯된 것이다. 신문화사학자 린 헌트 등은 포스트모던 역사의 상대주의를 넘어설 방안으로 실천적 실재론을 모색하였다. 나는 그들의 시도가 포스트모던 미술사에 대해서도 시사하는 바가 크다고 판단하고 프래그머티즘의 선구자인 퍼스의 기호학을 대안으로 제시했다. 미술사학자들에게 퍼스의 기호학은 그다지 낯설지 않다. 그러나 미술 작품의 해석 및 비평이 아니라 미술사의 진리 탐구를 위해 퍼스 기호학을 연구한 경우는 이제까지 없었다. 미술사는 역사학의 문제를 공유하지만, 오늘날처럼 시각문화가 다변화된 환경에서 미술사학계의 상황은 역사학계보다 훨씬 더 복잡하다. 특히 최근 시각문화연구가 부상하면서 미술사의 전통적 주제들은 철 지난 유행처럼 치부되기도 한다. 따라서 나의 시도에 대한 미술사학계의 반응은 린 헌트 같은 역사학자가 그의 대안을 제시했을 때와는 다소 상이하리라 예상한다.

　이 책에서 진행된 논의에 대해 예상되는 하나의 반론은 퍼스 기호학이 미술사와 같은 인문학적 탐구에 대한 해명으로 적합하지 않다는 것이다. 퍼스는 역사를 기술적 심리학의 하위 분과로 간주하고, 역사적 사실 또한 과학적 탐구의 방법을 통해 접근될 수 있다고 본다. 그러나 혹자는 역사를 포함한 인문학적 연구는 경험과학적 탐구와 대단히 성격이 다르며, 귀납적 증명보다 해석자의 상상력에 더 많이 의지한다고 생각할 것이다. 가령 마네의 〈올랭피아〉를 해석한다고 하자. 이 작품의 작가가 누구이며, 어떤 재료를 사용하였고, 몇 년도에 제작되었는가, 화면 왼편에 나타난 도상의 출처가 어디인가 등에 대한 경험과학적 증거를 찾는 작업에서는 해석자들 간에 일치점을 찾기가 비교적 쉬워 보인다. 반면 마네가 티치아노의 작품을 차용한 이유가 무엇인가, 매춘부 이미지를 직설적으로 그린 이유는 무엇인가, 마네가 살롱전 입선에 그토록 연연했던 이유는 무엇인가 등의 질문에 대한 답변을 구하는 것은 이견의 여지가 많고 일치에 도달하는 데 많은 어려움이 예상된다.

　그러나 자연과학의 탐구에서도 견해의 수렴이 쉽게 이루어진다고 할 수 없다. 자연과학 역시 탐구자의 상상적 해석을 요구한다. 중생대의 화석의 정체와 연도를 확인하는 일은 경험적 자료뿐만 아니라 연구자 개인의 상상력을 요구한다. 특정한 암세포가 발생하는 원인에 대해 연구하는 생물학자들 또한 각자의 근거에서 상이한 가설들을 제시할 것이다. 자연과학자들의 견해가 일치에 도달하는 것도 짧은 시간 내에 가능할 것 같지 않다. 마찬가지로 미술사의 진리도 해석의 해석을 거듭한 끝에 미래의 어느 시점에 도달될 수 있다. 레오나르도 다빈치의 〈모나리자〉의 의미에 대해 현재까지도 논란이 있지만, 오늘날 미술사가들의 해석은 과거보다는 공통 견해에 더 가까이 다가갔다고 판단된다. 마찬가지로 〈올랭피아〉에 대한 해석도 먼 미래에 미술사 공동체의 공동 견해에 접근하게 될 것이고, 이러한 목적 내지는 희망이 미술사 연구의 추진력이 될 것이다. 자연과학이나 인문과학의 연구 대상들은 모두 종국에는 in the long run 밝혀질 것인데, 퍼스가 생각했던 '종국long run'은 우리가 상상하는 것보다 훨씬 더 먼 미래를 가리킨다.[1]

이 책의 논의에 대해 제기될 수 있는 다른 반론들은 퍼스의 이론적 한계 자체에 관한 것이다. 퍼스의 실재론은 종종 논란이 되어왔다. 가령 탐구 공동체의 최종적 견해가 성취 가능한 것인가, 그리고 그것이 현실적으로 성취 가능하지 않다면 과학 탐구에 어떤 시사점을 던져주는가 하는 것은 꾸준히 논란이 되어왔다. 칼-오토 아펠Karl-Otto Apel과 기타 많은 철학자는 퍼스가 그러한 성취 가능성

---

[1] 「관념을 명석하게 하는 방법」에서 퍼스는 "주어진 문제에 대한 연구가 충분히 수행됨에도 불구하고 그 해답을 얻지 못할 거라고 가정하는 것은 비철학적"이라고 단언하면서, "과학이 백만 년, 천만 년, 아니 그 이상의 기간 동안 추구된다면 궁극적으로 해결되지 않을 문제가 있다고 말하는 것이 어떻게 가능한가?"라고 반문하고 있다(CP 5.409).

에 대해 낙관적이라고 본다(Apel, 1981 참고). 퍼스는 과학 탐구의 진보에 대해 강한 확신을 갖고 있었기 때문에 낙관적이었을 수도 있다. 그러나 성취 가능성에 대해 낙관적 태도를 갖는 것과 현실적 성취를 단언하는 것은 다른 문제이다. 실재가 현실적으로 성취된다는 것은 퍼스 철학에 면면히 흐르고 있는 무한성과 연속성의 원리에 부합하지 않는다. 이런 이유로 나는 퍼스의 실재를 탐구의 추진력으로서의 규제적 이상이라고 결론을 내렸다.

그렇다 하더라도 퍼스의 수렴 논제는 여러 철학자에게 모호하고 다루기 힘든 문제로 여겨지고 있다. 그래서 심지어 실재론을 옹호하는 프래그머티스트조차도 진리가 탐구자들에 의해 궁극적으로 동의될 견해라는 논제는 수용하길 꺼린다. 과연 모든 탐구자가 진리에 도달해야만 하는가? 왜 그러한가? 이러한 의문에서 나는 수렴 논제를 훅웨이 식으로 수정된 방식으로 수용하였다. 탐구자들이 충분히 오랫동안 탐구한다면 과연 모든 문제가 해결될 수 있는가? 묻혀버린 비밀buried secret이나 잃어버린 사실은 정의상 수렴 논제의 반례가 된다. 그러므로 우리는 과학적 탐구가 우리의 모든 문제를 해결하리라 단순히 낙관할 수 없다. 또한 훅웨이는 퍼스의 수렴 논제가 다음과 같은 이상한 문제를 발생시킨다고 지적한다. "헤이스팅스 전투 날 아침에 내린 1인치의 비는 천 년 전의 남부 잉글랜드 지방의 기상학적 조건보다도 미래에 어떤 증거가 나타날 것인가에 더 의존하고 있다는 것은 참인가, 거짓인가?"(Hookway, 2004: 127) 이러한 난점들이 있음에도 불구하고 나는 가능한 한 퍼스 기호학의 이해를 도모하고자 하였다. 퍼스 철학의 체계 내 정합성과 독창성이 지닌 장점들은 그 약점들에 비해 훨씬 더 심대한 것으로 판단되기 때문이다. 따라서 신미술사의 이론적 근거 마련을 위해 나는 퍼스 기호학에 대해 비판적으로 고찰하기보다는 최대한 수용하는 입장에서 논의를 전개하였다.

이 책의 의의는 우선 미술사론의 견지에서 평가될 수 있을 것이다. 포스트모던 전환 이후 미술사가 미술의 '역사'에 관한 학문이 아닌 시각문화에 관한 '연구'로 변모해가자 미술사학계에선 학문적 위기에 대한 우려가 표명되어왔다. 가령 강태희는 「미술사의 추억」이라는 다소 도발적인 제목의 논문에서 시각문화연구에 잠식당하는듯한 현재의 상황을 진단하면서 "우리가 아는 미술사가 한낱 추억으로 굳어버릴지 아니면 미술사의 추억이 끊임없이 갱생하는 도전의 에너지로 성숙해갈지를 더 늦기 전에 꼼꼼하게 따져봐야 한다."고 말한다(강태희, 2004: 30). 소위 미술 작품으로 국한하지 않고 시각문화 전반으로 연구 대상을 확대시키고 있는 오늘날의 미술사는 시각문화연구와 별반 달라 보이지 않는다. 사진 및 영상 매체가 홍수를 이루고 있는 미술계의 현실을 미루어볼 때, 오늘날 미술적 매체와 비미술적 매체를 구별할 근거가 없어 보인다. 그렇기 때문에 최근의 미술사 연구는 영화 및 매체연구와 발 빠르게 제휴하고 있다(Barber, 1998 참고). 초기의 신미술사 저술들이 영국의 영화 전문지 『스크린Screen』에 다수 실렸다는 것은 이와 같은 사실을 시사한다. 그러나 최근의 미술사 연구가 문화연구와 별반 다르지 않아 보이고 동시대의 매체연구에 크게 의존하는 것이 사실이라 하더라도, 미술사의 연구 영역이 시각문화연구의 영역과 동일하다고 말할 근거는 어디에도 없다. 서론의 각주 1번에서도 밝혔듯이 양자는 틀림없이 상호 교차하는 영역을 공유하고 있다. 하지만 학제적 연구로서 다양한 전공의 학자들이 상호 협력하는 분야인 시각문화연구와 여전히 학문적 특수성을 보유하고 있는 미술사학은 구분되어야 할 이유가 더 많다. 그래서 나는 시각문화연구와 미술사의 긴밀한 관계를 인정한다 하더라도 양자의 차별성에 더 주목해야 한다고 생각한다.

1996년 미국의 미술사 전문지 『옥토버』가 실시한 「시각문화 설문 조사Visual Culture Questionnaire」는 변화하는 미술사 연구 환경에 대한 미술사학자들의 혼란스러운 반응을 잘 보여준다(Alpers et al., 1996: 25~70). 『옥토버』 편집자들은 시각문화연구가 미술사학에 미친 파장에 대해 설문했는데, 이에 대한 미술사학자들의 반응은 제각각이었지만 대체로 부정적인 것이었다. 그들의 부정적인 반응은 시각문화에 밀려 미술사의 학문적 기반이 상실되는 것에 대한 우려에서 나온 것이었다. 2001년도에 매사추세츠 주 클락 미술연구소에서 열린 '미술사, 미학, 시각문화연구'란 제목의 학술 대회 역시 비슷한 문제의식을 다루었다.[2] 여기에 모인 미술사학자, 미학자, 시각문화 연구자들은 미술사학계 안팎의 변화에 대해 우려보다는 기대를 갖고 있었다. 그들은 시각문화라는 확장된 영역 안에서 미술사를 다루는 것이 기존의 연구를 얼마나 풍부하게 하는가, 시각문화연구는 미적 가치 기준을 무시할 수 있는가, 시각문화연구는 역사 탐구와 상충하는가에 대해 방대한 논의를 나누었지만 해결한 문제보다 미결의 과제만 더 남긴 채 학회를 마쳤다. 이 학회의 막연한

---

2 이 학술 대회에는 그리젤다 폴록, 니콜라스 미르조예프, 핼 포스터, 스티븐 멜빌, W. J. T. 미첼, 데이비드 캐리어 같은 미술사학자들이 대거 참여했고, 그 성과가 이듬해 같은 제목으로 출판되었다(Holly and Moxey, 2002 참고).

결론은 시각문화연구의 도전이 당대의 미술사에 생기를 불어넣으리란 것이었다.

시각문화연구가 미술사와 긴밀한 관계 속에서 발전해온 것과, 동시대 미술사 연구에 신선한 자극제가 되고 있다는 것은 부인할 수 없는 사실이다. 그렇다고 해서 '과거의 미술사/새로운 이미지'로 대비시키면서 미술사를 구태의연하게 취급해야 하는가? 미술사는 지난 시대의 추억에 불과한가? 시각문화연구와 동시대 미술사의 관계를 어떻게 규정할 것인가는 간단하지 않다.『시각문화: 이미지와 해석』의 저자인 브라이슨, 홀리, 먹시는 미술사 대신 '이미지의 역사'나 '시각연구'라는 용어의 사용을 제안한다. 왜냐하면 미술사라는 명칭 자체가 전통적인 미적 규범과 역사 개념을 환기시키기 때문이다. 그들이 시각연구 내지는 시각문화연구라는 용어를 선호한다고 해서 미술사 연구를 포기하자는 것은 아니다. 대신 미적 가치와 역사에 대한 시각을 새롭게 하자는 것이다. 그런데 1장에서 설명한 것처럼 후기구조주의에 의지하는 먹시와 동료들이 제시하는 미적 가치 및 역사 개념은 많은 이에게 회의주의적이라는 비판을 받았다. 그들이 제안한 미술사 개념은 대다수 미술사학자에게 상식적인 것으로 받아들여지지 않았다. 앞서 서론에서 설명한 것처럼 시각문화연구는 동시대 문화연구 및 매체연구와 신미술사 양측의 영향 속에서 전개되어왔다. 먹시와 동료들은 미술사 측에서 시각문화연구의 발흥에 일조한 학자들이라 하겠다. 나는 신미술사학자로서 그들의 진정한 공헌은 미술사의 혁신보다는 시각문화연구를 촉진시킨 데 있다고 판단한다. 그들의 후기구조주의적 미술사 추구는 미술사학자들의 반성을 촉구하고 미술사를 시각문화연구로 개방시키는 데 크게 기여했다. 그들이 제안한 미술사 개념은 미술사와 시각문화연구의 구분을 모호하게 만든다. 하지만 시각문화연구가 오늘날 점점 더 독립적인 학문 분야로 자리 잡으면서 미술사와 분리되고 있는 상황을 고려하면 '시각연구'로 미술사를 대체해야 한다는 그들의 제안은 재고의 여지가 있다고 보인다. 미술사와 시각문화연구가 서로 유사한 주제를 공유하고 동일한 방법론을 사용하는 것처럼 보인다 해도, 양자는 엄연히 구분되는 분야로 간주되어야 한다. 미술사와 시각문화연구 양 분야를 적절히 구분하기 위해서라도 후기구조주의 미술사 개념에 대한 대안이 필요하다. 나는 퍼스의 기호학이 신미술사의 급진성과 혁신성을 수용하는 동시에 다수의 미술사학자에게 상식적이고 설득력 있는 미술사 개념을 제공할 수 있다고 생각한다.

다른 한편 이 책의 의의는 퍼스의 기호학 연구 자체에서 발견된다. 퍼스의 철학은 그 방대하고 복잡한 체계로 인해 연구자들이 쉽게 접근하지 못하는 경향이 있다. 더욱이 퍼스의 방대한 저술이 아직 다 출판되지 않았다는 연구 과정상의 난점도 있다. 사정이 이러함에도 불구하고 최근 퍼스의 프래그머티즘과 기호학에 관한 연구는 미국 내에서뿐만 아니라 전 세계적으로 급속도로 증가하고 있다. 이러한 사실은 오늘날 퍼스 철학이 다양한 철학적 문제에 대한 그럴듯한 설명으로 인정받고 있음을 시사한다. 문화비평과 미술사 분야에서 퍼스 기호학에 갖는 관심은 이에 대한 하나의 증거다. 특히 후기구조주의를 수용한 문화이론가들은 소쉬르의 기호론에 대한 대안으로, 그리고 에코나 야콥슨 같은 현대 기호학자들의 이론적 원천으로 퍼스 기호학에 지대한 관심을 표명해왔다. 하지만 퍼스 기호학의 몇몇 용어―가령 도상, 지표, 상징―는 미술사학자들과 문화비평가들에게 친숙한 반면, 그것들이 퍼스 철학 체계 내에서 갖는 정확한 함의는 충분히 이해되지 않고 있다. 그렇다 보니 이런 용어들이 비평과 해석을 위해 사용된다 하더라도 대체로 피상적인 수준에 머무는 실정이다. 이런 상황에서 이 책은 퍼스 기호학에 관심이 있는 미술사와 문화이론 연구자들에게 유익한 가이드북이 될 것이다. 퍼스의 기호학과 프래그머티즘에 대한 관심이 증대하고 있는 반면, 국내의 퍼스 연구는 여전히 부진한 상태이다.[3] 이러한 사정을 고려할 때, 퍼스의 기호학 전반을 재구성하여 일람한 이 책의 시도는 적지 않은 의의를 갖는다고 판단된다. 이 책에서는 퍼스의 저작뿐 아니라 퍼스 기호학에 관한 최신 연구 성과를 두루 참고하였다. 아직도 퍼스의 전 저작이 출간되지 않은 상태라, 앞으로 어떤 새로운 해석이 현재의 연구 결과를 전복시킬지는 알 수가 없다. 그런다 하더라도 퍼스 기호학에 관해 현재 밝혀진 사실들 중에서 수정되어야 할 부분은 세부 사항에 국한될 것이다. 이 책은 퍼스 기호학 연구 자체를 진척시키는 데 직접 기여하기보다는 퍼스 기호학에 관한 전반적인 내용을 정리한 개론서라 할 수 있다. 비록 개론서

---

[3] 2011년 현재 나의 논문(2007)을 제외하고 국내에 출판된 퍼스 철학에 관한 박사 논문은 단 한 편이다(민병위, 1995). 퍼스 철학과 관련하여 출판된 소논문과 단행본은 주로 퍼스의 논리학(가추법)과 기호학에 관한 저술이다(논문은 강미정, 2005; 2009; 2010; 김기영, 2006; 이윤희, 2008; 박준호, 2005; 전동열, 2005; 박연규, 2004; 안정오, 2002; 민병위, 1992; 1999; 연해원, 1998; 김성도, 1995 등, 단행본은 퍼스(홉스 편), 2008; 퍼스(김성도 편), 2006; 에코, 1994; 정해창, 2005 등). 기타 미국의 프래그머티즘 철학 일반을 소개하면서 퍼스의 프래그머티즘에 대해 논의한 저술이 있다(메나드, 2001; 2006; 김동식, 2002 등).

일지언정 이 한 권의 책이 퍼스의 사상에 대한 국내 연구가 미진한 현 상황에서 퍼스 기호학을 궁금해하는 여러 독자에게 가뭄의 단비가 되길 소망한다.

# 참고 문헌

## 1. 찰스 퍼스의 저서

*Collected papers of Charles Sanders Peirce, Vols. I~VI*, 1931~1935, edited by Charles Hartshorne and Paul Weiss, Cambridge: Harvard University Press[약칭 *CP*].

*Collected papers of Charles Sanders Peirce, Vols. VII~VIII*, 1958, edited by Arthur Burks, Cambridge: Harvard University Press.

*The Essential Peirce: Selected Philosophical Writings, Vol. I*, 1992, edited by Nathan Houser and Christian Kloesel, Bloomington and Indianapolis: Indiana University Press[약칭 *EP*].

*The Essential Peirce: Selected Philosophical Writings, Vol. II*, 1998, edited by Nathan Houser and Christian Kloesel, Bloomington and Indianapolis: Indiana University Press.

*Writings of Charles S. Peirce: a chronological edition, Vol. I~VIII*, 1982~2009, Bloomington and Indianapolis: Indiana University Press[총 30권 출판 예정. 약칭 *W*].

*Semiotic and Significs. The Correspondence between Charles S. Peirce and Victoria Lady Welby*, 1977, edited by Charles S. Hardwicks, Bloomington and London: Indiana University Press[약칭 *SS*].

*The New Elements of Mathematics*, 1976, Hague: Mouton Publishers.

## 2. 퍼스의 기호학 관련 참고 문헌

강미정, 2005, 「퍼스의 기호학과 미술사 I: '재현'에 관하여」, 『미학』 제44집, 한국미학회.
강미정, 2007, 「C. S. 퍼스의 기호학 연구: 신미술사의 철학을 위하여」, 서울대학교 미학과 박사 학위논문.
강미정, 2009, 「습관과 의미: C. S. 퍼스의 해석체 이론 연구」, 『기호학 연구』 제25집, 한국기호학회.
강미정, 2010, 「디지털 미디어와 지표적 지시: C. S. 퍼스 관점에서의 '사진-지표론' 재고찰」, 『기호학 연구』 제27집, 한국기호학회.
김경용, 1994, 『기호학이란 무엇인가』, 서울: 민음사.
김기영, 2006, 「퍼스의 관계논리와 결합가」, 『독일문학』 제99집.
김동식, 2002, 『프래그머티즘』, 서울: 아카넷.
김성도, 1995, 「퍼스의 기호학」, 『한국논단』 제65집.
김성도, 2006, 「역자 해제」, 찰스 샌더스 퍼스, 『퍼스의 기호 사상』, 김성도 편역, 서울: 민음사.
김치수 외, 1998, 『현대기호학의 발전』, 서울: 서울대출판부.
메나드, 루이스, 2001, 『프래그머티즘의 길잡이』, 김동식 외 옮김, 서울: 철학과현실사.
메나드, 루이스, 2006, 『메타피지컬 클럽』, 정주연 옮김, 서울: 민음사.
민병위, 1992, 「퍼스의 실용적 기호론」, 『인문논총』 제4집, 경남대학교 인문과학연구소.
민병위, 1995, 『퍼어스의 기호해석론』, 박사학위 청구논문, 서울: 성균관대학교 대학원.
민병위, 1999, 「퍼어스의 실재론」, 『인문논총』 제12집 1호, 경남대학교 인문과학연구소.
박연규, 2004, 「퍼스 기호학에 있어 도상기호의 재현성: Joseph Ransdell의 논의를 중심으로」, 『기호학연구』 제16집, 한국기호학회.
박준호, 2005, 「퍼스의 귀추와 가설의 방법」, 『범한철학』 제37집, 범한철학

논문집.

안정오, 2002, 「훔볼트와 퍼스의 "의사소통" 개념의 비교」 제13집, 한국텍스트언어학회.

에코, 움베르토 외, 1994, 『논리와 추리의 기호학: 기호로 가득 찬 세상의 이해를 위하여』, 김주환·한은경 옮김, 서울: 인간사랑.

연희원, 1998, 「퍼스의 상정논법에 관한 연구」, 『철학연구』 제21집, 고려대학교 철학연구소.

이윤희, 2008, 「퍼스(C. S. Peirce) 기호학에 나타난 사랑의 개념: 사랑의 논리」, 『기호학연구』 제23집, 한국기호학회.

전동열, 2005, 「대상과 의미의 관계에 대한 기호학적 고찰―피어스, 오그든 / 리차즈, 에코의 견해를 중심으로」, 『독일문학』 제96집.

정해창, 2005, 『퍼스의 미완성 체계: 프래그마티시즘』, 서울: 청해.

퍼스, 찰스 샌더스, 2006, 『퍼스의 기호 사상』, 김성도 편역, 서울: 민음사.

퍼스, 찰스 샌더스, 2008, 『퍼스의 기호학』, 제임스 홉스 편저, 김동식·이유선 옮김, 파주: 나남.

홍창성, 1988, 「우헌 정진교수 회갑기념 특집호: 칼 포퍼의 반증 가능성 원리와 지식의 성장 이론에 관하여」, 『철학논구』 제16집, 서울대학교 철학과.

Apel, Karl-Otto, 1981, *Charles S. Peirce: From Pragmatism to Pragmaticism*, trans. By John Michael Krois, University of Massachusetts Press.

Atkin, Albert, 2006, "Peirce's Theory of Signs", in Edward N. Zalta (ed.), *The Stanford Encyclopedia of Philosophy*, URL = <http://plato.stanford.edu/archives/win2006/entries/peirce-semiotics/>.

Burbidge, J. W., 1981, "Peirce on Historical Explanation", in Thomas A. Goudge, L. W. Sumner, John G. Slater, and Fred Wilson, *Pragmatism and purpose: essays presented to Thomas A. Goudge*, Toronto: University of Toronto Press.

Burch, Robert, 2006, "Charles Sanders Peirce", in Edward N. Zalta (ed.), *The Stanford Encyclopedia of Philosophy*, URL = <http://plato.stanford.edu/

archives/fall2006/entries/peirce/>.

Chandler, Daniel, 2002, *Semiotics: the Basics*, London and New York: Routledge.

Colapietro, Vincent M., 1989, *Peirce's Approach to the Self*, Albany: State University of New York Press.

Collins, Stephen L. and James Hoopes, 1995, "Anthony Giddens and Charles Sanders Peirce: History, Theory, and a Way Out of the Linguistic Cul-de-Sac", *Journal of the History of Ideas*, Vol. 56, No. 4.

de Lauretis, Teresa, 1987, *Technologies of Gender: Essays in Theory, Film and Fiction*, Bloomington: Indiana University Press.

de Waal, Cornelis, 2001, *On Peirce*, Wadsworth/Thomson Learning, Inc.

Eco, Umberto, 1976, "Peirce's Notion of Interpretant", *MLN*, Vol. 91, No. 6.

Eco, Umberto, 1979, *The Role of the Reader: Explorations in the Semiotics of Texts*, Bloomington: Indiana University Press.

Esposito, Joseph L., 1983, "Peirce and the Philosophy of History", *Transactions of the Charles S. Peirce Society*, Vol. 14, No. 2.

Fitzgerald, John, 1966, *Peirce's Theory of Signs as a Foundation for Pragmatism*, The Hague: Mouton.

Forest, M. J., 2000, *Charles S. Peirce: Truth, Reality and Objective Semiotic Idealism*, Ph. D Dissertation, Milwaukee: Marquette University.

Gallie, W. B., 1966, *Peirce and Pragmatism*, New York: Dover Publications.

Goudge, Thomas A., 1950, *The Thought of C. S. Peirce*, New York: Dover Publications, Inc.

Goudge, Thomas A., 1965, "Peirce's Index", *Transactions of the Charles S. Peirce Society*, Vol. 1, No. 2.

Goudge, Thomas A., L. W. Sumner, John G. Slater, and Fred Wilson, 1981, *Pragmatism and Purpose: essays presented to Thomas A. Goudge*, Toronto: University of Toronto Press.

Greenlee, Douglas, 1973, *Peirce's Concept of Sign*, Hague and Paris: Mouton &

Co. N.V., Publishers.

Hausman, Carl, 1993, *Charles Peirce's Evolutionary Philosophy*, Cambridge and New York: Cambridge University Press.

Hausman, Carl, 2002, "Charles Peirce's Evolutionary Realism as a Process Philosophy", *Transactions of the Charles S. Peirce Society*, Vol. 38, No. 1.

Hausman, Carl, 2004, "Charles Peirce's Categories, Phenomenological and Ontological" in Michael Gorman (ed.), *Categories*, Washington D.C.: The Catholic University of America Press.

Hoffmann, Michael H. G., 2001, "Peirces Zeichenbegriff: seine Funktionen, seine phänomenologische Grundlegung und seine Differnzierung", URL = 〈http://www.uni-bielefeld.de/idm/semiotik/Hoffmann-Peirces_Zeichen.pdf〉

Hookway, Christopher, 1985, *Peirce*, London and New York: Routledge.

Hookway, Christopher, 2004, "Truth, Reality, and Convergence" in Cheryl Misak (ed.), *The Cambridge companion to Peirce*, Cambridge: Cambridge University Press.

Liszka, James Jakob, 1990, "Peirce's Interpretant", *Transactions of the Charles S. Peirce Society*, Vol. 26.

Liszka, James Jakob, 1996, *A General Introduction to the Semeiotic of Charles Sanders Peirce*, Bloomington: Indiana University Press.

Moore, E. C., 1952, "The Scholastic Realism of C. S. Peirce", *Philosophy and Phenomenological Research*, Vol. 12, Issue 3.

Moore, E. C., (ed.), 1998, *Charles S. Peirce: The Essential Writings*, Amherst: Prometheus Books.

Murphey, Murry G., 1961, *The Development of Peirce's Philosophy*, Cambridge: Harvard University Press.

Oehler, Klaus, 1987, "An Outline of Peirce's semiotics", in Martin Krampen, Klaus Oehler, Roland Posner, and Thomas A. Sebeok (eds), *The Classics of Semiotics*, Springer.

Parker, Kelly, 1994, "Peirce's Semeiotic and Ontology", *Transactions of the Charles S. Peirce Society*, Vol. 30, No. 1.

Parker, Kelly, 1998, *The Continuity of Peirce's Thought*, Nashville: Vanderbilt University Press.

Ransdell, Joseph M., 1966, *Charles Peirce: the Idea of Representation*, Ph. D. dissertation, New York: Columbia University.

Rorty, Richard, 1991, *Objectivity, Relativism, and Truth*, Cambridge: Cambridge University Press.

Santaella, Lucia, 2003, "Why there is no crisis of representation, accoding to Peirce", *Semiotica* Vol. 143, No. 1.

Santaella, Lucia, 2005, "Abduction: The Logic of Guessing", *Semiotica* Vol. 153, No. 1.

Sharpiro, Gary, 1973, "Habit and Meaning in Peirce's Pragmatism", *Transactions of the Charles S. Peirce Society*, Vol. 9, No. 1.

Short, T. L., 1996, "Interpreting Peirce's Interpretant: A Response To Lalor, Liszka, and Meyers", *Transactions of the Charles S. Peirce Society*, Vol. 32, No. 4.

Short, T. L., 2004, "The Development of Peirce's Theory of Signs", in Cheryl Misak (ed.), *The Cambridge companion to Peirce*, Cambridge: Cambridge University Press.

Short, T. L., 2007, *Peirce's Theory of Signs*, Cambridge: Cambridge University Press.

Wirth, Uwe, 2003, "Derrida and Peirce on Inderterminacy, itera, and replication", *Semiotica*, Vol. 143, No. 1.

## 3. 신미술사 관련 참고 문헌

강미정, 2002, 「퍼어스 기호학으로 현대미술 읽기」, 『예술문화연구』 제12집, 서울대학교 예술문화연구소.

강미정, 2003, 「E. 파노프스키의 미술사학에 대한 재고찰: K. 먹시의 문화정치학적 입장을 중심으로」, 『인문논총』 제50집, 서울대학교 인문학연구소.

강태희, 2004, 「미술사의 추억」, 『서양미술사학회 논문집』 제22집.

김기봉, 1997, 「'이야기체 역사'의 부활과 신문화사」, 『성대사림』 제12집, 성균관대학교.

김기봉 외, 2002, 『포스트모더니즘과 역사학』, 서울: 푸른 역사.

김상환, 1996, 『해체론 시대의 철학』, 서울: 문학과 지성사.

김영나, 1987, 「서양의 미술사학사」, 『서양미술사학회 논문집』 창간호.

김영나, 1997, 「미술이론의 역사와 신미술사학」, 『예술문화연구』 제7집, 서울대학교 예술문화연구소.

김용규, 2007, 「스튜어트 홀과 영국 문화연구의 형성」, 『새한영어영문학』 제49권 1호.

김형효, 1993, 『데리다의 해체철학』, 서울: 민음사.

네레, 질, 2006, 『에두아르 마네』, 엄미정 옮김, 서울: 마로니에북스.

라캉, 자크, 1994, 『욕망 이론』, 권택영 외 편역, 서울: 문예출판사.

루빈, 제임스, 2001, 『인상주의』, 김석희 옮김, 서울: 한길아트.

리스, 알란·프랜시스 보르젤로, 1998, 『신미술사학』, 양정무 옮김, 서울: 시공사.

마네, 에두아르 외, 2000, 『뒤늦게 핀 꽃』, 강주헌 옮김, 서울: 창해.

메길, 알란, 1996, 『극단의 예언자들』, 정일준·조형준 옮김, 서울: 새물결.

번스타인, 리차드, 1996, 『객관주의와 상대주의를 넘어서: 과학과 해석학 그리고 실천』, 정창호 외 옮김, 서울: 보광재.

벤투리, 리오넬로, 1988, 『미술비평사』, 김기주 옮김, 서울: 문예출판사.

사럽, 마단, 1992, 『데리다와 푸꼬, 그리고 포스트모더니즘』, 임헌규 편역, 서울: 인간사랑.

소쉬르, 페르디낭 드, 1990, 『일반언어학 강의』, 샤를르 발리·알베르 세쉬에 편, 최승언 옮김, 서울: 민음사.

시레, 얀, 2002, 「기 드보르, 세기의 책략가」, 정과리 옮김, 『문학과 사회』

15권 1호.

심, 스튜어트, 2002, 『데리다와 역사의 종말』, 조현진 옮김, 서울: 이제이북스.

안병갑, 2005, 「신문화사의 역사인식에 기초한 역사교재 재구성과 활용」, 『역사교육연구』제2집.

애론슨, 마크, 2002, 『도발: 아방가르드의 문화사』, 장석봉 옮김, 서울: 도서출판 이후.

에반스, 딜런, 1998, 『라깡 정신분석 사전』, 김종주 외 옮김, 서울: 인간사랑.

오종환, 1993, 「온건한 상대주의의 옹호」, 한국분석철학회 편, 『실재론과 관념론』, 서울: 철학과현실사.

워커, 존·사라 채플린, 2004, 『비쥬얼 컬쳐: 이미지 시대의 이해_비너스에서 VR까지』, 임산 옮김, 서울: 루비박스.

육영수, 2002, 「포스트모던 시대의 역사와 역사학」, 김기봉 외, 『포스트모더니즘과 역사학』, 서울: 푸른 역사.

윤자정, 2004, 「미술에 대한 기호학적 접근의 필요성과 의미」, 『미학』제37집.

이거스, G., 1999, 『20세기 사학사: 포스트모더니즘의 도전, 역사학은 끝났는가?』, 임상우·김기봉 옮김, 서울: 푸른 역사.

이영철, 1995, 「해설」, 이영철 편, 『현대미술과 모더니즘론: 형식주의, 마르크스주의, 후기구조주의, 포스트모더니즘의 관점』, 서울: 시각과 언어.

이영철, 2001, 「미술사 연구의 새로운 동향: 1970년대 이후 유럽 신미술사의 움직임」, 『계원논총』제7집, 계원디자인예술대학.

임상우, 2002, 「포스트모더니즘과 당혹스런 역사학」, 김기봉 외『포스트모더니즘과 역사학』, 서울: 푸른 역사.

전동호, 2005, 「미술사와 시각문화의 정체성」, 『미술사와 시각문화』제4집, 사회평론.

정정호, 2006, 「인문학의 미래와 "문화연구"의 가능성」, 『영미문화』제6권 제2호, 한국영미문화학회.

젠킨스, 제임스, 2005, 『과연 그것이 미술사일까?』, 정지인 옮김, 서울: 아트북스.

조지형, 1997, 「도미니크 라카프라의 텍스트읽기와 포스트모더니즘의 역사서술」, 『미국사연구』 제6집, 한국미국사학회.

조한욱, 2000, 『문화로 보면 역사가 달라진다』, 서울: 책세상.

차용구, 2005, 「서양 중세사 학계의 최근 연구동향―문화사적 전환과 신문화사 연구를 중심으로」, 『한국 중세사 연구』 제19집, 한국중세사학회.

천형균, 2000, 「헤이든 화이트의 메타역사」, 『사총』 제51집, 고려대학교 역사연구소.

최종렬, 2003, 「포스트모던 미국사회학의 문화연구: 정치경제학과 담론이론의 학제적 연구를 향하여」, 『한국사회학』 제37집 1호, 한국사회학회.

커런, 제임스·데이비드 몰리·발레리 워커딘 (편), 1999, 『대중문화와 문화연구』, 백선기 옮김, 서울: 한울아카데미.

크레이머, L. S., 1996, 「헤이든 화이트와 도미니크 라카프라의 문학적 도전」, 린 헌트, 『문화로 본 새로운 역사: 그 이론과 실제』, 조한욱 옮김, 서울: 소나무.

페르, 요하네스, 2002, 『소쉬르, 언어학과 기호학 사이』, 최용호 옮김, 서울: 인간사랑.

포스터, 마크, 2006, 『포스트모던 시대의 새로운 문화사』, 조지형 옮김, 서울: 이화여대출판부.

포스터, 핼, 2004, 『실재의 귀환』 이영욱 외 옮김, 부산: 경성대학교출판부

해리스, 조나단, 2004, 『신미술사? 비판적 미술사!』, 이성훈 옮김, 부산: 경성대학교출판부.

헌트, 린, 1996, 『문화로 본 새로운 역사: 그 이론과 실제』, 조한욱 옮김, 서울: 소나무.

Alpers, Svetlana, 1983, *The Art of Describing: Dutch Art in the Seventeenth Century*, Chicago: University of Chicago Press.

Alpers, Svetlana, Emily Apter, Carol Armstrong, Susan Buck-Morss, Tom Conley, Jonathan Crary, Thomas Crow, Tom Gunning, Michael Ann Holly, Martin Jay, Thomas Dacosta Kaufmann, Silvia Kolbowski, Sylvia Lavin, Stephen Melville, Helen Molesworth, Keith Moxey, D. N.

Rodowick, Geoff Waite, and Christopher Wood, 1996, "Visual Culture Questionaire", *October*, Vol. 77.

Appleby, Joyce, Lynn Hunt, and Margaret Jacob, 1994, *Telling the Truth About History*, New York and London: Norton & Company.

Attridge, D., G. Bennington, R. Young (eds), 1987, *Post-structuralism and the question of history*, Cambridge: Cambridge University Press.

Bal, Mieke, 2001, *Quoting Caravaggio: Contemporary Art, Preposterous History*, Chicago: University Of Chicago Press.

Bal, Mieke and Norman Bryson, 1991, "Semiotics and Art History", *Art Bulletin* Vol. 73.

Bal, Mieke, Yve-Alain Bois, Irving Lavin, Griselda Pollock, and Christopher S. Wood, 1996, "Art History and Its Theories", *Art Bulletin*, Vol. 78, No. 1.

Barber, Bruce, 1998, "Art History's Significant Other: Film Study", in Mark A. Cheetham, M. A. Holly, and Keith Moxey (eds), *The Subjects of Art History: Historical Objects in Contemporary Perspective*, Cambridge: Cambridge University Press.

Baxandall, Michael, 1974[1972], *Painting and Experience in Fifteenth-Century Italy: A Primer in the Social History of Pictorial Style*, London: Oxford University Press.

Belting, Hans, 1987, *The End of the History of Art?*, Chicago: The University of Chicago Press.

Bernstein, Richard, 1991, "Pragmatism, Pluralism, and the Healing of Wounds", *The New Constellation*, Cambridge: Polity Press.

Best, Steve and Douglas Kellner, 1991, *Postmodern Theory*, The Guilford Press.

Best, Steve and Douglas Kellner, 1997, *Postmodern Turn*, The Guilford Press.

Bryson, Norman, 1983, *Vision and Painting: The Logic of the Gaze*, New Haven: Yale University Press.

Bryson, Norman, 1990, *Looking at the Overlooked*, Cambridge: Harvard

University Press.

Bryson, Norman, 1991, "Semiology and Visual Interpretation", in Norman Bryson and etc. (eds), *Visual Theory: Painting and Interpretation*, Polity Press.

Bryson, Norman (ed.), 1988, *Calligram: Essays in New Art History from France*, Cambridge: Cambridge University Press.

Bryson, Norman, M. A. Holly, and Keith Moxey (eds), 1991, *Visual Theory: Painting and Interpretation*, Cambridge: Polity Press.

Bryson, Norman, M. A. Holly, and Keith Moxey (eds), 1994, *Visual Culture: Images and Interpretations*, Middletown: Wesleyan University Press.

Calinescu, Matei, 1987, *Five Faces of Modernity*, Durham: Duke University Press.

Cheetham, Mark A., 2001, *Kant, Art, and Art History: Moments of Discipline*, Cambridge: Cambridge University Press.

Cheetham, Mark A., M. A. Holly, and Keith Moxey (eds), 1998, *The Subjects of Art History: Historical Objects in Contemporary Perspective*, Cambridge: Cambridge University Press.

Cheetham, Mark A., M. A. Holly, and Keith Moxey, 2005, "Visual Studies, Historiography and Aesthetics", *Journal of Visual Culture*, Vol. 4, No. 1.

Clark, T. J., 1973, *Absolute Bourgeois: Artists and Politics in France, 1848-1851*, University of California Press.

Clark, T. J., 1981[1973], *Image of the People: Gustave Courbet and the 1848 Revolution*, University of California Press.

Clark, T. J., 1984, *The Painting of Modern Life: Paris in the Art of Manet and His Followers*, Princeton: Princeton University Press.

Clark, T. J., 1990, "Jackson Pollock's Abstraction," in Serge Guilbaut (ed.), *Reconstructing Modernism*, MIT Press.

Clark, T. J., 1995[1974], "The Condition of Artistic Creation", in Eric Fernie (ed.), *Art History and Its Methods*, London: Phaedon Press.

Clark, T. J., 1997, "Why Art Can't Kill the Situationist International", *October*, Vol. 79.

Clunas, Craig, 2003, "Social History of Art" in Robert S. Nelson and Richard Shiff (eds), *Critical Terms for Art History*, The University of Chicago Press.

Davis, Whitney, 2011, *A General Theory of Visual Culture*, Princeton University Press.

Derrida, Jacques, 1998, *Of Grammatology*, trans. by Gayatri Chakravorty Spivak, The Johns Hopkins University Press[『그라마톨로지에 대하여』, 김웅권 옮김, 서울: 동문선, 2004].

Dikovitskaya, Margaret, 2005, *Visual Culture*, Cambridge: MIT Press.

Greenberg, Clement, 1982, "Modernist Painting", in Francis Frascina and Charles Harrison (eds), *Modern Art and Modernism: A Critical Anthology*, Sage Publications Ltd.

Harris, Johathan, 2001, *The New Art History: A Critical Introduction*, London: Routledge[『신미술사? 비판적 미술사!』, 이성훈 옮김, 부산: 경성대학교출판부, 2004].

Holly, M. A. and Keith Moxey (eds), 2002, *Art History, Aesthetics, Visual Culture*, New Haven: Yale University Press.

Holly, M. A., 1984, *Panofsky and the Foundation of Art History*, Itaca: Cornell University Press.

Holly, M. A., 1995, "Past Looking", in Stephen Melville and Bill Readings (eds), *Vision and Textuality*, Duke University Press.

Iversen, Margaret, 1988, "Saussure v. Peirce: Models for a Semiotics of Visual Art", in A. L. Rees and F. Borzello (eds), *The New Art History*, Atlantic Highlands: Humanities Press International, Inc.

James Elkins, 2003, *Visual Studies: A Skeptical Introduction*, New York and London: Routledge.

Krauss, Rosalind, 1987, "Note on the Index: Seventies Art in America",

*October: The First Decade, 1976-1986*, Cambridge: MIT Press.

LaCapra, Dominick, 1983, *Rethinking Intellectual History: Texts, Contexts and Language*, Itaca: Cornell University Press.

Melville, Stephen and Bill Readings (eds), 1995, *Vision and Textuality*, Duke University Press.

Meiss, Millard, 1949, "Review", *Art Bulletin*, Vol. 31, No. 2.

Mirzoeff, Nicholas, 1999, *An Introduction to Visual Culture*, London and New York: Routledge.

Moxey, Keith, 1986, "Panofsky's Concept of 'Iconology' and the Problem of Interpretation in the History of Art", *New Literary History*, Vol. 17, No. 2.

Moxey, Keith, 1989, *Peasants, Warriors and Wives: Popular Imagery in the Reformation*, Chicago and London: The University of Chicago Press.

Moxey, Keith, 1991, "Semiotics and the Social History of Art", *New Literary History*, Vol. 22, No. 4.

Moxey, Keith, 1994, *The Practice of Theory: Poststructuralism, Cultural Politics, and Art History*, Itaca: Cornell University Press.

Moxey, Keith, 2001, *The Practice of Persuasion: Paradox and Power in Art History*, Itaca: Cornell University Press.

Nelson, Robert S., 1997, "The Map of Art History", *The Art Bulletin*, Vol. 79, No. 1.

Nochlin, Linda, 1971, "Why Have There Been No Great Women Artists?", *Art News*, Vol. 69.

Nöth, Winfred, 1990, *Handbook of Semiotics*, Bloomington and Indianapolis: Indiana Univiersity Press, 1990.

Podro, Michael, 1982, *The Critical Historians of Art*, New Haven: Yale University Press.

Preziosi, Donald, 1991, *Rethinking Art History: Meditations on a Coy Science*, New Haven: Yale University Press.

Preziosi, Donald (ed.), 1998, *The Art of Art History: A Critical Anthology*,

London: Oxford University Press.

Rees, A. L. and F. Borzello (eds), 1988, *The New Art History*, Atlantic Highlands: Humanities Press International, Inc.[『신미술사학』, 양정무 옮김, 서울: 시공사, 1998].

Rorty, Richard, 1982, "Pragmatism, Relativism, and Irrationalism", *Consequences of Pragmatism*, University of Minnesota Press.

Rorty, Richard, 1984, "Deconstruction and Circumvention", *Critical Inquiry*, Vol. 11.

Smith, Marquard (ed.), 2008, *Visual Culture Studies*, Los Angeles: SAGE.

Smith, Marquard, 2009, "From Art History to Visual Culture Studies?", 『현대미술사연구』 제26집, 현대미술사학회.

Sturken, Marita and Lisa Cartwright, 2009, *Practice of Looking: An Introduction to Visual Culture*, 2nd edition, Oxford University Press,

Taylor, V. E. and C. E. Winquist (eds), 1998, *Postmodernism: Critical Concepts, vol. I~IV*, London and New York: Routledge.

Thomas, Brook, 1991, *The New Historicism and other old-fashioned topics*, Princeton: Princeton University Press.

# 찾아보기

## ㄱ

가능성possibility 125~126, 128
가설법hypothesis 149, 153, 244~246, 248~249
가추법abduction 36~37, 153, 220, 239~240, 243~245, 248~254, 257~258, 261, 268, 283, 294
감각 인상sense impressions 117, 119
감각 작용sensation 125
강태희 290
개념 173~184, 203, 213~217, 219~221, 225, 230~239, 266~267
개별기호sinsign 150~152, 154~157, 180, 205
개별자 161, 166, 174~175, 178~181, 185, 203, 206, 208, 211, 213, 237, 272, 274
개연성 193, 248, 252, 255~256, 258, 263
　개연적인 36, 193, 248~250, 262, 268, 270
객관주의 37, 98, 254
건축적 체계 112

결정determination 132, 135, 144~149, 200
결정적인determinate 213
공동체 29, 31, 39, 56, 104, 107, 163, 167, 176, 185~187, 189, 191~194, 198, 216, 239, 272, 275, 288
　탐구(자) - 30, 34, 107, 176, 183, 185~186, 206, 211, 212, 215, 223, 229, 272, 282, 285, 288
관계항relative 118, 120~121
관념론 80, 94, 177, 205, 207
구조주의 21, 32, 58, 85~86, 280, 284
굿지, 토머스 38, 114, 161
규제적 이상 30, 191, 194, 212, 215, 272, 274, 289
귀납법 36, 149, 153, 193, 239, 243~246, 248~252, 259
그람시, 안토니오 21
그린버그, 클레멘트 61, 270
그린블랫, 스티븐 77
기반ground 131, 134~135, 227~228

기어츠, 클리포드 77
기호
  -의 분류 149, 154, 158, 231
  -의 정의 130~131, 133~134, 144, 148, 199
  -의 종류 149, 205
기호학적 전환 32, 283
김영나 47

ㄴ
네레, 질 276, 285
노클린, 린다 43, 78
논증기호argument 152~157, 180
느낌feeling 125~126, 207, 209, 220, 229~231, 236

ㄷ
다이어그램 139, 155~157, 159~160, 169, 203
단항기호rheme 152~156
대상 33~34, 65~68, 128~140, 144~171, 184~185, 195, 223, 232
  역동적 - 34~35, 140, 146, 157, 194~206, 212, 214~216, 221, 271~272, 283
  -의 종류 140, 194
  즉각적 - 34, 140, 157, 197~200, 202, 204, 271, 277
데리다, 자크 17~19, 26~30, 33, 44, 81, 86~87, 89~91, 94~100, 106~107, 135, 280
데카르트 30, 34, 95, 106, 140, 143, 173~174, 245, 285
  반- 170
  -주의 30, 140, 196, 285
떼어 생각하기prescision 119, 124
도상 38, 65, 150, 152, 154~155, 158~161, 164~169, 203, 232, 294
도상학 54, 84
둔스 스코투스 126, 177~179
뒤샹, 마르셀 64, 66~68
드 로레티스, 테레사 196, 238, 284
드모르간 118, 120
드보르, 기 58~59
드보르자크, 막스 80

ㄹ
라카프라, 도미니크 75, 85, 87~89, 97
라캉, 자크 17, 51, 64, 66~67, 69
랑케, 레오폴트 폰 72, 102
래빈, 어빙 63
랜스덜, 조셉 134
로크, 존 141~142, 177
로티, 리처드 99~100, 104, 191
루빈, 제임스 275~276
리츠카, 제임스 제이콥 200, 222
리스, A. L. 26, 43~44, 54, 62, 76~77

ㅁ

마네, 에두아르 38, 57, 60~61, 264~277, 285, 287
마이클슨, 아네트 67
맑스주의 20~21, 32, 43~51, 53~59, 62~64, 70, 73~75, 78
  신- 20, 77
매개mediation 123, 125, 127, 134, 138, 143~147, 161, 168
매체연구media studies 16, 21, 290, 292
맥로비, 안젤라 21
머피, 머리 119, 179
먹시, 키스 17, 19, 27, 33, 43, 48, 51~52, 77, 79, 81~85, 89~94, 100~101, 105~110, 171, 195~196, 238, 284, 292
명제기호dicisign 152~155
멜빌, 스티븐 49~52, 76, 291
모더니즘 57~58, 60~62, 71, 83, 265, 269~270, 272
모호성vagueness 25, 213, 256, 273
무어, E. C. 178~179
무한성 134~135, 140, 170, 206, 209, 211~212, 216, 223, 283, 285, 289
무한소 210
문화연구cultural studies 19~21, 23, 290, 292
문화정치cultural politics 19, 48, 81~82, 91~92, 106

미래 30, 34, 37, 90, 107, 128, 166, 176, 187, 194, 201, 212, 219, 221, 223~224, 229, 239, 241~243, 248, 261, 267, 274, 285, 288~289
미술사회사 15, 31~32, 43, 45~46, 48~50, 52, 56, 59, 62, 81, 279
믿음belief 35, 173~177, 181, 183, 185, 189~190, 221, 224, 233~234, 239, 242, 267~268

ㅂ

바흐친, 미하일 51, 59, 88
박산달, 마이클 22, 43, 50
발, 미크 17, 50~52, 63~64
발레리, 폴 269
버비지, J. W. 256
번스타인, 리처드 29, 98, 104, 274
범주
  - 이론 33, 111, 120, 122, 130, 149
  진정한 - 129
  퇴화한 - 129
법칙 36~37, 72, 83, 112, 127~128, 150, 153, 165~167, 177, 182, 207~208, 210, 225, 246~247, 254~258, 261, 263
법칙기호legisign 150~151, 154~157, 166, 180, 205
벤베니스트, 에밀 51

벤투리, 리오넬로 84
벨팅, 한스 52, 76
보르젤로, 프랜시스 26, 43~44, 54, 62, 76
보링거, 빌헬름 80
보편자 179~180, 225
복제replica 151, 165~166
본능 253, 259
부르디외, 피에르 21
부수적 경험collateral experience 202~204, 271
부아, 이브 알랭 58, 63
부흘로, 벤자민 64
브라이슨, 노먼 17, 23, 25~27, 33, 50~52, 64, 292

ㅅ
사고기호thought-sign 34, 130, 135~144, 184, 206, 223, 225, 230~232, 245, 285
사랑 207~209
사회적 충동 187, 189~190, 192~193
산타엘라, 루치아 145~147
삼차성thirdness 111, 113, 116, 120~124, 127~129, 148~152, 154, 167~169, 174, 203, 205, 207~209, 212, 230, 241, 253, 274, 282
상관항correlative 121, 124, 130~131, 148

상대주의 97~103, 106, 286
상식론common-sensism
 비판적 - 174, 213
 스코틀랜드 상식철학 174
상징symbol 38, 65~68, 149, 152, 154~158, 161, 163, 165~169, 180, 203, 211~212, 232, 294
샤피로, 마이어 32, 55
성질 118~125, 128, 134, 145, 150~152, 154~156, 159, 166, 168, 175, 203, 205, 227, 256
성질기호qualisign 150~151, 154~157
세미오시스semiosis 34, 130, 134~139, 143, 146~148, 170, 195, 197, 199~201, 206, 211~212, 219, 221~232, 282~285
소쉬르, 페르디낭 드 17, 85~87, 107, 109~110, 132, 171, 195, 284, 293
쇼트, 탐 137, 139, 141~142, 144, 196, 222~223, 226, 228, 235
수렴 30~31, 186, 191~194, 272, 274, 277, 287
 - 논제 186, 189, 191, 204, 272~274, 289
 점근선적 - 194
스펙터클 58
습관 35~36, 127~128, 173~174, 176, 196, 207, 221~222, 224~

225, 232~239, 266~268, 277, 283~285
- 변화 236
시각문화연구 visual culture studies 15~17, 19, 21~26, 47, 105~106, 287, 290~293
시각성 22, 58
시네키즘 synechism 35, 194~195, 206~207, 209, 211~212, 216, 283
신문화사 26, 28~29, 71, 73, 76~78, 103, 105, 286
신역사주의 28, 77~78
실버맨, 카자 17
실재론 29~30, 34~35, 81, 94, 102, 104, 106, 177~178, 180~181, 185~186, 190, 192, 194~195, 200, 204, 206, 221, 282, 286, 288~289
  스콜라철학적 - 176~180, 185, 201, 225
실증주의 56, 89, 243
실체 95, 118~120, 126, 134, 175, 219

ㅇ
아가피즘 agapism 207~209
아나슨, H. H. 265~267, 273, 276, 284
아리스토텔레스 116~117, 142, 179
아펠, 칼-오토 288
안탈, 프레드릭 55
알튀세르, 루이 20~21, 51, 56~59, 77
애플비, 조이스 30, 102, 105
앤커스밋, 프랭크 85
앨퍼스, 스베틀라나 22~23, 43
야콥슨, 로만 51, 64, 66, 293
양식 style 22, 55~56, 79, 83~84, 98, 285
- 분석 43, 54, 63, 83~84, 267, 273, 284
역사유물론 45, 48, 55, 70, 73
연속성 37, 122, 140, 170, 206~207, 209, 211~212, 216, 223, 239, 259, 261~262, 283, 285, 289
연속체 137, 142~143, 204, 209~211, 216, 238~239, 261~262
연역법 36, 149, 153, 193, 239, 243~246, 248, 252
에코, 움베르토 284, 293
엘킨스, 제임스 25
운명 fate 34, 182~183, 188~189, 192, 228, 273
이것임 haecceity 126, 161
이데올로기 20, 55, 57~58, 78, 80, 82, 90, 92, 95, 109
이상적 극한 ideal limit 194, 213, 274
이차성 secondness 111, 116, 120~

121, 123~129, 149~154, 161, 168~169, 175, 205, 207~208, 230, 241~242, 274, 282
이항 관계 68, 128, 148, 161, 167
일반자 174, 177, 180, 185, 201, 203, 206, 210, 213, 215, 225, 274
일차성firstness 111, 116, 120~121, 123~129, 149~154, 159, 168~169, 203, 205, 207~208, 230, 282
오류 가능주의fallibilism 30, 187, 212, 223~224, 228~229, 241, 274, 282, 286
우드, 크리스토퍼 63
우연chance 207~208, 213, 251~252, 268
워커, 존 A 25
윌리엄스, 레이몬드 20
유명론 178~180, 225
유형type 151~155, 205
은유 159~160
의미meaning/sense 219~230, 233~243, 266~271, 274, 277, 280
의미작용signification 17~18, 33
의심 173~175, 254
이거스, 조지 77~78, 102
있음being 118~120

ㅈ

잠재성 180, 215, 224~227, 274

재현representation 45, 58~59, 61, 68, 101, 109~111, 146~147, 171, 265, 267, 270, 275~276
전환사 66~68
정신분석학 32, 43, 47~48, 51, 54, 62, 64, 66, 69, 74, 81
정전正典 18, 23, 79, 276,
정체성 정치identity politics 45, 64, 66
제이콥, 마거릿 105
제임스, 윌리엄 172~173, 211, 219
졸라, 에밀 266, 268~269
증표token 151~154, 166, 180, 205~206, 213, 236, 271
지시
 - 작용 68, 145, 161, 203
 - 대상 67, 107, 132, 137, 140, 152, 159, 161, 165~166, 179~180, 195, 199, 221
지시체 114, 220
지표index 38, 64~69, 117, 136, 149, 152, 154~155, 158, 161~169, 180, 197, 202~203, 209, 232, 294
직관 30, 34, 106, 125, 143, 245, 285
진리 대응설 29, 72, 82, 94, 103~104, 281
진화적 우주론 183, 206~207
짐작guessing 36, 244, 251~252,

ㅊ
차이 85~87, 110
차연 86~87, 99~100, 135
최종인 201, 228
최종적 견해 34, 176, 182~183, 186, 190~194, 201, 212~213, 223, 273~274, 288
추론 reasoning/inference 36~37, 113, 140, 143, 149, 174, 192, 206, 233~234, 237, 239~254, 257, 264, 267~268, 270
  해설적 - 형식 248
  확장적 - 형식 248
추상 abstraction 119, 134, 178, 226
추측 conjecture 251~253, 258~259, 261~262
치섬, 마크 79, 105

ㅋ
칸트, 임마누엘 79, 82, 116~118, 125, 141~142, 174, 177, 191, 204, 209
캐리어, 데이비드 291
콘텍스트 59, 87~88, 202~203, 271, 284~285
콜라피에트로, 빈센트 10
콜링우드, R. G. 254, 258~261
크라우스, 로절린드 38, 48, 52, 64~69, 163

크로우, 토머스 58, 64
클락, T. J. 19, 43~47, 50, 52~62, 70, 265, 267, 270, 273, 275
클링엔더, 프랜시스 D. 55

ㅌ
타이키즘 tychism 207, 213
택, 존 17
텍스트 27, 32~33, 48, 50~51, 59, 75, 77, 82, 85, 87~89, 91, 93, 95~96, 103, 216, 265, 277, 280, 283
  상호- 89
토대론 39, 101, 106, 280, 286
  반- 27, 96, 106, 286
톰슨, E. P. 20

ㅍ
파네론 phaneron 114~115, 126
파네로스코피 phaneroscophy 115
파노프스키, 에르빈 69, 79~80, 83
파커, 켈리 193, 210
퍼트넘, 힐러리 29, 104
페미니즘 18, 32, 43, 45, 47~48, 62~63, 70, 74, 78
포드로, 마이클 50, 52
포레스트, M. J. 186
포스터, 마크 29~30, 102
포스터, 핼 17, 50, 291
포스트모더니즘 28, 31, 71~72, 76~77, 96~97, 102, 105, 279

포스트모던 전환 17, 28, 31, 41, 70~71, 73, 76, 82, 97, 102, 105, 290
포퍼, 칼 187, 252
폴록, 그리젤다 17, 58, 63, 291
표상representation/Vorstellung 17, 27, 33, 35, 61, 87, 89, 95~96, 109~113, 118~124, 128, 130~131, 134, 140~141, 143, 145~148, 169, 177, 184~185, 195, 197~200, 204, 220, 237, 272, 282
표상론 103
　반- 27, 96, 281
표상체representamen 33, 65, 128~135, 139~140, 144~155, 158~159, 165, 167~168, 195, 205, 212, 223, 227, 232
푸코, 미셸 17, 21, 29, 30, 51, 75, 77, 97, 280
프레게, 고틀롭 220
프래그머티즘 30, 33, 38, 104, 133, 143, 171~176, 179, 181, 185, 192, 215~216, 219~220, 223, 225, 232~233, 236~237, 239, 271, 282~283, 286, 293~294
　- 준칙 172~173, 175, 181, 234, 239
　네오- 104
프래그머티시즘 170, 172~174, 176~177, 201, 213, 219, 224~225, 282
프레지오시, 도널드 52, 90
프리들랜더, 막스 80
피셔, 에른스트 31
피시, 맥스 242~243

ㅎ

하우스만, 칼 27, 38, 174, 190~191, 200, 204, 206, 213~215
하우저, 아르놀트 32, 55~56
하위 도상sub-icon 169
하위 지표hyposeme/sub-index 163~164
해리스, 조너선 43, 45~48, 70, 78
해석체interpretant
　감정적 - 229~231, 236
　논리적 - 36, 136~137, 196, 221~222, 229~238, 266~267, 284
　-의 종류 36, 137, 157, 221
　즉각적 - 137, 145, 157, 222~223, 226~229
　최종적 - 136~137, 157, 196, 222~223, 228~229, 232
　현실적 - 137, 185, 226
　활력적 - 222, 229~231, 235~236
행동 36, 142, 174, 176, 191, 222, 224, 230~238, 241~243, 258~259, 266~267, 284
해체론deconstruction 17, 28, 33, 44,

81, 89~91, 94, 96, 99~100, 107
헌트, 린  29, 102~106, 282, 286~287
헤겔, 게오르크 빌헬름 프리드리히  79~80, 82, 113
헴펠, 칼  254~262
헵디지, 딕  21
허구  183, 200
현대문화연구소  19~21
현상학  33, 111~116, 119, 122, 129, 149~150, 152, 158~159, 169, 207
현실성actuality  126, 242, 274
현존existence  65~66, 125, 161, 164~165, 167~168
호거트, 리처드  19~20
호프만, 마이클  202
홀, 스튜어트  20~21
홀리, M. A.  52, 77, 105, 292
화이트, 헤이든  75, 85, 97
확률론  193
후기구조주의  17, 26~30, 32, 44, 49~51, 54, 70~71, 75, 91, 96~97, 101~103, 106~109, 264, 280~286, 292~294
후설, 에드문트  113
훅웨이, 크리스토퍼  119, 182, 189~190, 214, 273, 289

# 참고 도판

마네, 〈올랭피아〉, 1863

티치아노, 〈우르비노의 비너스〉, 1538